ALBRECHT KRESSE

EDUTRAINMENT

Albrecht Kresse

Edutrainment

Besser, schneller, einfacher lernen im Unternehmen

6 Prolog

8 Einleitung: Besseres Lernen
ist möglich

KAPITEL 1

013

**ZUM AUFWÄRMEN
EINE KURZE DEFINITION**

KAPITEL 2

023

**AUF ZU DEN
URSPRÜNGEN VON
EDUTRAINMENT**

KAPITEL 3

067

**WAS SIE SCHON IMMER
ÜBER KONZEPTION
WISSEN WOLLTEN**

KAPITEL 4

105

**RAUS AUS DER
DENKZONE, REIN IN
DIE UMSETZUNG**

17 Ausbildung ist der schlauste Weg
zum Ziel

18 Training ist Arbeit mit Sinn und
Verstand

19 Unterhaltung ist einfach der
beste Lernkatalysator

24 Wie Erwachsene lernen –
und wie man sie am besten
weiter-(aus-)bildet

36 Wie Lernen funktioniert –
oder: Neues vom Gehirn

50 Welches Gedächtnis wir für
was brauchen

62 Lehren aus der Gehirn-
forschung: Wie wir besser
lernen und trainieren

68 Von der Anfrage bis zur Lösung:
Eine Reise voller Fragen und
Antworten

83 Blick über die Schulter: Wir
analysieren, denken nach,
entwickeln

99 Unser Konzept für die Scheuert KG
nimmt Gestalt an

106 Edutrainment live: Das
Trainingsprogramm für die
Scheuert KG

112 Blick hinter und vor die Kulissen:
Die Trainings im Detail

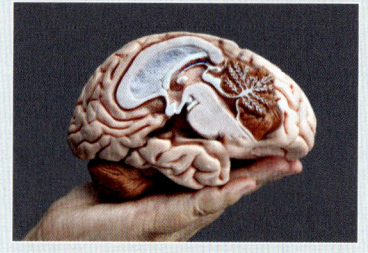

KAPITEL 5
149
SCHÖNE GRÜSSE AN DIE PRAXIS (UND ANS CONTROLLING)

KAPITEL 6
165
EDUTRAINMENT PRÄSENTIERT

KAPITEL 7
193
EDUTRAINMENT, MON AMOUR?

KAPITEL 8
219
HOPPLA, HIER KOMMT DIE ZUKUNFT DES LERNENS

152 Transfer: Was kommt wie im Arbeitsalltag an?

159 Bildungscontrolling: Kann man Lernen in Euro und Cent umrechnen?

168 Booking Office Agent Show: Aus Jobbern werden Markenbotschafter

172 Der Wake-up-Workshop: Aufgeweckte Mitarbeiter leisten mehr

176 Moonpenny: Beschwerdemanagement mit Milch und Zucker

180 Ein iPad-Training im Vertrieb: Tausend Lösungen in der Hand haben

182 Fit & Wash: Effektiv lernen im Spaßwaschgang

184 Der eduTrainer: Mobiles Lernen wird der Renner

186 Boothtrainer WBT: Der beste Mix fürs Lernen

188 Blended Learning: skillboxx – das Baukastensystem

194 Edutrainment für Personalentwickler: Lernen und Didaktik werden Chefsache

204 Edutrainment für Führungskräfte: Die beste Art, Mitarbeiter zu fördern

208 Edutrainment für Trainer: Tuning fürs Training (und die Karriere!)

214 Edutrainment für den Lernenden: Selbstmacher sind im Kommen

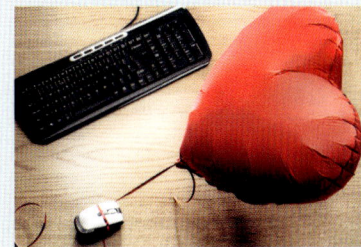

221 Zehn Edutrends, die Sie unbedingt im Auge behalten sollten

251 Schlusswort: Lernen mit Pferden

254 Epilog

256 Ein Überblick

258 Ahnengalerie

260 Literatur

266 Register

ANNA PAULSEN starrt auf die Balkendiagramme. Als Personalentwicklerin plant sie momentan den Weiterbildungsbedarf für das kommende Geschäftsjahr. Die Führungskräfteentwicklung soll an das neue Unternehmensleitbild angepasst werden, eine Neuausschreibung ist nötig. Und es soll wieder ein offenes Weiterbildungsprogramm geben. Das müsste sie komplett überarbeiten. Aber dafür fehlt ihr einfach die Zeit. Auf ihrem Schreibtisch liegt eine Studie zur Auswirkung der demografischen Entwicklung auf den Mittelstand. In den letzten Jahren hat sie bereits das Recruiting und Talentmanagement professionalisiert. Jetzt soll sie sich verstärkt um die langjährigen Mitarbeiter kümmern. Der Ausbau von E-Learning steht an und das Bildungscontrolling muss verbessert werden. Eigentlich wären mindestens zwei neue Stellen in ihrer Abteilung nötig, um das alles zu bewältigen. Tatsächlich wurde ihr Budget aber um zehn Prozent gekürzt. Anna Paulsen kritzelt ein Strichmännchen in ihren Block, daneben ein Fragezeichen. Sollte sie sich selbst mal für eines dieser tollen Seminare zur Burn-out-Prävention anmelden, die ihr täglich angeboten werden?

FLORIAN MÜLLER rührt in seinem Sahnepudding. Der junge Marketingmanager sitzt wie immer am hintersten Tisch der kleinen Kantine, die anderen Kollegen sind bereits zurück am Arbeitsplatz. Großes Thema war mal wieder, wer wann und warum befördert wird – und wer nicht. Florian stellt bei Flurfunk bewusst die Ohren auf Durchzug. Trotzdem nagt es an ihm. In letzter Zeit sind wieder drei Jungspunde an ihm vorbeigezogen. Was haben die, was er nicht hat? Gut, ein paar Fachabschlüsse, Praktika und Auslandserfahrungen mehr. Dafür hat er das Geschäft von der Pike auf in der Praxis gelernt. Alles kann er nun wirklich nicht können. Wenn Englisch geredet wird, zieht er den Kopf ein. Muss ja niemand merken, dass er sich damit schwertut. Weiterbildung ist alles, sagen seine Kumpel. Dummschwätzer! Wann hat er schon Zeit zum Lernen? Er nimmt einen Löffel Pudding und schließt die Augen. Als er sie wieder öffnet, sieht er seinen Chef mit großen Schritten näher kommen. Hat der etwa dieses Fachbuch für ihn dabei, von dem er erzählt hatte? Florian schiebt den Pudding zur Seite. Keinen Appetit mehr.

LUTZ FREIBERG schließt den Kofferraum seines Kombis und staunt wieder einmal, wie viel Krempel er mit sich herumschleppt. Er ist freiberuflicher Trainer und hat gerade ein zweitägiges Verkaufstraining beendet. Drei Stunden Fahrt zum nächsten Hotel liegen vor ihm. Morgen früh heißt es wieder aufbauen und sich auf eine neue Gruppe und ein neues Thema einstellen. In seinem Posteingang findet er ein paar unangenehme E-Mails. Ein Kunde kündigt einen Anruf des Zentraleinkaufs an. Na, super! Seit fünf Jahren hat er die Tagessätze nicht erhöht und jetzt wollen die ihn anscheinend noch weiter drücken. Eine zweite E-Mail lädt ihn zu einem Trainertag zum Thema Blended Learning ein. Der Kunde möchte, dass die Trainer Input zu einem E-Learning-Modul geben. Außerdem soll er in Zukunft mit den Teilnehmern vor und nach dem Training auf der Lernplattform kommunizieren. Auch Webinare seien geplant. Wahrscheinlich wieder alles unbezahlt? Seine Finger trommeln auf das Lenkrad. Die Tagessätze sinken, die Ansprüche steigen. Und die einzelnen Trainings werden kürzer. Für die gleiche Anzahl an verkauften Tagen braucht er heute gut ein Drittel mehr Aufträge als vor zehn Jahren. Damals war das Trainerleben deutlich angenehmer. Er muss sich was überlegen.

SUSANNE REDLING klickt auf den Link, den ihr der PR-Chef gerade gemailt hat. Seit mehreren Jahren ist sie Bereichsleiterin Vertrieb bei einer großen Bekleidungshauskette. Das Video eines TV-Beitrags vom Vortag öffnet sich. Ein Wirtschaftsmagazin hat die Service- und Beratungsqualität in ihrer Branche getestet. Das Unternehmen von Susanne Redling ist auf dem letzten Platz gelandet. Dass die Ausstattung der Shops eher einfach ist, gehört zum Geschäftsprinzip, die freundliche Bedienung aber auch. Doch selbst in dieser Kategorie ist ihr Arbeitgeber Letzter geworden. „Wozu machen wir eigentlich dauernd diese teuren Trainings zur Kundenkommunikation?", ruft Susanne Redling in den Raum, während sie die Nummer der Personalentwicklung wählt. Sie wusste es schon immer: Dieser ganze Trainingsaufwand rechnet sich vorne und hinten nicht.

BESSERES LERNEN IST MÖGLICH

Können Sie jonglieren? In meinen Trainings und Vorträgen ziehe ich das Jonglieren gerne als einfaches Beispiel dafür heran, wie Lernen funktioniert. Mit der richtigen Anleitung kann fast jeder in kurzer Zeit jonglieren lernen. Sie auch.

Wahrscheinlich sind Sie bislang ganz gut ohne Jonglieren durchs Leben gekommen. Einen überzeugenden Grund brauchen Sie schon, um sich darauf einzulassen und bereit für die Mühen zu sein, die es selbst bei der besten Anleitung erfordert. Hier sind gleich drei gute Gründe, warum es sich lohnt, jonglieren zu lernen:

- Jonglieren fördert das Gehirnwachstum und die Kreativität. Es verbessert die Vernetzung zwischen den beiden Gehirnhemisphären. Neue Verbindungen entstehen, das Gehirn nimmt messbar an Volumen zu. Das wirkt sich sowohl auf Ihre Kreativität als auch auf Ihre Koordination positiv aus, denn die beiden Gehirnhemisphären sind jeweils für die Steuerung der gegenüberliegenden Körperhälfte zuständig. Egal, ob Sie tanzen lernen wollen oder neue Ideen für Ihre Marketingstrategie suchen – es kann sinnvoll sein, vorher auch jonglieren zu lernen.

- Beim Jonglieren kann man gut abschalten. Sie unterbrechen Ihren inneren Dialog. Das ist auch das Ziel bei jeder Meditation. Aber meditieren lernen ist viel anstrengender. Beim Jonglieren stellt sich der positive Effekt wesentlich schneller ein. Im Büro also einfach mal abschalten und fünf Minuten jonglieren.

- Mit Jonglierkünsten können Sie andere Menschen beeindrucken. Vielleicht treten Sie in privater Runde vor Ihrer Familie auf und haben eine Menge Spaß dabei. Und sollte es Ihnen jemals ganz schlecht gehen, können Sie sich damit sogar ein paar Euro dazuverdienen.

Das eine oder andere Argument hört sich vernünftig an? Vielleicht ist Jonglieren doch nicht so albern und unnütz, wie Sie immer dachten? Genau deshalb mag ich dieses Beispiel so. Es zeigt, wie unsere Bereitschaft zum Lernen wächst, wenn wir einen triftigen Grund, also einen Sinn für uns erkennen. Leider ist das nicht immer so. Sehr oft im Leben sollen wir etwas lernen, ohne dass wir selbst wirklich wissen, warum. Mein Sohn fragte neulich seinen Mathematiklehrer, wofür er denn diese komplizierte Kurvendiskussion lernen müsse. Die Antwort des Lehrers: „Wenn du nicht gerade Mathematik studierst, wirst du sie nie wieder brauchen. Aber wenn du sie nicht lernst, machst du ein schlechtes Abitur." Motivierend, nicht wahr? Das Zeugnis meines Sohns fiel dementsprechend mau aus.

In der Arbeitswelt finden wir ähnliche Beispiele. Viele Arbeitnehmer müssen laufend neue Kenntnisse, Fähigkeiten, Fertigkeiten und Einstellungen erwerben. Oft tun sie das alles andere als freiwillig. Sie wurden nicht gefragt, ob das Unternehmen eine Umstrukturierung braucht, ob die neue Softwarelösung zur Produktivitätssteigerung eingeführt werden soll oder ob sie plötzlich ihre Arbeit auf Englisch erledigen möchten. Wenn die Mitarbeiter Glück haben, erhalten sie beim Erlernen der neuen Kompetenzen Unterstützung. Die Unternehmen in Deutschland geben jedes Jahr fast 30 Milliarden Euro für Weiterbildungsmaßnahmen aus. Pro Kopf sind das immerhin mehr als 1000 Euro pro Mitarbeiter. Das ist natürlich ein Durchschnittswert: In manche Köpfe wird gar nicht investiert, in andere dagegen wesentlich mehr.

Ich behaupte, dass dieses Geld in vielen Fällen nicht gut investiert ist. Ein prägnantes Beispiel: Alle Mitarbeiter einer Abteilung müssen eine Compliance-Schulung machen. Warum? Das müssten jetzt halt alle machen, heißt es. Wichtig ist allein der Nachweis, dass sämtliche Mitarbeiter die Schulung durchlaufen haben und die Regeln kennen. Das eingesetzte E-Learning-Programm kostet pro Kopf vielleicht 20 Euro und lässt sich wunderbar kontrollieren. Wenn man die Mitarbeiter ein paar Monate später nach den Regeln und deren Sinn befragen würde, wäre der Compliance-Beauftragte wohl ziemlich frustriert.

Compliance ist nur ein extremes Beispiel. Ich hatte kürzlich eine Führungskraft in einem Training. Es ging um das Thema Führen mit Zielen, und ich fragte die Teilnehmer, was denn ihr Ziel für das Training sei. Die besagte Führungskraft, seit über dreißig Jahren im Unternehmen, hatte laut eigenem Bekunden kein Ziel. Ich fragte den Mann, warum er denn zu diesem Training erschienen sei. Seine lapidare Antwort war: „Ich musste mal wieder eine Weiterbildung besuchen, und da habe ich mir das hier ausgesucht, weil es nur ein Tag ist."

Dieses Buch handelt davon, wie Sie Menschen mit dem von mir entwickelten Edutrainment-Lernkonzept dazu verführen können, neue Dinge zu lernen, und zwar schneller und mit besseren Ergebnissen. Selbst dann, wenn diese Menschen sich eigentlich anfangs gar nicht selbst dafür entschieden haben. Denn das ist oft die Herausforderung in den Unternehmen. Wer aus eigenem Antrieb wild entschlossen ist, etwas Neues zu lernen, der muss in der Regel nicht mit künstlichem Aufwand wie einer schönen Umgebung oder einem besonders sympathischen Lehrer oder Trainer unterstützt werden. Hier reicht es oft, wenn man ihm die Ressourcen zur Verfügung stellt, um sich das Wissen, die Fähigkeiten und Fertigkeiten anzueignen – zum Beispiel durch ein Budget, das er selbst verwalten kann, um bei den entsprechenden Experten die richtigen Seminare zu besuchen, sich Bücher zu kaufen, sich mit Gleichgesinnten auszutauschen und ausreichend Zeit für das Trainieren zu finden.

Das Anfangsbeispiel des Jonglierens vereint alle Prinzipien, die wir bei Edutrainment verwenden. „Edutrainment" ist ein Kunstwort und setzt sich aus den drei Begriffen „Education", „Training" und „Entertainment" zusammen. Meine These lautet: Wenn Lernen funktioniert, hat es immer etwas mit der richtigen Kombination dieser drei Elemente zu tun.

Es geht darum,

- die richtigen Inhalte in der richtigen Dosis zur rechten Zeit mit den richtigen Methoden an die passenden Teilnehmer zu vermitteln (das ist Education),
- den Teilnehmern ein Maximum an Interaktion und professionellem Feedback zu ermöglichen (das ist Training) und
- sie mit dem richtigen Maß an Unterhaltung und positiven Emotionen für ein Thema zu begeistern (das ist Entertainment).

Ziel von Edutrainment ist es, dass Menschen im Unternehmen in kürzerer Zeit mit größerem Erfolg lernen. Wie man das erreicht, erzähle ich Ihnen in diesem Buch. Dabei will ich Ihnen ganz praktisch vor Augen führen, was die Menschen, für die Edutrainment gedacht ist, im Alltag bewegt – mithilfe von vier Figuren, die Sie bereits am Anfang des Buches kurz kennenlernen konnten. Dies sind: eine Personalentwicklerin, ein Seminarteilnehmer, ein Trainer und eine Abteilungsleiterin. Sie werden den vieren immer wieder begegnen, ob Sie nun Kapitel für Kapitel lesen oder sich gezielt die Buchteile herauspicken, die Sie besonders interessieren.

In Kapitel 1/ stelle ich Ihnen die Grundprinzipien von Edutrainment vor. Wie ist das mit der richtigen Mischung aus Education, Training, Entertainment genau gemeint? Wodurch unterscheidet sich Edutrainment von anderen Lernkonzepten?

In Kapitel 2/ geht es um diejenigen, die lernen sollen: Ihre Mitarbeiter oder, falls Sie Trainer sind, Ihre Teilnehmer. Wie läuft Lernen bei Erwachsenen ab? Und was sagt die Gehirnforschung? Wie müssen wir uns gehirngerechtes Lernen vorstellen, was sind die Erfolgsfaktoren? Dafür werfen wir einen Blick unter die Schädeldecke.

In Kapitel 3/ wird es praktisch. Sie besuchen uns in der edutrainment company und schauen uns bei der Konzeptionsarbeit über die Schulter. Dabei erfahren Sie unter anderem, welche Fragen wir an den Auftraggeber und die Zielgruppe stellen und mit welchen Methoden wir Ideen und Formate entwickeln.

In Kapitel 4/ zeige ich Ihnen einen typischen Trainingsablauf. Wie sieht es aus, wenn aus Konzepten Realität wird? Machen Sie sich auf eine Menge spannender Einblicke und wertvoller Anregungen gefasst.

In Kapitel 5/ dreht sich alles um die Umsetzung des Gelernten in die Praxis und die Evaluierung der Ergebnisse. Wie lässt sich der Erfolg von Edutrainment messen?

In Kapitel 6/ geht es um erfolgreich umgesetzte Edutrainment-Projekte, ob Trainingskonzept, E-Learning-Programm, Blended-Learning-Konzept, Mobile Learning, ein Gesamtkonzept zur Kompetenzentwicklung oder ein Lernevent für Großgruppen. Sie lernen die Aufgabe, das Konzept und die Umsetzung der Lösung kennen.

Spätestens nach diesem Kapitel werden Sie vermutlich jede Menge eigene Ideen für die Umsetzung in Ihrem Unternehmen haben. Falls Sie sich fragen: „Passt Edutrainment zu uns und zu mir?", bietet Ihnen Kapitel 7/ Gelegenheit, der Antwort ein gutes Stück näher zu kommen.

In Kapitel 8/ tue ich das, was ich am liebsten mache: in die Zukunft schauen. Wie sieht die Personalentwicklung von morgen aus? Welche Trends zeichnen sich ab? Und was können und sollten wir tun, um aus Mitarbeitern nicht nur Teilnehmer und Mitlerner zu machen, sondern mündige Selbstlerner, die auf Leute wie mich vielleicht gar nicht mehr angewiesen sind?

Das Buch endet mit einem Appell an Sie, sich für Lernen à la Edutrainment zu engagieren – vorausgesetzt natürlich, ich konnte Sie wirklich überzeugen.

ANNA PAULSEN
PERSONALENTWICKLERIN

WILLKOMMEN IN DER SCHEUERT KG, GRÜTZBURG.
GERADE FASST ANNA PAULSEN EINEN WICHTIGEN ENTSCHLUSS …

Schwungvoll lässt sie sich in den Bürostuhl fallen. Ein Meeting mit dem Bereichsleiter „Produktmanagement Handel" liegt hinter ihr. Vor allem im Baumarktgeschäft hinke Scheuert den geplanten Zahlen weit hinterher, musste sie erfahren. Testkäufe bei verschiedenen Baumarktketten ergaben, dass deren Mitarbeiter die Scheuert-Produkte schlechter erklären konnten als die Vergleichsprodukte der Mitbewerber. Im Zweifel werde das Produkt des Mitbewerbers empfohlen. Gerade neuere Produkte, von denen sich Scheuert für das laufende Geschäftsjahr positive Effekte versprochen hatte, schnitten in diesem Test schlecht ab. Die Außendienstler beklagten sich schon länger darüber, wie dürftig ihnen neue Produkte präsentiert würden. Scheint etwas dran zu sein, denkt sich Paulsen.

Weil der Außendienst das Produktmanagement so massiv kritisiert hat, gibt es jetzt kurzfristig ein Budget für Präsentationstrainings. Teilnehmen sollen alle Produktmanager sowie eine noch nicht näher definierte Gruppe aus Marketing und Vertrieb.

Paulsen weiß, dass es mit der Präsentationskultur bei Scheuert nicht weit her ist. Ein bisschen frischer Wind könnte nicht schaden. Oder sogar eine kräftige Brise? Da die Maßnahme schnell starten soll, wird das übliche Ausschreibungsverfahren verkürzt. Die einfachste Möglichkeit wäre, ein bereits vorhandenes Präsentationstraining, das seit einigen Jahren von einem bewährten Anbieter durchgeführt wird, auf die Produktmanager zu übertragen. Doch Paulsen entschließt sich, auch einen neuen Anbieter anzufragen. So entsteht der Kontakt zur edutrainment company.

SO GEHT'S WEITER

Die edutrainment company freut sich schon auf Anna Paulsens Anfrage. Vorher wollen wir klären: Was genau ist Edutrainment? Und warum erscheint es lohnenswert, diesen Ansatz zu verfolgen?

1/

Z U M
A U F W Ä R M E N
E I N E · K U R Z E
D E F I N I T I O N

IN DIESEM KAPITEL ERFAHREN SIE,

— warum Lernen lernen die wichtigste Kompetenz im 21. Jahrhundert sein sollte,

— inwiefern Edutrainment sich von anderen Ansätzen des erlebnisorientierten Lernens unterscheidet und

— was wir aus der Geschichte des Flugsimulators lernen können.

LUST AUF
LERNEN
?

Wir alle kennen das große Wort vom lebenslangen Lernen. Die Medien sind voll von gut gemeinten Plädoyers: Früher, da hätte es gereicht, einmal einen Beruf zu erlernen oder zu studieren. Heute aber müsse man sich ständig weiterbilden. Globalisierung, demografischer Wandel, Wissensgesellschaft! Ein Job reiche nicht mehr, wo kämen wir da hin? Nein, mehrere Jobs seien nötig im Laufe eines Lebens. Das hieße also lernen, lernen, lernen. Auch deshalb hat die Bundesregierung vor ein paar Jahren die Bildungsrepublik Deutschland ausgerufen. Aus dem Land der Dichter und Denker soll ein Land der Lehrer und Lerner werden.

Das klingt alles furchtbar revolutionär – ist es aber gar nicht.

Lebenslanges Lernen war schon immer ein Prinzip von aufgeklärten Menschen. Genau genommen können wir uns das Leben an sich als eine Abfolge von immer neuen Lektionen betrachten. Lebenslanges Lernen ist demnach kein neuer Trend, sondern ein Grundprinzip unserer Existenz. Neu ist allerdings das Tempo, in dem wir neue Dinge lernen müssen, auch und gerade im Berufsleben.

Für viele Menschen klingt die Forderung nach ewigem Lernen jedoch nicht besonders positiv. Wer bekommt schon gerne lebenslänglich? Noch vor wenigen Jahren hieß es überall: „Wir lernen für den Job!" Heute ist Lernen selbst der Job. Wie gehen wir damit um? Weiterbildung und Trainieren gehören zum Standard jedes erfolgreichen Unternehmens. Wer schlau ist, trainiert nicht einfach auf Verdacht, sondern definiert, misst und entwickelt die für den Erfolg des Unternehmens notwendigen Kompetenzen. Aus den praxisfremden Gutmenschen in der Personalentwicklung werden strategische Partner der Unternehmensführung. So weit, so gut. Aber wie verhält es sich mit dem Thema Lernen an sich?

DAS LERNEN LERNEN. ABER WIE?

Wenn Lernen die Schlüsselkompetenz ist, müssen wir Lernprofis werden. Haben wir die richtigen Konzepte, um das Lernen zu lernen? Eigentlich müssten die Weiterbildungskataloge der Unternehmen gefüllt sein mit Angeboten zum Thema Lernen. Tatsächlich jedoch bieten nur wenige Unternehmen ihren Mitarbeitern spezielle Trainingsangebote in Sachen Lernen lernen an. Noch immer wird die Lösung in neuen Inhalten gesucht. Ein didaktischer Standard existiert nur selten. Das Trainingskonzept der meisten Anbieter orientiert sich ganz klassisch am Modell des Lehrers, der sein Expertenwissen mehr oder weniger gut an die Teilnehmer vermittelt. Dieses Modell stammt jedoch aus den Anfängen des letzten Jahrhunderts. Moderne Lernformen heben die Trennung zwischen Vermittler und Lernenden auf. Der Teilnehmer ist nicht einfach Konsument von Inhalten, sondern selbst aktiver Gestalter des Lernprozesses.

Im Marketing wird inzwischen vom „Prosumer" (die Begriffe „Producer" und „Consumer" fließen in dieses Kunstwort ein) gesprochen. Aus dem passiven Konsumenten ist der Mitproduzent geworden. Er entwickelt zum Beispiel bei Unternehmen wie Spreadshirt sein eigenes Design für sich und andere. Auf das Lernen übertragen bedeutet dies, dass der Lerner sich vom „Participant" zum „Proticipant" entwickelt. Momentan wird ein Teilnehmer, der im Seminar das Thema parallel zur Veranstaltung googelt, noch als Störenfried empfunden. Eigentlich sollte der Trainer ihm lobend auf die Schulter klopfen: „Toll machen Sie das, Sie sind ja ein guter Proticipant!"

Was sich hier zeigt, ist das Problem der meisten klassischen Seminarangebote. Sie orientieren sich weitgehend an einem simplen Sender-Empfänger-Modell: Einer spricht und agiert, alle anderen hören zu und machen nach. Passt das wirklich noch in die komplexe Welt von heute? Wir leben in einer Zeit des vernetzten Denkens und Handelns. Dies muss sich auch in unseren Lernangeboten widerspiegeln. Gefragt ist ein neues Verständnis von Rollen im Lernprozess, dringend geboten ist die Entwicklung neuer Lernformate.

„ACHTUNG, HIER SPRICHT IHR TRAINER!"

Gegenwärtig dominiert immer noch das erwähnte klassische Setting, das schon durch die Lernräume vorgegeben ist. Der Trainer sitzt oder steht vorne. Die Teilnehmer sind an Tischen platziert und blicken zum vermeintlichen Ort des Geschehens. Früher war das eine Tafel, heute ist es eine Leinwand, auf der Inhalte mehr oder weniger sinnvoll dargestellt werden. Ein Blick in die Veranstaltungsräume der internen Akademien und Seminarhotels zeigt, welches Lernszenario die Veranstalter organisierten Lernens zu bieten haben. Ich erkenne da gewisse Regeln. Je teurer das Hotel, umso statischer das Setting. Und je teurer die Veranstaltung, umso mehr orientiert sich das Ganze am antiken Vorbild des rhetorisch versierten Redners vor interessiertem Auditorium.

Lernen ist jedoch keinesfalls nur auditiv, kognitiv und linear. Es ist multimodal (weil wir auch durch Sprache, Gestik, Mimik, Zeichnungen, Diagramme etc. lernen), individuell assoziativ (jeder Teilnehmer entwickelt eigene Vorstellungen, begreift anders) und gleichzeitig kollektiv variabel (jede Gruppe ist anders). Daher müssen Weiterbildner, Trainer, Experten und die HR-Strategen in den Unternehmen die Ergebnisse der Lernforschung berücksichtigen und angemessene Lösungen entwickeln.

HÖCHSTE ZEIT FÜR NEUES LEHREN UND LERNEN

Meine Antwort auf diese Herausforderung ist ein didaktisches Gesamtkonzept, das ich Edutrainment nenne.

Die Grundthese habe ich bereits beschrieben: Wenn Lernen gelingt, hat es immer etwas mit den drei Bestandteilen Education, Training und Entertainment zu tun. Daraus setzt sich das Kunstwort „Edutrainment" zusammen. Die Ergebnisse der Gehirnforschung bestätigen diese Forderung, die in einer langen Tradition steht. Mehr dazu in Kapitel 2.

Was unterscheidet Edutrainment von anderen Ansätzen, die sich erlebnisorientiertes Lernen auf die Fahne geschrieben haben? Es ist seine konsequente Anwendung in allen Phasen des Prozesses einer Weiterbildungs- oder Entwicklungsmaßnahme. Edutrainment wirkt sich nicht nur beim Training im Seminarraum aus. Es bezieht vielmehr die komplette Planung und das Controlling mit ein. Dave Meier bringt es in seinem Buch über *Accelerated Learning* (2000) auf den Punkt: Was zählt, sind Ergebnisse, Ergebnisse, Ergebnisse.

Diese Zielorientierung kommt bei Trainern, die sehr unterhaltsame Veranstaltungen anbieten, in vielen Fällen zu kurz. Auch bei denjenigen, die sehr teilnehmer-, praxis- und trainingsorientiert im Seminarraum sind, fehlt es oft an klar definierten Lernzielen und realistischen Planungen, wie die neuen Fähigkeiten in der täglichen Praxis der Teilnehmer umgesetzt werden können – zugunsten der Unternehmen.

AUSBILDUNG IST DER SCHLAUSTE WEG ZUM ZIEL

Mir ist die deutsche Übersetzung des Begriffes „education", nämlich „Ausbildung", sehr sympathisch. In vielen Unternehmen wird die Ausbildungsabteilung mittlerweile recht stiefmütterlich behandelt, sie gehört offiziell fast gar nicht mehr zur Personalentwicklung. Manche Personalentwickler sind sogar stolz darauf. Sie rühmen sich, das Beste aus den Mitarbeitern „herauszuholen", während die Ausbildung ja ganz pragmatisch Wissen und Können nach festen Lehrplänen und für klare Berufsziele vermittele.

Meiner Meinung nach mangelt es aber vielen Trainingskonzepten in den Unternehmen gerade an dem, was eine gute Ausbildung ausmacht: an klaren, realistischen Lernzielen und am Wissen darum, wie man den Teilnehmern in einer begrenzten Zeit das Wissen und die Fähigkeiten so vermittelt, dass die Sache auch zu einem Erfolg führt. Mehr Ausbildung wünsche ich mir also – und weniger „Potenzial ausschöpfen" ohne klare Zielsetzung.

Ausbildung heißt immer auch, dass derjenige, der ausbildet bzw. diese Ausbildung plant und designt, einen deutlichen Wissensvorsprung vor demjenigen hat, den er ausbildet. Dies grenzt Edutrainment deutlich von Ansätzen ab, in denen der Trainer sich als reiner Moderator versteht. Wenn klare Lernziele definiert sind, ist es eben nicht genug, lediglich zu moderieren und es der Gruppe zu überlassen, wo sie landet. Vielmehr ist es Aufgabe des Ausbilders, sein Wissen und seinen Expertenstatus zu nutzen, um die Gruppe zu dem vereinbarten Ziel zu führen oder ihr zu helfen, dieses Ziel selbstständig zu erreichen. Dies muss nicht immer der Trainer selbst sein. Vielmehr müssen diejenigen, die ein Training konzipieren, diesen Vorsprung haben, um ein wirklich relevantes Programm zu designen, in dem Trainer und Teilnehmer die zuvor definierten Ziele nachweislich erreichen.

NEUE FORMATE FÜR NEUE LERNERLEBNISSE

Und genau das ist eine Frage der Methodik. Unsere besten Edutrainment-Trainingsformate setzen dies in einer Weise um, die mit herkömmlichen Seminaren oder Trainingsveranstaltungen nur noch wenig zu tun hat. Die Teilnehmer bewegen sich in einem vollkommen anderen Setting, das den Rahmen für ihr individuelles Lernerlebnis liefert. Sie werden mehrere dieser Konzepte später genauer kennenlernen. Bei einem sind die Teilnehmer Mitglied eines Redaktionsteams und bereiten eine Livesendung zum Thema Service und Kundenfreundlichkeit vor, die dann auch stattfindet. In einem anderen Format sind sie Gebietsmanager einer fiktiven Coffeeshopkette namens Moonpenny und erarbeiten sich die Bestandteile eines professionellen Beschwerdemanagements.

So ungewöhnlich, unterhaltsam und spielerisch diese Konzepte sein mögen, die Kompetenzen und Lernziele sind exakt definiert und werden im Idealfall vorher und nachher gemessen. Wir werden nicht als Seminartouristikveranstalter bezahlt, sondern um einen messbaren Beitrag zur Erreichung der Unternehmensziele zu leisten.

Und die Teilnehmer müssen auch richtig arbeiten, womit wir beim zweiten Bestandteil von Edutrainment wären, dem Training.

TRAINING IST ARBEIT MIT SINN UND VERSTAND

Das Trainingselement stellt den entscheidenden Unterschied zwischen Edutrainment und einem reinen Seminar dar. Training bedeutet von Anfang an Übungen, Interaktion, den Teilnehmer aktiv selbst Erfahrungen sammeln lassen, direktes Feedback geben und noch mal üben lassen. Hier ist die Analogie zum Trainer im Sport angebracht. Unsere Rückmeldungen im Training gelten als durchaus sportlich, das heißt, sie sind in der Sache sehr direkt und gleichzeitig menschlich wertschätzend. Das ist genau die

Traineranforderung, die Daniel Coyle bei Spitzentrainern angetroffen hat (vgl. Coyle 2009). Kein langes Drumherumreden um den heißen Brei, sondern kurze, klare und verständliche Feedbacks.

Natürlich gehören Spiele und Übungen zu einem Edutrainment-Format. Es gibt Hunderte von guten Übungen für ein Training. Spannend ist die Auswahl der passenden Übung oder noch besser: die Gestaltung einer neuen Übung oder eines neuen Spiels, das die Lernziele genau transportiert. Der didaktische Sinn einer Übung oder eines Spiels ist entscheidend.

Ich erinnere mich, wie mir ein Teilnehmer stolz von seinem Outdoortraining im Rahmen eines Nachwuchsprogramms berichtete. Es fand auf Mallorca statt und bestand aus Klettern, Rafting und Feiern. Ich fragte ihn, wie die Übungen in Zusammenhang mit der Arbeitspraxis gebracht wurden. Es schaute mich nur verständnislos an. Eine richtige Auswertung hatte nie stattgefunden. Unnötig zu erwähnen, dass es in dem Unternehmen auch keine definierten Kompetenzen gab, die diesen Namen verdienen. Und definierte messbare Lernziele natürlich auch nicht. Seminartourismus in Vollendung.

UNTERHALTUNG IST EINFACH DER BESTE LERNKATALYSATOR

Die Unterhaltung, Entertainment also, ist der dritte Bestandteil von Edutrainment und der eigentliche Katalysator beim Lernen. Was jeder aus eigener Erfahrung weiß, hat nun auch die Gehirnforschung bestätigt: Positive Emotionen unterstützen das Lernen. Sie tragen dazu bei, dass das Gehirn Verknüpfungen zwischen unterschiedlichen Wissensgebieten schafft. Die Folgen sind äußerst erfreulich. Die Lernenden bleiben so nämlich selbstständig am Thema dran. Sie sind sogar bereit, sich auch außerhalb des Trainings weiter mit den Themen zu beschäftigen und diese nach und nach zu verinnerlichen.

WER SPASS MACHT, SOLLTE EIN ZIEL HABEN

Edutrainment bedeutet, dass Unterhaltung tatsächlich ein elementarer Bestandteil in allen Phasen des Trainings wird. Ein lustiger Knalleffekt im Seminar ist zwar nicht schlecht und trägt zu einer positiven Stimmung bei, sollte aber einen didaktischen Bezug zu den Inhalten haben. Das ist der Anspruch von Edutrainment. Humor und Unterhaltung sind kein Selbstzweck, sondern dienen dem Lernerfolg. Die unterschiedlichen Methoden positiver Emotionalisierung sorgen richtig eingesetzt dafür, das angestrebte Lernziel an der entscheidenden Stelle zu unterstützen.

Das bedeutet: Der erfolgreiche Trainer muss mit den unterschiedlichen Formen der Unterhaltung spielen können und unterschiedliche Mittel bewusst an verschiedenen Stellen im Training einsetzen. Dies hat auch etwas damit zu tun, die Zielgruppe vorher entsprechend zu analysieren, womit wir wieder beim Ausgangspunkt, nämlich der Ausbildungsplanung und der Definition von Lernzielen, angekommen wären. Sie sehen: Auf die ein oder andere Weise hängen die drei Komponenten immer zusammen.

Manche Kollegen behaupten, sie machten auch Edutrainment. Nichts leichter als das. Erst käme Education, dann eine praktische Übung und abends noch ein wenig Unterhaltung. Genau so läuft es aber nicht! Es geht beim Edutrainment nicht um eine lineare Abfolge der Bestandteile, sondern um die Synthese. Sie schafft eine ganz neue Qualität und ermöglicht, was sich Teilnehmer und Unternehmen wünschen: Mehr lernen in kürzerer Zeit. Mit noch mehr Spaß und Begeisterung.

ENDLICH LERNEN AUF HÖHE DER ZEIT

Der bereits zitierte Daniel Coyle beschreibt in seinem Buch *Die Talent-Lüge* die Einführung des Flugsimulators bei der amerikanischen Luftwaffe. Bis in die 1930er-Jahre sah die Pilotenausbildung so aus, dass man interessierte Bewerber zunächst mitfliegen ließ. Wenn sie das überstanden hatten, erklärte man ihnen, wie es funktionierte, und dann durften sie sich in die Maschine setzen und üben. Nach einigen Hüpfern auf dem Flughafen konnten sie schließlich abheben.

Als dann infolge eines Poststreiks die Luftwaffe eingesetzt wurde, um die Post im Land zu verteilen, kam es zu so vielen Abstürzen, dass Präsident Roosevelt eine Erklärung wollte. Schnell stellte sich heraus, dass es an der Ausbildung lag. Und nun wurde die bereits vorhandene Erfindung des Flugsimulators endlich vom Militär eingesetzt – mit riesigem Erfolg. Innerhalb kürzester Zeit gelang es, viel mehr Piloten auszubilden, und die Zahl der Abstürze ging gewaltig zurück.

Mit den Konzepten für lebendiges Lernen ist es ähnlich wie mit dem Flugsimulator. Sie wurden schon vor vielen Jahren erfunden und werden zum Teil bereits eingesetzt, nur noch nicht flächendeckend. Aus meiner Sicht ergeht es uns, was die Bildung anbelangt, wie den Amerikanern nach den vielen Flugzeugabstürzen, als die Luftwaffe die Post ausflog. Wir spüren, dass unsere bisherigen Bildungskonzepte nicht mehr ausreichend sind, sowohl in der Schule als auch an den Universitäten und in den Unternehmen. Wir wissen zugleich, dass die Methoden für das Lernen im 21. Jahrhundert bereits existieren. Wäre es nicht höchste Zeit, sie auch anzuwenden?

DIE MISCHUNG MACHT'S!

education · training · entertainment

EDUCATION: METHODEN

- Kompetenzen definieren & messen
- Ziele synchronisieren
- Bedarfserfassung
- Zielgruppenanalyse
- Inhalte auswählen und definieren
- Trainingsdesign
- Inhalte modularisieren & rhythmisieren
- Transferplanung
- Bildungscontrolling
- Trainingsmarketing

TRAINING: METHODEN

- Instruktion
- Präsentieren
- Interaktion
- Feedback
- Übungen
- Rollenspiele
- Planspiele
- Simulationen
- Spiele
- Teilnehmer als Kotrainer

ENTERTAINMENT: METHODEN

- Bewegung
- Humor & positive Emotion
- Visualisierung & Cartooning
- Überraschung & Provokation
- Lernraumgestaltung
- Material pimpen
- Geschichten
- Musik
- 5-Sinne-Prinzip
- Erlebnis

FREITAG, 18 UHR, DAS WOCHENENDE RUFT. DOCH FÜR FLORIAN MÜLLER IST LÄNGST NOCH NICHT FEIERABEND …

Mit einem lauten Knall schlägt er das Buch zu. Sein Kopf brummt, die Augen brennen. Lauter Marketingchinesisch, und dann auch noch auf Englisch. Schauen Sie da mal rein, hat sein Chef gesagt. Von den Amis, von denen könne man sich eine Scheibe abschneiden. In Englisch war Florian noch nie gut. Sein Lehrer quälte ihn früher mit dem „tie-äitsch": Thatcher, toothpaste, this and that. Heute könnte er es gut gebrauchen, wo im Marketing doch jeder Hansel mit englischen Fachbegriffen jongliert. Überhaupt hat sich eine Menge getan, seit er vor sieben Jahren als Assistent in der Marketingabteilung angefangen hat. Dauernd muss er dazulernen. Neue Anzeigenformate, neue Strukturen im Unternehmen, technisches Zeugs wie Onlinemarketing oder die ganzen Veränderungen, die jetzt mit der Ausweitung des Geschäfts ins Ausland auf ihn zukommen. Kurzum: Aus dem Lernen kommt Florian nicht heraus. So schwer es ihm auch fallen mag.

Alle reden von Lernchancen, aber er fühlt sich wie im Lernknast. Seine sogenannte Performance ist bescheiden, mehr als eine kleine Beförderung war nicht drin für ihn. In Verhandlungen patzt er regelmäßig. Wenn er etwas ins Intranet stellen soll, lässt er sich vom Azubi helfen. Und weil sein Englisch noch schlechter ist als das von

Daniela Katzenberger, kommt das Nachwuchsentwicklungsprogramm für ihn nicht infrage. Die Schuld an seiner Misere gibt er seinem früheren Lehrer. Der unterrichtete nicht nur Englisch, sondern auch Mathe. Immer wenn er lernen muss, schwebt noch heute die strenge Fratze dieses Mannes über ihm. Er riecht die Kreide und im Hals kratzt es von der muffigen Luft im Klassenzimmer.

Ab und zu landet Florian in einer Weiterbildungsmaßnahme, und dann gibt er sich wirklich Mühe. Er will ja etwas aus sich machen. Also vergräbt er sich nächtelang in die ausgeteilten Materialien, aber kaum etwas bleibt hängen. Lange zuhören, dicke Bücher lesen, Fakten pauken – das ist einfach nicht sein Ding. Darum klatschte er nicht gerade vor Freude in die Hände, als er von dem Training erfuhr, das bald anstehen würde. Sein Chef war umso euphorischer: Laden Sie mal wieder Ihre Batterie auf, Müller! Da können Sie einen Haufen „knowledge" fürs „daily business" mitnehmen! Aufladen? Nollätsch? Was soll's, morgen ist auch noch ein Tag. Florian knipst seine Schreibtischleuchte aus und geht zum Ausgang. Der Pförtner nickt ihm zu, den kennt er schon seit Ewigkeiten. Ob er auch mal so enden wird, mit BILD, Wurststulle und 1100 Euro netto?

SO GEHT'S WEITER

Florian Müller schiebt jede Menge Lernfrust vor sich her. Seine negativen Lernerfahrungen verleiden ihm die Weiterbildung, die er so dringend nötig hat. Um die tieferen Gründe für solche Lernblockaden geht es im nächsten Kapitel. Ich zeige Ihnen, wie unser Gehirn lernt und welche Faktoren wichtig sind, damit wir von Unterricht, Trainings und Seminaren wirklich profitieren.

2/

AUF ZU·DEN URSPRÜNGEN VON EDUTRAINMENT

IN DIESEM KAPITEL ERFAHREN SIE,

– warum das Gehirn eher einer alten Burg gleicht als einem modernen Computer,

– weshalb das Modell mit den drei Gehirnen nicht mehr stimmt, aber eigentlich doch noch und

– welche Schlussfolgerungen wir aus der Gehirnforschung für das Lernen, Trainieren und die Personalentwicklung ziehen können.

Hinter Edutrainment steckt ein neues, vertieftes Verständnis des Lernens von Erwachsenen. Neu ist unter anderem, dass zentrale Erkenntnisse der modernen Gehirnforschung einfließen. Aber auch ganz traditionelle Begriffe wie „Didaktik" und „Lernen" haben wir für uns etwas anders definiert, als es bislang üblich ist.

In diesem Kapitel zeige ich Ihnen, worauf Edutrainment basiert. Angst vor zu viel Theorie und Fachbegriffen müssen Sie nicht haben. Ich erkläre alles anschaulich mit vielen Beispielen. Zunächst wird es um erwachsenengerechtes Lernen gehen. Was versteht man darunter, wie läuft es ab? Danach wird es „neuro" und damit sehr spannend. Was sagt die Gehirnforschung zum Thema Lernen? Wie lernen wir am besten?

WIE ERWACHSENE LERNEN – UND WIE MAN SIE AM BESTEN WEITER-(AUS-)BILDET

Als Erwachsene lernen wir anders als in jungen Jahren auf der Schule. Wir haben bereits einen großen Erfahrungs- und Wissensschatz aufgebaut, so richtig neu erscheinen uns die wenigsten Lerninhalte. Raffen wir uns zum Beispiel endlich auf und lernen eine neue Fremdsprache, dann können wir auf eine Menge Vorwissen zurückgreifen. Beherrschen wir bereits die französische Sprache, wird uns Italienisch oder Spanisch leichterfallen.

Ähnlich ist es, wenn wir uns mit einer neuen Bürosoftware vertraut machen oder an unserer Präsentationstechnik arbeiten wollen. Immer kennen wir schon Grundregeln oder können Kenntnisse aus verwandten Bereichen nutzen. Die Lernexperten sprechen hier von Anschlusslernen. Neue Informationen docken quasi an vorhandene Informationen an, wir lernen etwas dazu, wir bilden uns weiter. Das Lernen von Erwachsenen ist immer Anschlusslernen – das eine ganz spezifische Didaktik erfordert.

Der Begriff „Didaktik" klingt für viele von uns nach Tafelkreide und wackeligen Schulmöbeln. Damit tun wir ihm unrecht. Ohne Didaktik wäre das schönste Weiterbildungskonzept wertlos. Wenn wir bei Edutrainment von Didaktik sprechen, meinen wir damit nicht nur die Theorie über den Unterricht oder die Wissensvermittlung, sondern ein breiteres Verständnis für die Erwachsenenbildung.

Generell versteht man unter „Didaktik" die theoretische Beschreibung des Zusammenhangs von Lehren und Lernen, also „eine Handlungs- und Planungstheorie für die Gestaltung von Lehr- und Lernsituationen" (Siebert 2006).

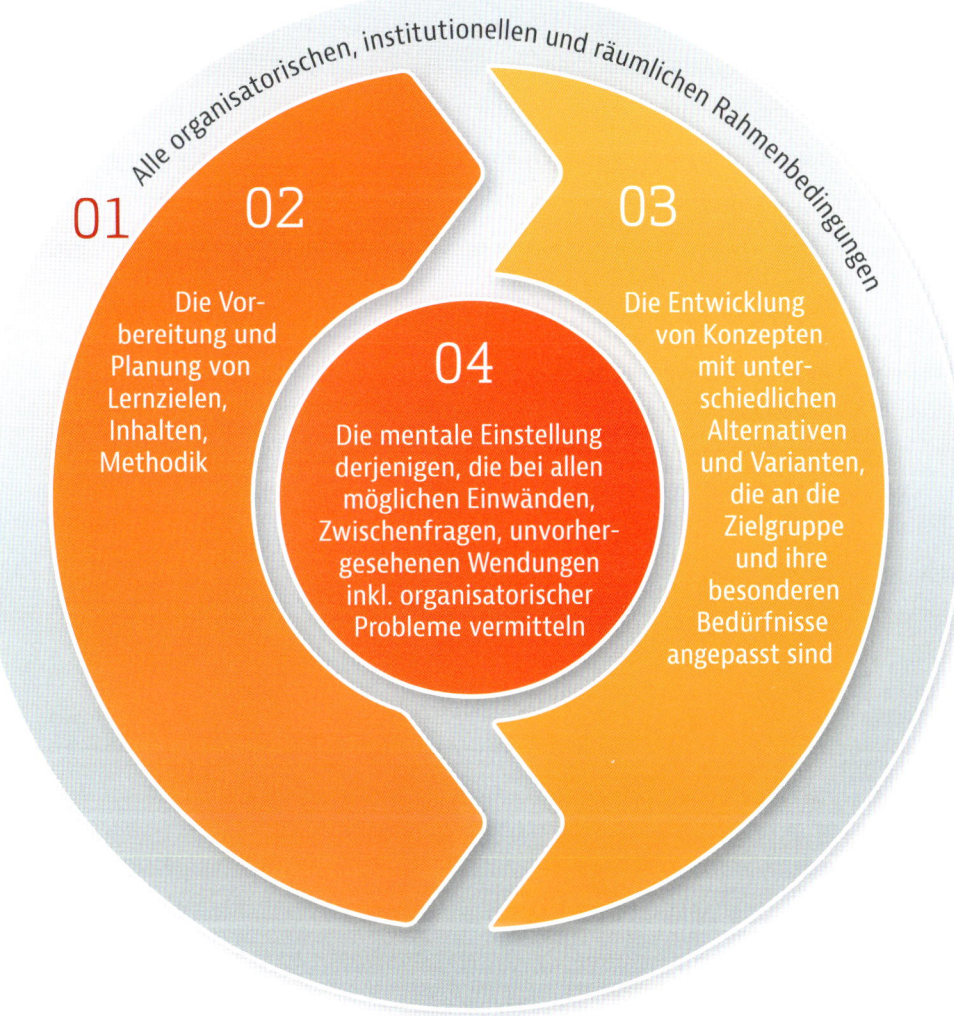

Alle organisatorischen, institutionellen und räumlichen Rahmenbedingungen

01

02

Die Vor-
bereitung und
Planung von
Lernzielen,
Inhalten,
Methodik

03

Die Entwicklung
von Konzepten
mit unter-
schiedlichen
Alternativen
und Varianten,
die an die
Zielgruppe
und ihre
besonderen
Bedürfnisse
angepasst sind

04

Die mentale Einstellung
derjenigen, die bei allen
möglichen Einwänden,
Zwischenfragen, unvorher-
gesehenen Wendungen
inkl. organisatorischer
Probleme vermitteln

Dieser Didaktikbegriff ist bestens geeignet für das Konzept vom lebenslangen Lernen. Er umfasst nicht nur den Inhalt und die Zielgruppe, sondern auch die Rahmenbedingungen sowie die Persönlichkeit und Kompetenz des Lehrenden. Eine quasi ganzheitliche Auffassung vom Lernen und Lehren also, keine Spur mehr vom Staub vergangener Schulzeiten.

Wie sieht es nun in der Praxis aus? Welche Didaktikmodelle prägen den Alltag in der betrieblichen Weiterbildung, auf welchen von ihnen fußt Edutrainment?

LERNTHEORETISCHE DIDAKTIK: SACHLICH BLEIBEN, BITTE SCHÖN

In der betrieblichen Weiterbildung ist das vorherrschende Didaktikmodell immer noch der lerntheoretische Ansatz. Dieser beruht auf dem Behaviorismus. Der lernende Mensch wird als psychisches Wesen betrachtet, doch der Schwerpunkt liegt auf harten Fakten. Alles, was sich nicht beschreiben, analysieren, planen und messen lässt, wird ausgeklammert. Dahinter steckt natürlich ein schier unerschütterlicher Glaube an die empirisch-analytische Wissenschaft. Auch Bildungscontrolling, das allein auf Mess- und Kennzahlen fixiert ist, folgt weitgehend dem behavioristischen Ansatz.

Zum Glück praktiziert man in der Weiterbildung keinen Behaviorismus in Reinkultur. Der lerntheoretische Ansatz ist weitaus vielfältiger und beweist in vielen Fällen seine Stärken. Überall dort, wo in der betrieblichen Weiterbildung messbare Lernziele und Kompetenzentwicklung im Vordergrund stehen, beruhen die Konzepte in der Regel auf der lerntheoretischen Didaktik. Das funktioniert immer noch sehr gut. Auch wurde der Ansatz in der Vergangenheit konsequent erweitert und modernisiert. Zum Beispiel durch eine stärkere Konzentration auf den Lernenden. Im Schulkontext wird hier von schülerzentriertem Unterricht gesprochen.

Bekanntes Beispiel ist das sogenannte Hamburger Modell, das sich auf die Theorie von Ruth Cohn zur themenzentrierten Interaktion beruft und auf eine Balance zwischen Lehrer, Gruppe und Thema zielt. Ich erinnere mich daran, wie einer meiner Trainermentoren stets zu Beginn des Trainings mit den Teilnehmern die Gesprächsregeln von Ruth Cohn durchging: einander zuhören, Störungen allen mitteilen, auf Körpersprache achten usw. Heute ist das fast Konsens und wird nur noch selten explizit diskutiert.

ANWENDUNGSBEZOGENE DIDAKTIK: WILLKOMMEN IN DER REALITÄT

Dieses Modell konzentriert sich auf die Anwendungssituation. Es geht also nicht darum, Ziele und Inhalte zu definieren und messbar zu machen, sondern sich zu fragen: In welchen Situationen wird das Wissen wirklich angewendet? Wenn man eine Lerneinheit plant, wird zunächst eine konkrete Situation analysiert, in der die zu erlernende Kompetenz benötigt wird. Ein sehr praxisorientiertes Vorgehen also.

Diesem Verständnis folgen die Edutrainment-Simulationen. Wir verwenden viel Zeit und Mühe darauf, die Anwendungssituation vor Ort beim Kunden mithilfe von Interviews oder falls möglich sogar in persönlicher Beobachtung zu analysieren. Die Trainingssituation soll die Anwendungssituation so realitätsnah wie möglich simulieren. Dies ist kein Gegensatz zum lerntheoretischen Ansatz, sondern eine Erweiterung. Vorteil dieses situationsspezifischen Lernens ist der höhere Transfergehalt (vgl. Tietgens 1992, zitiert in Siebert 2006).

KONSTRUKTIVISTISCHE DIDAKTIK: DEINE, MEINE, UNSERE WIRKLICHKEIT?

Manche Hardcore-Lerntheoretiker und Behavioristen behaupten immer noch, dass die Welt so ist, wie man sie beobachtet. Der Konstruktivismus geht davon aus, dass jeder Mensch seine eigene Wahrnehmung, seine eigene Realität hat. Deshalb ist Lernen immer ein absolut individueller Prozess, den das richtige Lernsetting anregen, aber nicht komplett steuern und schon gar nicht einheitlich im Ergebnis garantieren kann.

Was wir in der Schule „offenen Unterricht" nennen, entspringt diesem Verständnis. Hier geht es um Erfahrungslernen, Entdecken, Fördern der Selbstständigkeit. Dies spielt auch bei Edutrainment eine große Rolle. Dinge selbst machen ist unserem Verständnis nach besser, als etwas nur bei anderen zu beobachten. Und zur Förderung der Selbstständigkeit gehört auch die Förderung der Selbstlernkompetenz, einer der wichtigsten Kompetenzen für die Zukunft.

UNSERE LÖSUNG: MEHRERE DIDAKTIKMODELLE KOMBINIEREN

Vergleicht man die unterschiedlichen didaktischen Konzepte, wird klar, dass die aktuelle Personalentwicklung nicht gut beraten wäre, ein einziges Konzept in Reinform umzusetzen. Meistens kommen Mischformen zum Einsatz, auch sehr gut entwickelte Programme werden selten ganz streng und ohne Abstriche verfolgt. Autonomes Lernen und Selbsttätigkeit passen natürlich gut zum Idealbild des eigenverantwortlichen Mitarbeiters in einer lernenden Organisation. Doch nicht alle Weiterbildungsveranstaltungen oder -programme können diesem hohen Anspruch gerecht werden.

Edutrainment ist kein eigenständiges Didaktikmodell, es ist ein zugegebenermaßen eklektizistischer Ansatz. Für strenge Dogmen ist kein Platz. Wir fragen uns immer, mit welchen Methoden das beste Lernergebnis in der kürzesten Zeit ermöglicht werden kann.

Grob zuordnen möchte ich Edutrainment der Erzeugungs- und Ermöglichungsdidaktik (vgl. Schüssler und Arnold 2001). Lernen für Erwachsene sollte immer Ermöglichungsdidaktik sein. Ein altes Sprichwort sagt: Willst du etwas lernen, beginne es zu lehren. Und so fordert der britische Wirtschaftspädagoge Peter F. E. Sloane (1999): „Lehren heißt vor allem, dem Lerner Möglichkeiten zu schaffen. (…) Der Lerner wird zum Lehrer, und zwar, indem der seinen eigenen Lernprozess steuert."

ERFOLGSFAKTOREN FÜRS LERNEN VON ERWACHSENEN

Das Institut für Angewandte Psychologie in Zürich hat sich intensiv damit beschäftigt, wie Lernprozesse für Erwachsene erfolgreich gestaltet werden können (vgl. Negri 2010). Mehrere Erfolgsfaktoren wurden definiert:

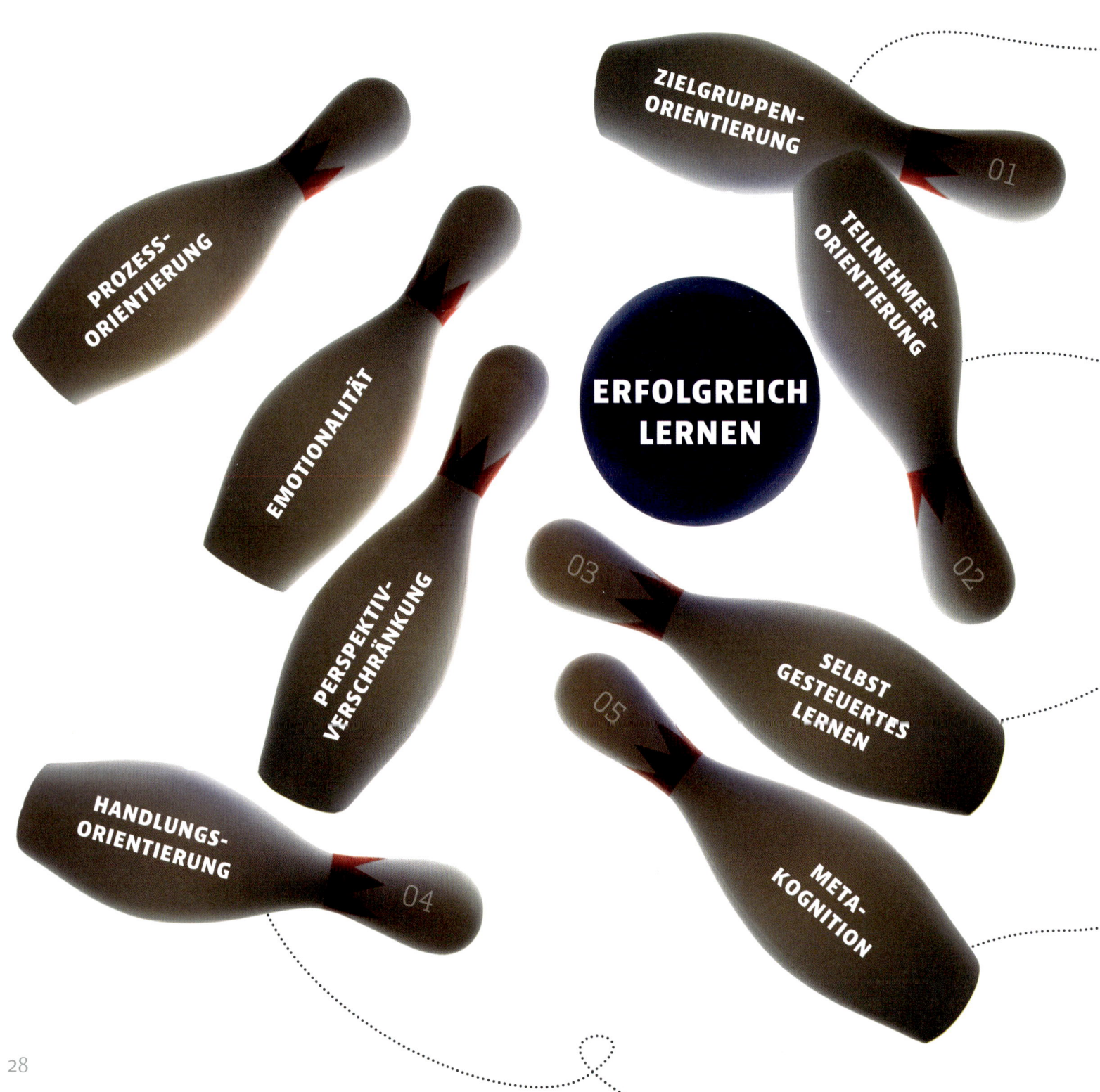

ZIELGRUPPEN-ORIENTIERUNG 01

PROZESS-ORIENTIERUNG

TEILNEHMER-ORIENTIERUNG

EMOTIONALITÄT

ERFOLGREICH LERNEN

PERSPEKTIV-VERSCHRÄNKUNG

SELBST GESTEUERTES LERNEN 02

03

HANDLUNGS-ORIENTIERUNG 04

05

META-KOGNITION

01

ZIELGRUPPENORIENTIERUNG

Die didaktische Planung wird an der jeweiligen Zielgruppe ausgerichtet. Auch die Organisationsorientierung gehört hierzu. Passt das jeweilige Konzept zur Unternehmenskultur, Führungskultur und Lernkultur? Ein Unternehmen, in dem es straffe Hierarchien gibt und alleine Kennzahlen entscheiden, kann schlecht auf die Selbsttätigkeit, die Gleichberechtigung und die autonome Entscheidungskompetenz des Lernenden setzen. Zumindest nicht glaubwürdig. Eine Personalentwicklungsabteilung, die dies anstrebte, müsste feststellen, dass die gut gemeinten Konzepte nicht funktionieren. Gerade bei der Umsetzung entscheidet die Führungs- und Unternehmenskultur.

Theo Hülshoff bringt den Zusammenhang zwischen Lernkultur und Unternehmenskultur auf den Punkt: „Sage mir, welche Lernkultur ihr habt, und ich sage dir, welche Unternehmenskultur sich bei euch entwickelt hat." An der Lernkultur zeige sich, ob die Führungskräfte bereit und fähig seien, die Potenziale der Mitarbeiter zu entdecken und durch Lernen zu fördern. So würden sie einen wesentlichen Beitrag zum unternehmerischen Erfolg leisten (vgl. Negri 2010).

02

TEILNEHMERORIENTIERUNG

So wichtig, wie die Orientierung an der Zielgruppe in der Konzeptionsphase ist, so entscheidend ist die Teilnehmerorientierung bei der praktischen Umsetzung. Sie zeigt sich bei der Durchführung einer Maßnahme, also zum Beispiel im Verhalten des Trainers gegenüber den Teilnehmern.

03

SELBST GESTEUERTES LERNEN

Das selbst gesteuerte Lernen hat in den 1990er-Jahren stark an Bedeutung gewonnen. Durch die schon beschriebenen Veränderungen („immer schneller immer mehr lernen") wurde es noch wichtiger – auch aus wirtschaftlichen Gründen. Aufgrund knapper Ressourcen sind Mitarbeiter gefragt, die sich die Inhalte selbst aneignen, und das am besten, weil sie deren Notwendigkeit eigenständig erkannt haben. Selbst gesteuertes Lernen stellt allerdings höhere Anforderungen an den Lernenden. Er sollte besonders motiviert und zu einigen Anstrengungen bereit sein.

05

METAKOGNITION

Unter „Metakognition" wird die Selbstaufklärung bzw. Selbstvergewisserung des Lernenden verstanden. Er macht sich selber Gedanken darüber, was er lernen soll und warum. Dieses Prinzip spielt auch in der Erwachsenenbildung der letzten Jahre eine größere Rolle. Wenn Lerntagebücher eingeführt werden, geschieht dies aus genau diesem Grund. Rückmeldungen während des Trainings zum bisher Gelernten zielen ebenfalls auf die Förderung der Metakognition.

In vielen Edutrainment-Formaten definieren die Teilnehmer am Anfang des Trainings nicht nur ein Ziel, sondern schätzen auch ihren Lernstand, ihre Bereitschaft weiterzulernen und ihren aktuellen Kompetenzgrad ein. Wie man sieht, gibt es also eine deutliche Verwandtschaft zur Förderung der Selbstlernkompetenz.

04

HANDLUNGSORIENTIERUNG

Die Ausrichtung am Handeln ist für Unternehmen natürlich von besonderer Bedeutung. Rollenspiele und Simulationen folgen dem Prinzip der Handlungsorientierung.

NUR WER SEIN VERHALTEN ÄNDERT, HAT GELERNT

Bevor ich mehrere Regeln für erwachsenengerechtes Lernen vorstelle, eine kurze Definition, was Lernen überhaupt ist.

„Nach dem heutigen Stand kann Lernen definiert werden als Verhaltensänderung in der Zeit, die zu einer Einheit von Kognition (Wissen als die Fähigkeit zu Unterscheidungen) und Handeln (Entscheidungen, Strategien) führt. Dabei ist ganz entscheidend, dass es zu einer gemeinsamen Entwicklung (Koevolution) kommen kann, denn solange sich diese nicht ergibt, kann auch kein effektives Lernen stattfinden."

(Negri 2005, in: Negri 2010)

Hier stellt sich die Frage, ob Lernen tatsächlich nur dann stattfindet, wenn Verhaltensänderungen feststellbar sind. Gemessen an der betrieblichen Praxis geht diese Definition sehr weit. Aktuell gilt bereits der Wissenserwerb in vielen Unternehmen als Lernen. Insofern würde in vielen Unternehmen eine deutliche Veränderung des Lernklimas erfolgen, wenn die obige Lerndefinition allgemeiner Standard wäre.

Mir sagt dieser Lernbegriff sehr zu. Er trifft genau das, was wir mit Edutrainment erreichen wollen: Der Mitarbeiter oder die Führungskraft soll nicht nur neues Wissen mitnehmen. Er soll am Ende der Maßnahme anders handeln und sich entwickelt haben.

Nachdem wir bereits die Erfolgsfaktoren für das Lernen von Erwachsenen kennengelernt haben, hier nun ein Set aus Regeln für erwachsenengerechtes Lernen:

- Neue Lerninhalte müssen für Erwachsene anschlussfähig sein.
- Die Lernenden entscheiden immer selbst, was sie lernen wollen.
- Wir verarbeiten das, was in unser kognitives System passt, wofür wir kognitiv und emotional aufgeschlossen sind, was uns sinnvoll und brauchbar erscheint.
- Lernen ist ein aktiver Prozess.
- Anwendungsbezug hat eine wichtige Bedeutung.
- Kontextbezug ist entscheidend.
- Wir sind geprägt durch unsere Lernbiografie.

(Institut für Angewandte Psychologie Zürich, vgl. Negri 2010)

Prüfen Sie selbst, ob Ihr Weiterbildungskonzept dem erwachsenengerechten Lernen entspricht. Für diese Checkliste habe ich mich an der noch ausführlicheren Liste vom Institut für Angewandte Psychologie Zürich orientiert (vgl. Negri 2010).

EDUTRAINMENT-CHECKLISTE
FÜR ERWACHSENENGERECHTES LERNEN

	JA	NEIN
Wurden bei Planung und Design der Maßnahme die Teilnehmer sowie die wichtigsten Stakeholder aktiv einbezogen? Sind ihre Ideen und Änderungswünsche nachweisbar eingeflossen?	JA	NEIN
Sind Unternehmensziele, Lernziele und persönliche Ziele der Teilnehmer angemessen ausbalanciert?	JA	NEIN
Stehen Kompetenzen, Lernziele, Inhalte und Methoden didaktisch und pädagogisch in einem sinnvollen Zusammenhang?	JA	NEIN
Ist den Teilnehmern der persönliche Nutzen der Maßnahme bewusst?	JA	NEIN
Werden individuelle Lernstile und Lerngewohnheiten berücksichtigt?	JA	NEIN
Wird an die Vorerfahrungen der Teilnehmer angeknüpft?	JA	NEIN
Sind die Teilnehmer mindestens sechzig Prozent der Lernzeit selbst aktiv?	JA	NEIN
Haben die Inhalte und Methoden eine hohe Praxisrelevanz?	JA	NEIN
Werden – durch Einsatz von Audioelementen, Visualisierung, Gegenständen etc. – alle Sinne angesprochen?	JA	NEIN

NEURODIDAKTIK: SO SEHEN GEHIRNFORSCHER DAS LERNEN

In der Neurodidaktik finden wir einen erweiterten Lernbegriff, der das bisher Gesagte neurowissenschaftlich untermauert. Hier ist Lernen ein erkenntnisgewinnender Prozess, bei dem Erfahrungen in neuronale Verschaltungsmuster umgewandelt werden.

„Damit neue Wissensinhalte nachhaltig im Gehirn verankert werden können, müssen diese für die betreffende Person als bedeutsam bewertet und somit emotional aufgeladen werden. Das kann auf drei verschiedene Weisen erfolgen: 1. Erfahrungslernen, 2. Imitationslernen, 3. Dressurlernen.“

(Hüther und Dohne, in: Negri 2010)

Laut Gerald Hüther ist das sogenannte Dressurlernen in unserem Kulturkreis noch am weitesten verbreitet. Das Lernen wird an eine Belohnung oder das Vermeiden von Bestrafung gekoppelt und ist somit nur extrinsisch motiviert. Der Stoff wird möglicherweise gelernt, aber der Lernprozess selbst wird emotional negativ bewertet. Beispiel dafür ist eine Weiterbildungsveranstaltung, die ich mir nicht selbst ausgesucht habe, sondern besuchen muss. Wenn ich die Teilnahme ablehne, muss ich mit Sanktionen rechnen.

„Ob betriebliche Bildungsangebote von Mitarbeitern genutzt und angenommen werden, hängt also weniger von der Qualität des Angebots, sondern in erster Linie von der Bewertung einer solchen Maßnahme durch die betreffenden Mitarbeiter ab.“ (Hüther und Dohne 2010) Diese Bewertung kann natürlich sehr unterschiedlich ausfallen und vielleicht aus Sicht der Personalentwickler sehr ungerecht. Deshalb sollte man bei großen Weiterbildungsprogrammen, die quasi verordnet werden, jedem einzelnen Mitarbeiter den Sinn und den persönlichen Nutzen dieser Maßnahme deutlich machen. Gelingt dies nicht, ist der ganze Aufwand meistens umsonst gewesen – doch leider nicht kostenlos. Vereinfacht könnte man sagen: Je extrinsischer die Motivation für eine Weiterbildung, umso größer sollte das Budget für das Marketing des Programms ausfallen.

KURZE GESCHICHTE DES ERWACHSENENLERNENS

Haben Sie Lust auf einen kleinen historischen Exkurs? Dann begleiten Sie mich doch. Die Frage, der wir nachgehen wollen, lautet: Wann begannen Wissenschaft und Praxis eigentlich, sich mit dem Lernen von Erwachsenen zu beschäftigen?

DIE ANDRAGOGIK WIRD GEBOREN

Nach dem Zweiten Weltkrieg emanzipierte sich die Erwachsenenbildung zunehmend von der auf Kinder fokussierten Pädagogik. In den USA begründeten Malcolm Knowles und Elwood Holton die Andragogik. Knowles führte eine klare Unterscheidung zwischen pädagogischen und andragogischen Lern- und Trainingsprinzipien ein. Aus dem Schüler oder Studenten wurde der Teilnehmer, der aktiv in das Lerngeschehen eingreift.

UND IN DEUTSCHLAND? DISKURS, GRUPPENDYNAMIK, PINNWÄNDE ...

In Deutschland entwickelte sich basierend auf der schon erwähnten themenzentrierten Interaktion nach Ruth Cohn und anderen Theorien eine eher diskurs- und persönlichkeitsorientierte Weiterbildung. An den Universitäten hatte man den „Muff von tausend Jahren" aus den Talaren geschüttelt. Nun wollte man dies auch in den Unternehmen tun. Die waren zwar wesentlich jünger, autoritäres Denken und die entsprechenden Strukturen waren aber auch hier vorherrschend. Es galt, eine demokratische Form der Meinungs- und Entscheidungsbildung zu etablieren. Zwei Ansätze verfolgte man dabei. Beim einen ging es um die systematische Verbesserung von Arbeits- und Entscheidungsprozessen durch Material, Werkzeuge, Spielregeln und die spezielle Gestaltung der Architektur. Ein eher sachlicher, auf Effizienz der Prozesse ausgerichteter Ansatz also.

ANDRAGOGIK

1950

Beim anderen Ansatz standen der gruppendynamische Prozess und die Persönlichkeitsentwicklung im Vordergrund. Der Besprechungs- und Diskussionsleiter wurde abgesetzt
und durch den Moderator ersetzt. Eberhard Schnelle und seine Mitstreiter (die sich dann
tatsächlich miteinander stritten) verhalfen der Moderationsmethode in Deutschland zu
einem einzigartigen Erfolg. In keinem Land der Welt werden so viele Moderationskarten
beschrieben, geclustert und bewertet wie in Deutschland. Auch Pinnwand und Flipchart
sind deutsche Erfindungen.

SUGGESTOPÄDIE WIRKT ENTSPANNEND IN OST UND WEST

Auch jenseits des Eisernen Vorhangs tat sich in Sachen Erwachsenenbildung eine
Menge. Georgi Losanow entwickelte in den 1960er-Jahren die sogenannte Suggestopädie und geriet dadurch in Konflikt mit den damaligen kommunistischen Macht-
habern in Bulgarien. Seine Aufmerksamkeit galt dem unbewussten Lernen und der
Bedeutung zwischenmenschlicher Beziehungen. Ausgangspunkt der Suggestopädie als
Trainingsmethodik war das Fremdsprachentraining, das Losanow mit Entspannungs-
methoden kombinierte. In Indien hatte er Yogis kennengelernt und ihr ausgesprochen
gutes Erinnerungsvermögen bewundert. Losanow stellte fest, dass ein besonderer
Bewusstseinszustand sich positiv auf die Merkfähigkeit auswirkt. Er experimentierte
mit Musik und Autosuggestion und setzte auf psychologische, didaktische und künst-
lerische Instrumente. Heute wird Losanow häufig lediglich mit den Themen Entspan-
nung und Alphawellen in Verbindung gebracht. Tatsächlich war er vor allen Dingen ein
Vertreter derjenigen, die eine vertrauensvolle und wertschätzende Beziehung zwischen
Lehrenden und Lernenden betonen.

SUGGESTOPÄDIE

DISKURS, PERSÖNLICHKEIT, GRUPPENDYNAMIK

1960

1970

ACCELERATED LEARNING MACHT TEMPO

Losanows Ideen wurden in unzähligen Ländern kopiert und weiterentwickelt. In den USA entstand aus der Suggestopädie das sogenannte Accelerated Learning. Colin Rose gilt als einer der Wegbereiter dieser Methode. Dave Meier schrieb ein Standardwerk zum Thema (Meier 2000). Suggestopädie und Accelerated Learning sehe ich eindeutig als enge Verwandte von Edutrainment.

Tony Buzan, der Vater des Mindmappings, wäre aus dieser Zeit ebenso noch zu nennen wie die beiden Lernrevolutionäre und NLP-Gründer Richard Bandler und John Grinder. Schließlich darf in dieser Liste natürlich Vera Felicitas Birkenbihl nicht fehlen, die vor allem im deutschsprachigen Raum den Begriff des gehirngerechten Lernens fest verankert hat und als Wegbereiterin eines neuen Trainingsansatzes gelten kann.

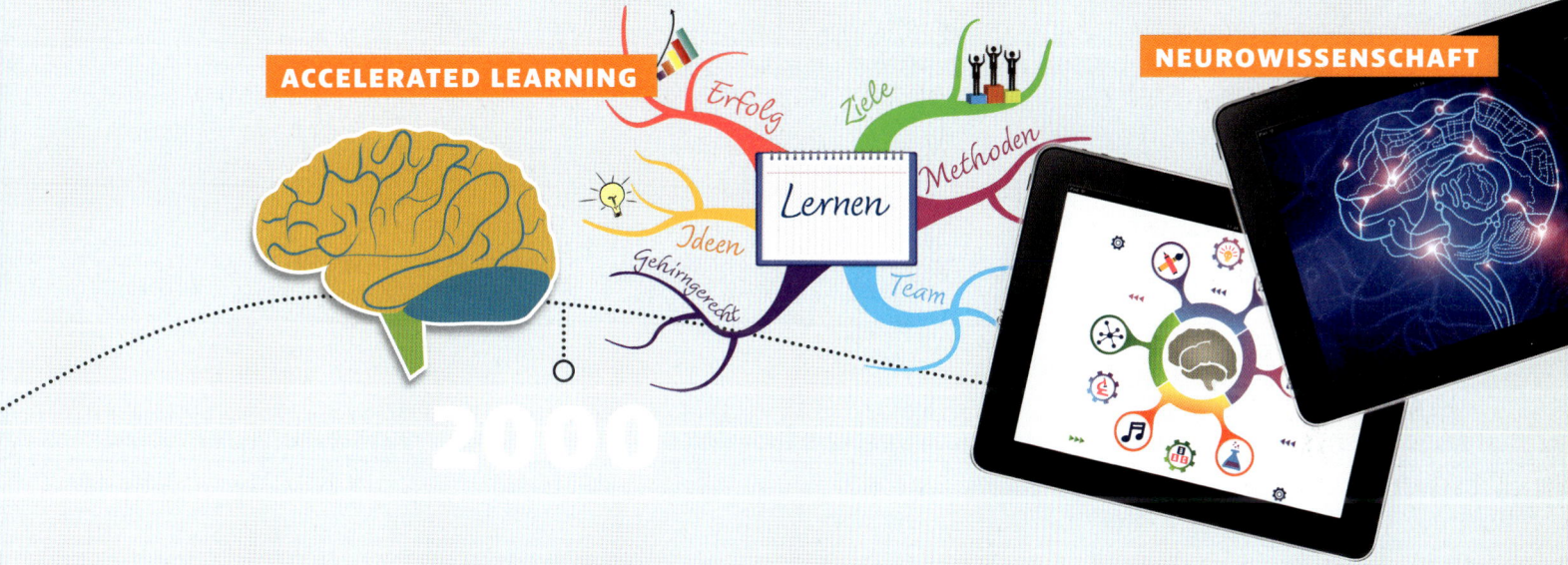

NEUROWISSENSCHAFT BRINGT MEHR?
SCHAUEN WIR MAL …

In jüngster Zeit wird die Hirnforschung immer mehr zur Leitwissenschaft. Sie ist dabei, unser Denken über Lernprozesse neu zu bestimmen. Seit ich mich mit Gehirnforschung und ihren Einsatzmöglichkeiten, etwa im Neuromarketing, beschäftige, verstehe ich viele Aspekte des Lehrens und Lernens einfach besser. Für meine persönliche Lernbiografie gilt das natürlich auch. Zum Beispiel habe ich bestätigt bekommen, warum aus mir niemals ein Lateingenie werden konnte. Im Folgenden möchte ich Sie daher zu einem Ausflug in die spannende Welt der Gehirnforschung einladen. Wir werden erfahren, wie unser Gehirn lernt und welche Konsequenzen dies für das Lehren und Trainieren im Unternehmen hat.

WIE LERNEN FUNKTIONIERT – ODER: NEUES VOM GEHIRN

Manche Wissenschaftsexperten gehen davon aus, dass die moderne Gehirnforschung für das 21. Jahrhundert so wichtig sei wie Chemie und Physik für das 19. und 20. Jahrhundert. Ob dies stimmt oder nicht, wird die Zukunft zeigen – auf jeden Fall ist „Neuro" in. Es wimmelt nur so von Artikeln über das Gehirn und seine Funktionsweise. Keine Wochenendausgabe der großen Zeitungen kommt mehr ohne einen Artikel zur Gehirnforschung aus. Neurobiologie, Neuropsychologie, Neuromarketing. Neuro, Neuro, Neuro. Die Gehirnforschung scheint alles erklären zu können. Wenn Sie bei Google das Stichwort „Neuro" eingeben, stoßen Sie auf Millionen von Einträgen.

Mir selbst hat die Gehirnforschung beispielsweise erklärt, weshalb von meinem Lateinunterricht wenig in meinem Gehirn hängen geblieben ist. Wenn ich im Urlaub versuche, eine lateinische Inschrift in einer Kirche zumindest ansatzweise zu entziffern, scheitere ich kläglich. Wo sind die ganzen Vokabeln hin? Jeder ZEIT-Leser scheint mir hoffnungslos überlegen zu sein, obwohl ich fünf Jahre lang Lateinunterricht auf altsprachlichen Gymnasien genossen habe.

NEGATIVE EMOTIONEN SIND EIN LERNKILLER

Während mir die tiefere Bedeutung des Ablativus absolutus bis heute fremd ist, habe ich noch sehr genau das feiste Gesicht meines Lateinlehrers vor meinem geistigen Auge. Seine riesige schwarze Brille, die extrem großen Schneidezähne und das diebische Vergnügen in seinen Augen, wenn er mich mal wieder vorführen konnte. Der Mann hieß zu allem Überfluss auch noch Achilles und war nicht nur Latein-, sondern auch Griechischlehrer. Bevor er die korrigierten Arbeiten an die Klasse zurückgab, las er zum Vergnügen der Anwesenden meine Übersetzung vor. Meistens bogen sich alle vor Lachen angesichts der katastrophalen Übersetzungsfehler und Sinnentstellungen.

Daran kann ich mich heute noch gut erinnern, an den Inhalt allerdings nicht. Florian Müller geht es beim Thema Englisch genau so. Das liegt daran, dass beim Lernen die Gefühle immer mitlernen. Wenn negative Emotionen mit dem Lernen verbunden waren, tauchen diese immer wieder auf, sobald versucht wird, das Wissen abzurufen. Außerdem machen die Gehirnzellen nicht das, was sie bei positiven Emotionen, die mit Lernen verbunden sind, automatisch und unbewusst tun, nämlich Verbindungen herstellen zu anderen verwandten Bereichen. Das ist übrigens der Grund, warum wir so schnell lernen, wenn uns eine Sache wirklich gepackt hat.

LERNEN?

LERNEN!

Überlegen Sie einmal selbst, wann Sie ein neues Hobby entdeckt haben und in kürzester Zeit zu einem Experten wurden. Das Wissen flog Ihnen zu, ohne dass Sie selbst das Gefühl hatten, bewusst zu lernen. Positive Emotionen sind nämlich ein Lernturbo. Mein Lateinunterricht dagegen bildet quasi eine Wissensinsel, die nur wenig Verbindung zu anderen Wissensbereichen in meinem Gehirn aufgebaut hat. Und selbstverständlich war meine Begeisterung, mich nach meiner Schulkarriere noch mit Latein auseinanderzusetzen, eher gering. Wobei es nicht erstaunt, dass man eine Sache, die man zwanzig Jahre lang nicht praktiziert hat, nicht mehr besonders gut beherrscht. Florian Müller jedenfalls steckt im Gefängnis seiner früheren Lernerfahrungen mit Englisch. Sein Englisch ist heute wahrscheinlich sogar noch schlechter als während seiner Schulzeit. Und wenn er nun sein Englisch verbessern soll, kommen all die negativen Erinnerungen wieder hoch und blockieren ihn.

POSITIVE EMOTIONEN SIND EIN LERNTURBO

Sind Lerninhalte mit positiven Gefühlen verbunden, sieht das ganz anders aus. Stellen Sie sich vor, Sie besuchen einen Spanischkurs. Neben Ihnen lernt eine äußerst attraktive Italienerin bzw. ein äußerst attraktiver Italiener. Nach der dritten Spanischstunde trinken sie einen Espresso zusammen. Sie beschließen, nun auch noch Italienisch zu lernen. Was meinen Sie, welche Sprache Sie leichter, schneller und besser lernen? Zu welchem Land Sie sich freiwillig den aktuellen Baedeker besorgen? Bei welchen Filmen Sie die Originalsprache wählen? Zu welcher Landesküche Sie sich ein schönes Kochbuch bestellen? Sie wissen, worauf ich hinauswill.

Und nun ein Gegenbeispiel. Viele Teilnehmer von Verhaltenstrainings haben Angst vor der Videokamera. Oftmals stellt sich dann heraus, dass sie extrem negative Erfahrungen mit Video-Feedback gemacht haben. Sie fühlten sich vor der Gruppe ähnlich gedemütigt wie ich mich in meinem Lateinunterricht. Deshalb nützt es nichts, sich in einem solchen Fall zu sagen, dass das kritische Feedback des Kollegen möglicherweise begründet und richtig gewesen sei. Entscheidend ist, dass der Teilnehmer in einem solchen Fall nichts gelernt hat, außer dass Video-Feedback schlimm ist.

Schauen wir uns das Gehirn, seine Entstehungsgeschichte und die wichtigsten Teile einmal genauer an, bevor wir uns fragen, welche Schlussfolgerungen daraus für Trainings und das Lernen allgemein zu ziehen sind.

DER BLICK INS HIRN VERÄNDERT ALLES

Woher haben die Forscher eigentlich all diese Informationen über das Gehirn? Es steckt natürlich eine Menge Technologie dahinter. Dank Computertomografie, Positronenemissionstomografie und funktioneller Magnetresonanztomografie ist es möglich, in das Gehirn zu gucken, ohne dafür wie die alten Azteken die Schädeldecke aufzusägen. Wir können das Gehirn sogar bei der Arbeit beobachten und die jeweils aktiven Gehirnteile lokalisieren. Das machen sich auch die Marketingspezialisten zunutze, die zusammen mit einigen Gehirnforschern die neue Disziplin des Neuromarketings entwickelt haben.

Kernspintomografen sind relativ teuer, sie kosten rund eine Million Euro und stehen selbstverständlich nicht jedem Forscher jeden Tag zur Verfügung. Aber eine einfache Rechnung sagt uns: Je mehr Geräte dieser Art es gibt, je besser sie werden, je mehr Forscher an ihnen arbeiten können, umso mehr Ergebnisse werden wir auch erzielen. Insofern müssen die aktuellen Aussagen über das Gehirn immer ein wenig relativiert werden. In zehn Jahren wissen wir schon wieder viele Dinge deutlich besser und manche großartige Erkenntnis von heute wird sich möglicherweise als irrige Vermutung entpuppen.

Vor einiger Zeit wurde sogar ein Pärchen beim Sex in der Röhre beobachtet – selbstverständlich nur die Gehirne –, und man fand heraus, dass während des Sex bei Männern lediglich das Reptilienhirn (also der Hirnstamm) beteiligt ist, bei Frauen dagegen das gesamte Gehirn. Hätte es dafür ein so teures Experiment gebraucht?

In einigen Jahren, so nehmen manche Beobachter an, werden die Computertomografen auch bei der Personalauswahl die entscheidende Rolle spielen und bisherige Testverfahren überflüssig machen. Bereits heute soll es angeblich in einigen Unternehmen üblich sein, Topführungskräfte dieser Prozedur zu unterziehen, nicht nur,

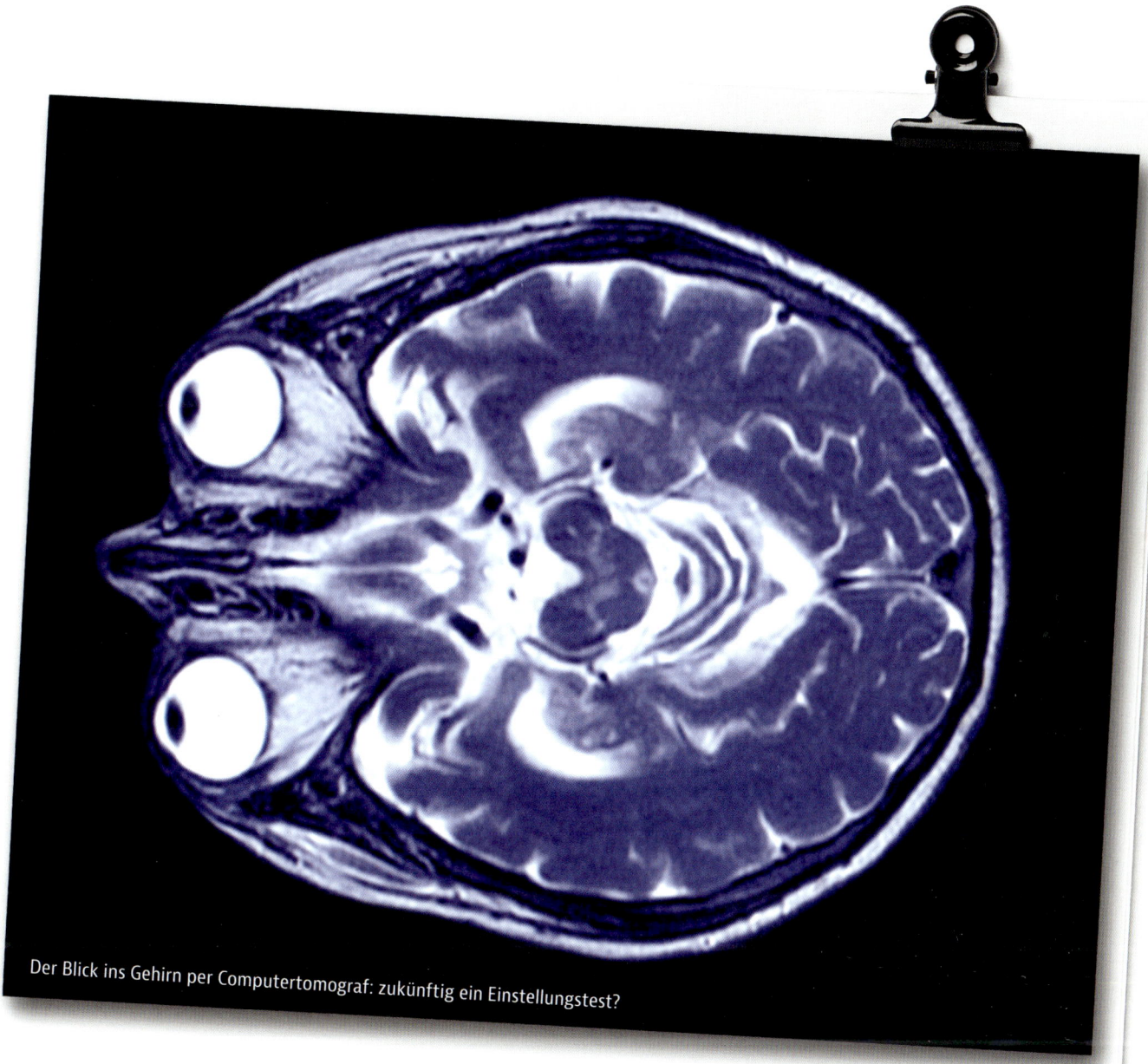

Der Blick ins Gehirn per Computertomograf: zukünftig ein Einstellungstest?

um herauszufinden, ob ihr Gehirn gesund ist, sondern auch, um festzustellen, welche Dominanzausprägung sie haben und ob sie für eine höhere Führungsposition tatsächlich geeignet sind. Eine gruselige Vorstellung – nicht nur für Betriebsräte.

In jedem Fall haben diese bildgebenden Verfahren auch die Erforschung des Lernens revolutioniert. Man kann unserem Gehirn jetzt nicht nur beim Sex, sondern auch beim Denken, Lernen und Vergessen zugucken. Wir sehen, welche Gehirnteile bei welchem Prozess beteiligt sind.

Wer sich mit dem Gehirn beschäftigt, wird zunächst einmal von der Komplexität erschlagen. Vereinfachung tut not, und so gibt es eine Vielzahl von Modellen und Analogien, die versuchen, die grundsätzliche Struktur verständlich darzustellen.

DAS HIRN ALS

COMPUTER ?

Ein besonders beliebtes, wenn auch schon leicht angestaubtes Modell ist der Vergleich des Gehirns mit dem Computer. Das Kurzzeit- oder Arbeitszeitgedächtnis gilt dann als Arbeitsspeicher, die Großhirnrinde wird als Festplatte bezeichnet. Das können wir uns gut vorstellen. Leider funktioniert aber das Gehirn gar nicht wie ein Computer und ein Computer nicht wie ein Gehirn.

EHER

SO **!**

> In ihrem Buch
> Welcome to your Brain:
> Ein respektloser Führer durch
> die Welt unseres Gehirns *erklären Sandra
> Aamodt und Samuel Wang (2009), dass es in
> einem Computer ganz linear und ordentlich
> zugeht. Unser Hirn dagegen gleiche eher einem
> chaotischen chinesischen Restaurant, in dem alle
> hektisch und aus Sicht eines Außenstehenden völlig
> sinnlos durcheinanderlaufen, am Ende aber
> alle pünktlich ihr bestelltes Essen
> verspeisen können.*

GEHIRNMODELLE: EINFACH IST HIER NICHTS

Das scheinbare Chaos und die verschiedenen Teile des Gehirns mit entwicklungsge-
schichtlichen Unterschieden machen es schwer, ein einfaches und für den Laien nach-
vollziehbares Modell zu finden. Sie kennen sicher die einfache Unterscheidung der
beiden Gehirnhemisphären in linke und rechte Gehirnhälfte. Ebenso ist die Dreiteilung
des Gehirns nach Paul D. MacLean in Reptilienhirn, limbisches System und Neokortex
seit vielen Jahren beliebt. Auch ich verwende sie immer noch gern, weil sie dem Laien so
gut einleuchtet. Allerdings sind einige der Aussagen dazu wissenschaftlich nicht mehr
haltbar. Es handelt sich nicht um wirkliche Teile, die voneinander abgegrenzt sind und
linear arbeiten. Dennoch ist es auch nicht ganz falsch, wie einige der Gehirnexperten in
jüngster Zeit behaupten. Ihrer Meinung nach kommt es darauf an, welchen Abstraktions-
grad man wählt und unter welchem Blickwinkel man das Gehirn betrachtet.

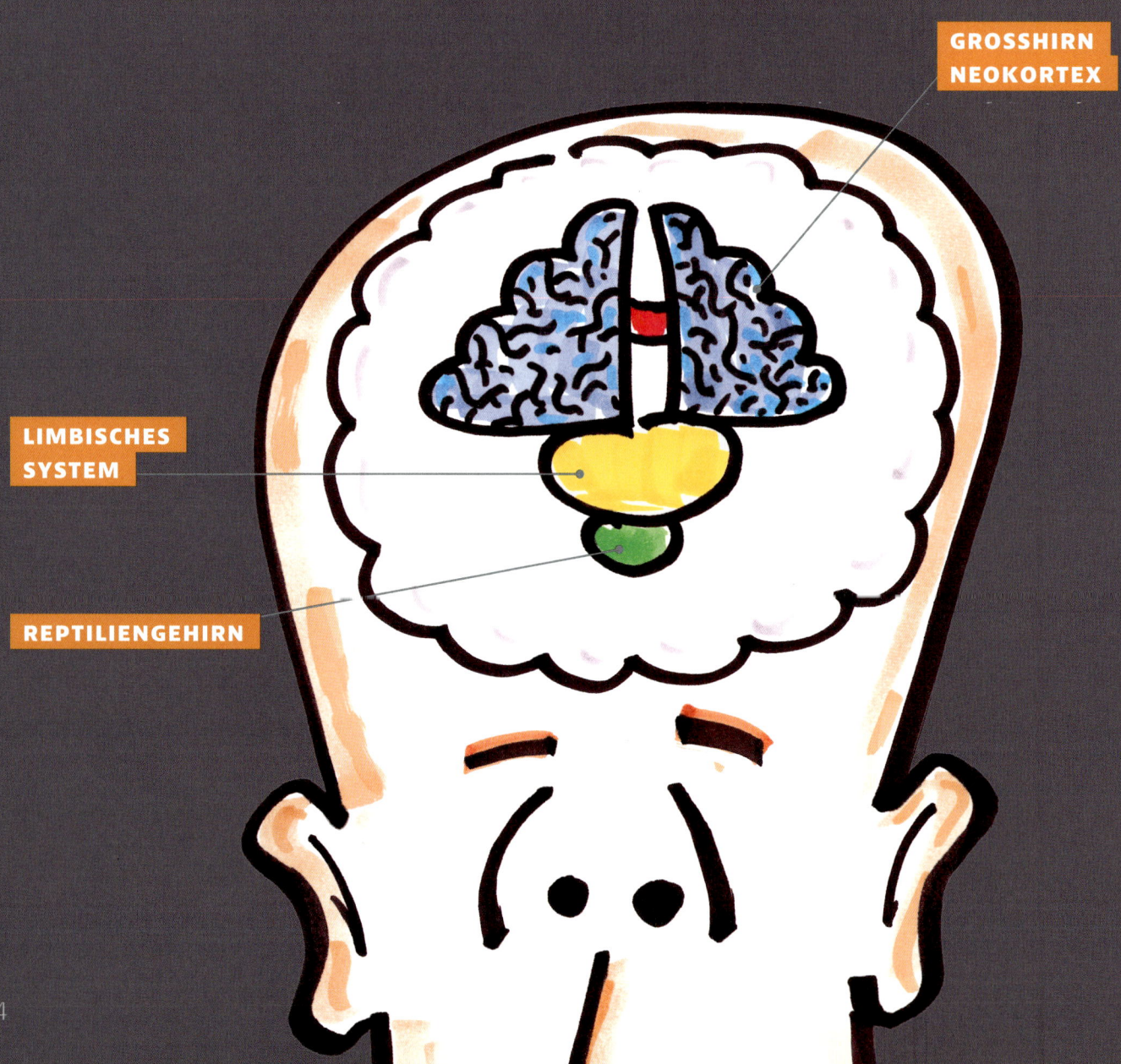

**GROSSHIRN
NEOKORTEX**

**LIMBISCHES
SYSTEM**

REPTILIENGEHIRN

Mehr und mehr setzt sich ein Ansatz durch, der von verschiedenen Schichten oder Zonen des Gehirns spricht, die unterschiedliche Funktionsweisen haben. In diesen Zonen liegen die vielfältigen Gehirnteile, die zum Teil über eine Zone hinausgehen. Dann sprechen wir immer noch von einer Dreiteilung, dem Hirnstamm, dem Zwischenhirn und dem Endhirn, dessen wichtigster Teil die Großhirnrinde ist, der Neokortex. Die für das Lernen wohl wichtigste Schnittmenge ist das limbische System. Es liegt wie ein Kragen (lat. limbus) um das Stammhirn herum und ragt in Teile der Großhirnrinde hinein. Zu ihm gehören der Hippocampus und die Amygdala, die für das Erinnern und Abspeichern von Informationen eine zentrale Bedeutung haben.

Das müssen wir uns genauer ansehen. Klappen wir wirklich einmal die Schädeldecke hoch. Es zeigt sich: Unser Gehirn sieht ziemlich alt aus, grau und faltig. In der Tat hat es sich in den vergangenen hunderttausend Jahren kaum verändert, die ältesten Teile sind sogar Millionen von Jahren alt.

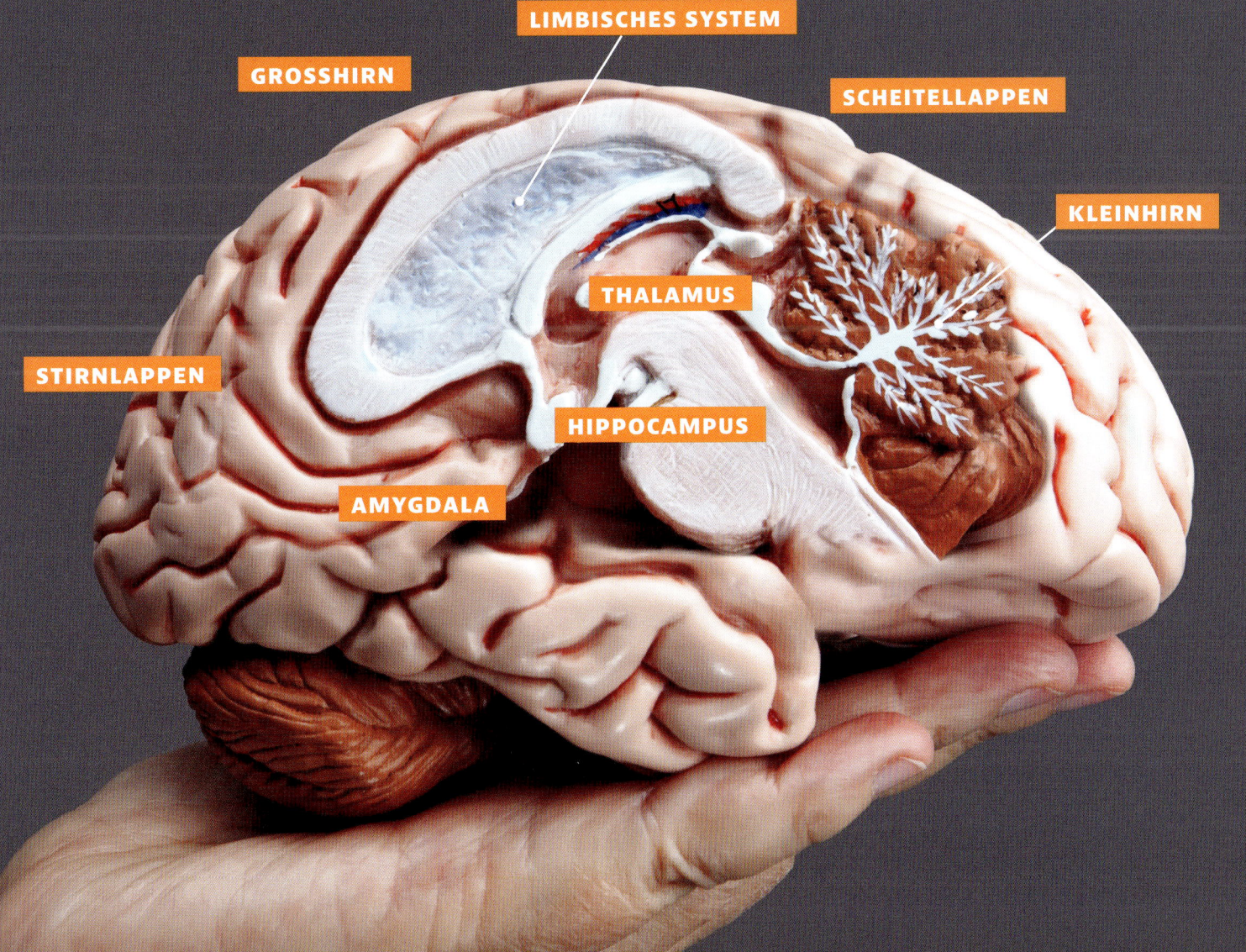

LIMBISCHES SYSTEM

GROSSHIRN

SCHEITELLAPPEN

KLEINHIRN

THALAMUS

STIRNLAPPEN

HIPPOCAMPUS

AMYGDALA

DAS REPTILIENGEHIRN (HIRNSTAMM)

Wir sind ja tatsächlich nicht nur mit den Affen verwandt, sondern auch mit den Dinosauriern. Deshalb führen wir uns beim Videotraining mit Feedback à la Dieter Bohlen, im Fußballstadion und am Wühltisch gerne so auf, als ginge es noch immer um das nackte Überleben. Wenn wir unter Stress geraten, übernimmt dieser Teil des Hirns die Steuerung und unser innerer Dino feiert ein für uns oft wenig schmeichelhaftes Comeback. Er kennt kaum mehr als Angriff, Verteidigung, Flucht. Ach, und natürlich noch Schlafen, Essen, Trinken, Atmen, Sex. Zum Glück haben wir noch mehr Hirn im Oberstübchen.

DAS SÄUGETIERGEHIRN (ZWISCHENHIRN MIT LIMBISCHEM SYSTEM)

Entscheidender Unterschied zwischen Säugetieren und Reptilien: Wenn ein Krokodil in der Sonne liegt und Hunger bekommt, stört es sich nicht daran, ob ein Tourist vorbeitrabt oder der eigene Nachwuchs. Im Zweifel frisst es beide auf. Hunger ist Hunger. Ein Fürsorgegefühl hat ein Krokodil nicht.

Das ist bei Säugetieren vollkommen anders. Gelegentlich verspeisen zwar auch diese ihren eigenen Nachwuchs, allerdings nur dann, wenn sie merken, dass sie zu viele Nachkommen haben, die sie nicht ernähren können. Es gibt also eine Art Hierarchie bei den Gehirnteilen. Wenn es hart auf hart kommt, schlagen die Instinkte zu.

Wichtig für uns: Das limbische System ist für die Gefühlswelt zuständig, die beim Lernen eine wichtige Rolle spielt – die entscheidende Rolle sogar, wie wir noch sehen werden.

DAS GROSSHIRN (NEOKORTEX)

Die Großhirnrinde, unser Denkhirn, ist der Stolz der Menschheit. Sie unterscheidet uns von anderen Säugetieren allein schon aufgrund der Masse. Hier sitzt unser Bewusstsein, unsere Fähigkeit, logisch zu denken, die Vergangenheit zu analysieren, sie mit der Gegenwart zu vergleichen und daraus Schlussfolgerungen für künftiges Handeln abzuleiten. Offensichtlich die entscheidende Killerapplikation, die uns Menschen im Vergleich zu anderen Säugetieren so erfolgreich gemacht hat.

Falls Sie Lagepläne mögen: Mit unserem Stirn- oder Frontallappen planen wir, wir kontrollieren unsere Bewegungen und das eigene Ich. Der Scheitellappen ist zuständig für das Tastgefühl, räumliches Denken, das Rechnen und die Wahrnehmung mit unserem Körper. Der Schläfenlappen ist zuständig für das Hören. Er ist auch beteiligt am Lernen, Erinnern und Merken. Der Hinterhauptlappen enthält das Sehzentrum.

DIE LINKE UND DIE RECHTE HIRNHÄLFTE

Von oben sieht das Gehirn wie eine Walnuss aus, weil die Großhirnrinde in zwei Hälften, sogenannte Hemisphären, geteilt ist. Die beiden Gehirnhälften haben verschiedene Jobs: Die linke Gehirnhälfte steuert die rechte Körperhälfte und umgekehrt. Zudem ist die linke Gehirnhälfte für die Laut- und Sprachbildung zuständig, das analytische Denken, die kognitive und lineare Verarbeitung von Informationen sowie eher wissenschaftliches, semantisches und explizites Lernen. Die rechte Gehirnhälfte verarbeitet Bilder, raum- und ortsgebundenes Wissen und Informationen, die an die persönliche Biografie des Lernenden anknüpfen.

LERNEN MIT DEM GANZEN HIRN

Lange Zeit dachte man, die rechte Gehirnhälfte sei für Gefühle und Kreativität zuständig. Nach dieser Vorstellung sind Linkshänder automatisch kreativer als Rechtshänder. Doch so einfach ist das nicht. Denkprozesse ohne Beteiligung von Gefühlen gibt es nicht, und Kreativität entsteht erst durch die Nutzung beider Hemisphären.

Allerdings ist die Theorie der unterschiedlichen Funktionen von linker und rechter Gehirnhälfte nicht komplett widerlegt. Falsch war lediglich die Annahme, die beiden Gehirnhälften seien nur über das Corpus callosum miteinander verbunden und ansonsten finde kein Austausch statt. Diese These wurde in mehreren Experimenten widerlegt.

Jetzt gilt: Beide Gehirnhälften sind vielfältig miteinander verflochten und sogar in der Lage, wechselseitig Aufgaben zu übernehmen, falls in der Nachbarhälfte mal ein Areal ausfällt – durch einen Schlag auf den Kopf oder einen Tumor zum Beispiel. Erfolgreiches Lernen bedeutet, beide Gehirnhälften einzubeziehen.

WUNDERDING GEHIRN: JE VERNETZTER, DESTO SCHLAUER

Das Gehirn besteht schon bei der Geburt eines Menschen aus 100 Milliarden Nervenzellen, den Neuronen. Wenn Sie die Gliazellen mitzählen, landen Sie bei Billionen. Die Gliazellen liegen zwischen den Nervenzellen und den Verbindungen, sorgen für Stabilität und auch für das Reparatursystem des Gehirns und bilden zudem die Müllabfuhr für abgestorbene Zellen. Entdeckt wurden sie schon im 19. Jahrhundert von Rudolf Virchow. Der Name der Stützzellen leitet sich aus ihrer Funktion ab: Glia ist das griechische Wort für Leim.

Entscheidend sind aber nicht nur die Zellen an sich, sondern die Verbindung zwischen den Zellen. Von jeder Nervenzelle geht ein Verbindungsarm zu anderen Zellen aus, das sogenannte Axon. Das Axon sucht nach Dendriten, die aus anderen Nervenzellen wachsen und mit denen es Verbindung aufnehmen kann. Eine fleißige Zelle kann bis zu 10.000 Dendriten bilden und an jedem Bündel aus Axon und Dendriten können bis zu 10.000 Synapsen andocken. Diese sind Knotenpunkte, Verbindungsstellen zwischen zwei Nervenzellen. Sie spielen beim Lernen die entscheidende Rolle.

KINDER SIND LERNMONSTER

Zwischen dem zweiten und sechsten Lebensjahr können Sie die Synapsen gewissermaßen knallen hören, so schnell bilden sich neue. Doch auch bei uns alten Hasen passiert noch eine ganze Menge. Mit einer Geschwindigkeit von 360 km/h rasen die Signale in unserem Kopf hin und her. Wie gut, dass wir das nicht wirklich merken. Wahrscheinlich wäre uns sonst permanent schwindelig.

DAS HIRN KANN JUNG BLEIBEN

Forscher haben herausgefunden, dass unser Gehirn deutlich älter werden könnte als wir. Hundertfünfzig Jahre würde es wohl durchhalten. Erstaunlich! Die verbreitete Annahme, dass wir im Alter automatisch geistig abbauen, ist ebenfalls widerlegt. Auch im Alter können sich noch Synapsen bilden, das Gehirn kann sich weiter positiv entwickeln. Es ist alles eine Frage des Trainings und der Versorgung mit Sauerstoff. Entscheidend ist die Plastizität des Gehirns, die wir uns wie Knete vorstellen können. Wenn sie lange nicht benutzt wird, wird die Masse fest – und wir brauchen eine ganze Weile und viel Knetkraft, bis sie wieder weich und geschmeidig ist. So ungefähr kann man sich das auch mit dem Gehirn vorstellen.

Da die Plastizität am Anfang des Lebens besonders groß ist, lernt Hänschen tatsächlich schneller als Hans. Wenn Hans sein Gehirn aber trainiert, kann er immer noch jede Menge neue Dinge lernen. Keine unwichtige Botschaft angesichts der demografischen Realität in unserem Land.

ENDLICH: DAS GANZHEITLICHE GEHIRN

Manche lerntheoretischen Abhandlungen lesen sich, als ob das Lernen ein linearer Prozess sei. Die Wissenseinheit kommt an einer Stelle im Gehirn an, durchläuft verschiedene Stationen und landet letztlich – wenn alles gut läuft – im Langzeitgedächtnis. So funktioniert Lernen aber nicht. Ich erwähnte bereits den Vergleich mit dem chinesischen Restaurant. Inzwischen setzt sich ein holistischer Ansatz in der Gehirnforschung durch. Danach ist Lernen ein ganzheitlicher Prozess, bei dem präfrontale Gehirnteile, limbisches System, Geist und Gefühl und das periphere Nervensystem untrennbar zu jeder Zeit miteinander verbunden sind und der gesamte Organismus beteiligt ist. Genau deshalb ist es auch so wichtig, für erfolgreiches Lernen möglichst alle Einflussfaktoren miteinzubeziehen und aktiv beim Lernprozess zu berücksichtigen.

Der gute alte Sigmund Freud hat uns ganz ohne moderne Technik die Idee überliefert, dass wir von unserem Unterbewusstsein gesteuert werden – und er hatte recht. Die Gehirnforschung belegt: Denken ohne Fühlen funktioniert nicht. Es gibt keine rein rationalen Entscheidungen oder Verhaltensweisen. Die Gefühle sind immer beteiligt und in den meisten Fällen auch dominant. Jahrtausendelang feierten die großen Denker und Lehrer den Geist und missachteten oder verteufelten die Gefühle. Die alten Griechen wünschten sich den Menschen als vernunftgesteuertes Wesen. Für die Kirchenlehrer des Mittelalters wie Augustinus waren Gefühle quasi gleichgesetzt mit Schwäche und Sündhaftigkeit. Aber auch Augustinus wurde durch seine Gefühle gesteuert. Ein Mensch ohne Gefühle ist eben nicht überlegen, sondern blöd.

GEFÜHLE WEG – VERSTAND FUTSCH

Die wissenschaftliche Bestätigung dafür verdanken wir einem Mann namens Elliot, den Antonio Damasio in seinem empfehlenswerten Buch *Descartes' Irrtum* (2004) beschreibt. Nach einer Tumorerkrankung, von der er allem Anschein nach vollständig genesen war, ruinierte der erfolgreiche Geschäftsmann und glückliche Familienvater Elliot sein komplettes Leben. Wie Damasio beschreibt, verfügte er über keinerlei Gefühle mehr, weder positive noch negative. Die Unternehmen hätten sich also um ihn reißen müssen, denn er hatte keine behindernden Gefühle mehr – der ideale Vorstandsvorsitzende gewissermaßen. De facto war es jedoch genau umgekehrt: Ohne Gefühle konnte er überhaupt keine richtigen Entscheidungen mehr treffen. Bas Kast kommentiert in seinem Buch *Wie der Bauch dem Kopf beim Denken hilft* (2009): „Elliots Apathie hatte ihn nicht zum Weisen gemacht, sondern zum Tölpel."

Fälschlicherweise haben die didaktischen Konzepte der Vergangenheit sich meist an dem jüngsten Teil unseres Gehirns orientiert, dem Großhirn. Die neueste Forschung zeigt

nun, dass wir genau andersherum vorgehen sollten. Eines der ältesten Gehirnteile ist der bereits erwähnte Hippocampus, der seinen Namen wegen seiner Seepferdchen-ähnlichen Form hat. Gemeinsam mit seinem Nachbarn, dem Mandelkern, der sogenannten Amygdala, entscheidet er darüber, mit welchen Gefühlen eine Information verbunden wird. Hippocampus wie auch Amygdala sind Teil des limbischen Systems, das ganz archaisch nach dem Prinzip von Lust und Unlust bestimmt, was das Gehirn tut.

Denken wir an meinen fruchtlosen Lateinunterricht. Er hat anscheinend meinem Mandelkern nicht gefallen und löste deshalb die bekannten Angst- und Fluchtreaktionen aus. Keine Chance also für die Lateinvokabeln, in die heiligen Hallen des Langzeitgedächtnisses vorgelassen zu werden ...

WELCHES GEDÄCHTNIS WIR FÜR WAS BRAUCHEN

Was meinen wir überhaupt, wenn wir von „Gedächtnis" sprechen? Um ein Gehirnteil handelt es sich dabei ja offensichtlich nicht. Die Antwort: Es gibt nicht ein Gedächtnis, sondern mehrere Gedächtnisse. Und zwar überall im Hirn verteilt.

Das Kurzzeit- oder Arbeitsgedächtnis wird in Analogie zum PC oft als Arbeitsspeicher bezeichnet. Es ist ein temporärer Speicher, der die Information für eine Dauer von lediglich zwanzig bis sechzig Sekunden speichert.

Das Langzeitgedächtnis hat eine nahezu unbegrenzte Kapazität und kann aktuelle und vergangene Informationen speichern. Und weil es so viel zu tun hat, gibt es hier noch einmal zwei verschiedene Abteilungen:

1. Das deklarative Gedächtnis wird gelegentlich auch explizites Gedächtnis genannt. Es speichert bewusst abrufbares Wissen – das, was man im Englischen als „knowledge" bezeichnet. Sie können sich das vorstellen wie eine riesige Bibliothek, die wiederum zwei Unterabteilungen hat: In der einen stehen Ihre Lebenserfahrungen (episodisches Gedächtnis), in der anderen lauter Telefonbücher, Lexika, Fachbücher und Ratgeber (semantisches Gedächtnis).

2. Im prozeduralen Gedächtnis befinden sich Handbücher mit Prozessbeschreibungen. Zum Beispiel, ob Sie morgens zuerst Kaffee kochen oder unter die Dusche steigen. Hier finden Sie die guten und schlechten Gewohnheiten, die Sie sich über die Jahre angeeignet haben, Ihre Art, die Welt wahrzunehmen, und die damit verbundenen Assoziationen.

Beide Formen des Langzeitgedächtnisses haben eine direkte Verbindung zum limbischen System – also zu Ihren Gefühlen.

Das heißt: Positive Informationen („Endlich wirksam führen!") bleiben am besten in positiver Stimmung haften („Klar, das kann ich schaffen!"). In negativer Stimmung („Ich kann wirklich gar nichts!") lassen sich lediglich negative Informationen besser verarbeiten („Ich habe bei meiner Präsentation zu schnell gesprochen!"). Weil man sich an diese negativen Erfahrungen immer wieder erinnert, wird daraus schnell ein Teufelskreis. Sich auf positive Gedanken zu konzentrieren, ist also wirklich eine gute Strategie.

Positive Gefühle fördern das ganzheitliche Lernen und die ganzheitliche Informations-verarbeitung. Genau das ist es, was wir mit Edutrainment erreichen wollen:

01
Maximales Lernen
in kurzer Zeit

02
Begeisterung
für die Inhalte

03
Günstige Voraussetzungen
für das implizite Lernen
vor, während und nach einer
Trainingsmaßnahme

Das Thema Lernen und Gedächtnis möchte ich durch drei Beispiele für Sie greifbarer machen. Es geht um das Lernen im Schlaf, von dem sicher auch Sie schon geträumt haben, um einen geheimnisvollen Stoff im Gehirn, der hinter der beliebten Erfolgs-formel „Üben, üben, üben!" steckt, und um den Grund, warum Empathie manchmal ganz schön wehtun kann.

LERNEN IM
SCHLAF –
KONSOLIDIERUNG

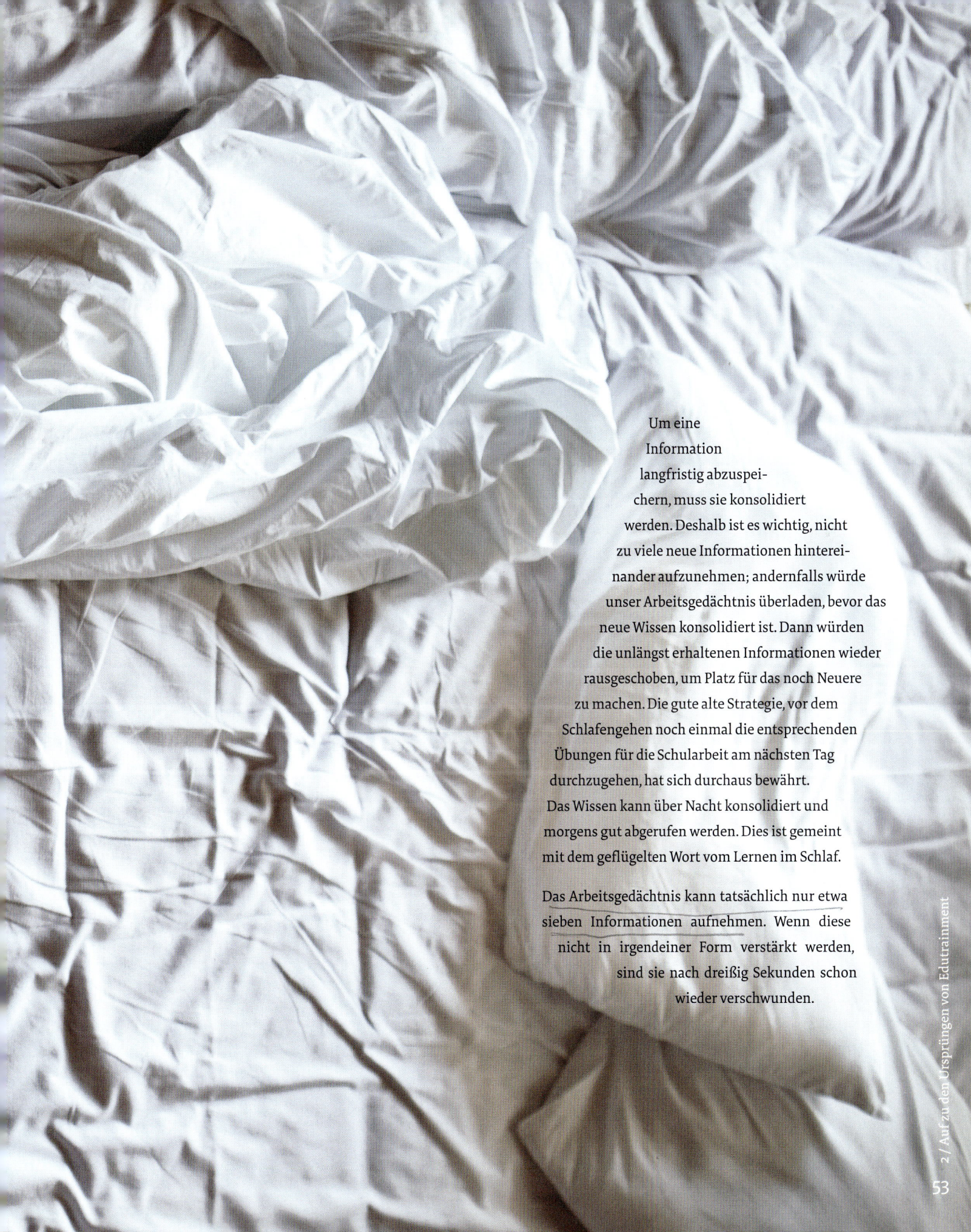

Um eine
Information
langfristig abzuspei-
chern, muss sie konsolidiert
werden. Deshalb ist es wichtig, nicht
zu viele neue Informationen hintereinander aufzunehmen; andernfalls würde
unser Arbeitsgedächtnis überladen, bevor das
neue Wissen konsolidiert ist. Dann würden
die unlängst erhaltenen Informationen wieder
rausgeschoben, um Platz für das noch Neuere
zu machen. Die gute alte Strategie, vor dem
Schlafengehen noch einmal die entsprechenden
Übungen für die Schularbeit am nächsten Tag
durchzugehen, hat sich durchaus bewährt.
Das Wissen kann über Nacht konsolidiert und
morgens gut abgerufen werden. Dies ist gemeint
mit dem geflügelten Wort vom Lernen im Schlaf.

Das Arbeitsgedächtnis kann tatsächlich nur etwa
sieben Informationen aufnehmen. Wenn diese
nicht in irgendeiner Form verstärkt werden,
sind sie nach dreißig Sekunden schon
wieder verschwunden.

Wir können den Prozess der Abspeicherung im Langzeitgedächtnis positiv beeinflussen, indem direkt nach dem Erlernen über das Erlernte gesprochen wird. Deshalb ist es wichtig, dass sich die Teilnehmer nach einer Lerneinheit zum Schluss noch mal darüber unterhalten: Wie war das für dich? Was hast du gerade gelernt? Wo kann ich das anwenden? Schon am Anfang des Trainings sollte man Lernpartnerschaften bilden und nach jeder Lerneinheit eine kurze Gesprächsrunde einschieben, die nicht länger als zwei oder drei Minuten dauern muss. Falls Ihnen dieser Ablauf etwas schematisch vorkommt, macht das gar nichts. Es ist sogar gut, wenn sich diese Art von Lernritual herausbildet, denn Rituale geben Sicherheit. Und in einer sicheren Atmosphäre lernt es sich am besten.

Es kann zehn Jahre oder länger dauern, bis ein Ereignis wirklich unverrückbar im Langzeitgedächtnis abgespeichert ist. Im Grunde ist Vergessen die Regel. Eine Information wirklich dauerhaft zu behalten, ist anscheinend die Ausnahme.

VERGESSEN NICHT VERGESSEN!

Vergessen ist nicht nur die Regel, Vergessen ist auch ein ganz wichtiges Grundprinzip. Eigentlich könnten wir das Vergessen auch Priorisieren nennen. Wir entscheiden, was für unser Überleben wichtig ist – oder, um genau zu sein: unser Gehirn entscheidet. Irrelevante Informationen verschwinden wieder und machen Platz für andere. Und erst so haben wir die Möglichkeit, die Fülle an Informationen in ein großes Bild, das Sinn macht, einzuordnen. Ohne Vergessen, ohne Priorisierung hätten wir eine nutzlose Ansammlung von Wissen ohne Struktur.

Der schon zitierte Gehirnforscher Gerald Hüther vergleicht Organisationen mit Gehirnen. Beide lernen durch Versuch und Irrtum, sammeln Erfahrungen, entwickeln komplex vernetzte Strukturen und sind in der Lage, sich jederzeit an veränderte Rahmenbedingungen anzupassen. Dies geschieht jedoch nicht automatisch – weder im Gehirn noch in einer Organisation. Ein Gehirn muss trainiert werden und benötigt Übung. Gleiches gilt für die Organisation.

Wenn beim Lernen positive Emotionen so große Bedeutung haben, so gilt dies ebenso für Unternehmen. Auch hier ist die Frage, ob beispielsweise ein Veränderungsprozess in positiver Atmosphäre bewältigt wird oder unter Druck und Angst. Im letzteren Fall wird, so legen die Ergebnisse der Gehirnforschung nahe, auch die neue Struktur, also der aus Sicht der Geschäftsführung erwünschte Zustand, permanent mit Druck und Angst in Verbindung gebracht – unabhängig davon, wie gut und richtig diese Organisationsform ist. Genau das wird bei vielen Change-Prozessen nicht beachtet. Für die emotionale Steuerung von Veränderungsprozessen bleibt nur ein kleiner Teil des Budgets, der oft auch noch mehrheitlich für die Information der Mitarbeiter verwendet wird.

KONSOLIDIERUNG IN DER PRAXIS: WIE BLEIBT VOM LERNSTOFF AM MEISTEN HÄNGEN?

Der Lernerfolg hängt zum einen stark von der Zeit ab, die für das Lernen zur Verfügung steht, und zum anderen von der Menge und Art der Inhalte. Um etwas Neues zu lernen und zu behalten, ist eine Konsolidierungsphase notwendig. Ohne sie ist der neue Gedächtnisinhalt noch labil. Folgt jetzt direkt ein neuer Lerninhalt, kann es zum sogenannten neuigkeitsinduzierten Vergessen kommen. Das lässt jene aktuell populären Veranstaltungen fraglich erscheinen, in denen in extrem kurzer Zeit vollkommen unterschiedliche Inhalte gelernt werden sollen.

Zwei Arten von Konsolidierung sind entscheidend: die Verfestigung im Wachzustand und die Verbesserung im Schlaf. Untersuchungen lassen vermuten, dass die Wiederholung eines Lernstoffs am Folgetag, direkt vor dem Lernen eines neuen Stoffs, das Erinnern sogar negativ beeinflusst. Bei den Versuchen ging es um eine Abfolge beim Klavierspielen, insofern ist nicht klar, ob sich die Ergebnisse auf andere kognitive Themen oder das Erlernen von sozialen Kompetenzen einfach übertragen lassen. Wäre es so, dann würde es sich empfehlen, am zweiten Tag mit einem neuen Inhalt zu beginnen und erst danach den Stoff vom ersten Tag zu wiederholen.

Klar ist auch: Konsolidierung im Schlaf erfordert einen gesunden Schlaf. Die übliche Kombination von Trainingsveranstaltung und abendlichem Gelage mag also für den Incentive-Charakter förderlich sein, für das Behalten und Konsolidieren des Lernstoffs sicher nicht.

Was bedeutet das für Trainings im Unternehmen?
- Am Ende des Tages sollte man den Lernstoff Revue passieren lassen.
- Jedem Teilnehmer muss die Möglichkeit gegeben werden, die Inhalte für sich selbst noch einmal zu konsolidieren.

Bei der edutrainment company haben wir mit der skillboxx das passende System entwickelt. Die Teilnehmer bekommen über den Tag verteilt zu jedem Trainingsmodul eine Lernkarte mit einer kurzen Zusammenfassung des Inhalts. Die Karten können am Ende des Tages noch einmal durchgelesen werden; darüber hinaus stehen diese Informationen auch als Hörbuch zur Verfügung.

Ideal wäre es, wenn die Teilnehmer nach dem Training noch eine halbe Stunde investierten. Vorschreiben kann man das nicht, dann wäre es normale Trainingszeit, also Arbeitszeit. In großen Unternehmen mit Betriebsrat hat sicher niemand Interesse daran, dass das Durchlesen von Lernkarten im Hotelbett Bestandteil einer Betriebsvereinbarung wird, bei der es dann um die Anrechnung von Lernzeiten auf das Lebensarbeitszeitkonto geht.

LERNEN DURCH WIEDERHOLUNG –

MYELIN

Daniel Coyles Buch *Die Talent-Lüge* (2009)
beschäftigt sich mit einem Stoff im Gehirn, der
bisher nur ein Randthema war: Myelin. Laut George Bartzokis von der University of California ist Myelin „die Grundlage
des Sprechens, Lesens und Lernens und damit der Schlüssel zum
Menschen" (zitiert nach Coyle 2009). Bisher konzentrierte sich die
Forschung zum Schlüssel des Lernens auf die Zellen, die Neuronen und
ihre Verbindungen untereinander, die berühmten Synapsen.

Myelin ist das Isoliermaterial, das die Nervenzellen umhüllt und
ihre Intensität, die Geschwindigkeit und die Präzision der Signale
erhöht, die von einer Zelle zur anderen gesendet werden. Die
Dicke des Myelins ist immer proportional zur Dicke der
Verbindung zwischen den Zellen.

AUS VERBINDUNGEN WERDEN BREITBANDKABEL

Bisher gab es noch keine richtige Erklärung dafür, warum manche Zellverbindungen dicker sind als andere und warum die Myelinverbindung dann auch dicker ist. Heute scheint es, als ob das sogenannte Myelinisieren von Verbindungen aus einfachen Normalverbindungen Breitbandkabel macht. Die Forscher sprechen von Schaltkreisen, die zwischen den Zellen bestehen, und das Myelin optimiert diese Schaltkreise, macht sie schneller.

Die einfache Gleichung lautet: Je öfter Sie eine bestimmte Tätigkeit ausführen, umso stärker ist die Myelinschicht, die sich um die zuständigen Schaltkreise bildet.

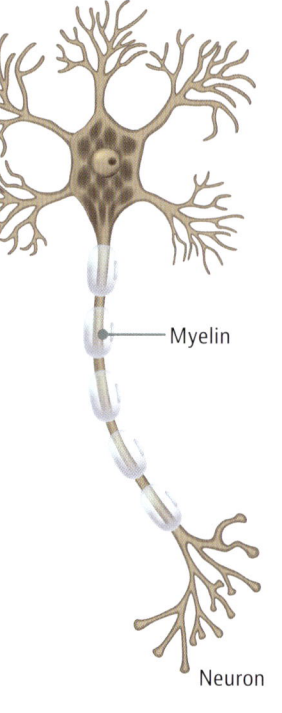

Myelin

Neuron

EINFACH 10.000 STUNDEN ÜBEN

Myelin ist sozusagen die Bestätigung der alten Lernformel: Lernen = Dauer mal Wiederholung. Und es bestätigt die 10.000-Stunden-Formel, mit der Malcolm Gladwill in seinem Buch *Überflieger* (2010) für Furore gesorgt hat. Seine einfache These, mittlerweile vielfach wissenschaftlich empirisch bestätigt, lautet: Um etwas perfekt zu beherrschen, müssen wir rund 10.000 Übungsstunden investieren.

Talent ist letztlich nicht unbedingt notwendig. Jeder Sporttrainer weiß: Auf lange Sicht schlägt Fleiß immer Talent. Die Liste von Menschen mit verkümmerten Talenten ist wahrscheinlich länger als die derjenigen, die ihr Talent genutzt haben. Kommen Talent und Fleiß zusammen, werden die 10.000 Stunden und mehr tatsächlich investiert, sind Höchstleistungen drin. Und all das hat etwas mit Myelin zu tun.

SOFORT VERBESSERN

Daniel Coyle besuchte ein Jahr lang die besten Ausbildungsstätten, Schulen und Trainer auf der ganzen Welt. Er stellte fest, dass die größten Erfolge diejenigen hatten, die das „aktive Lernen" praktizierten. Es beruht auf fehlerorientiertem Lernen. Dabei wird die Aufgabe in Einzelteile zerlegt, die mit sofortigem Feedback geübt werden. Die Korrektur erfolgt jeweils sofort. Dann wird so lange wiederholt, bis der nächste Fehler eintritt. Dies ist, so Coyle, die beste Möglichkeit, um den richtigen Schaltkreis zu finden und zu myelinisieren.

Brauchen Sie dann doch kein Edutrainment? Weil Entertainment gar nicht notwendig ist, sondern nur Fleiß, Ausdauer und Wiederholung? Mitnichten.

SPASS AM THEMA MUSS SEIN

Wie viel Zeit investieren Sie freiwillig in eine Sache, die Ihnen keinen Spaß macht? Gerade in der betrieblichen Weiterbildung, der Personalentwicklung und im Trainingsgeschäft haben wir oft nur wenige Tage Zeit, um Teilnehmer in einem Bereich zu trainieren und für ein Thema so zu begeistern, dass sie auch nach der eigentlichen Maßnahme bereit sind, sich mit dem Thema auseinanderzusetzen und die ersten Lernfortschritte aus dem Training selbstständig weiterzutreiben.

Im offenen Seminarbereich ist es anders. Dort treffen wir auf Teilnehmer, die aus eigenem Antrieb ein Training ausgewählt und dies mit eigenen Mitteln bezahlt haben. Diese können gar nicht genug von den Inhalten bekommen, sind hoch motiviert, haben sehr viele Fragen und möchten immer weiter und weiter lernen. Für diese Teilnehmer ist der Unterhaltungsaspekt weniger wichtig. Sie müssen nicht begeistert werden – sie sind es schon.

Coyle besuchte unter anderem eine Tennisschule in Moskau, die in kurzer Zeit über zwanzig Top-50-Spielerinnen hervorgebracht hat und in einer schmucklosen Wellblechhalle residiert. Von Edutrainment keine Spur. Das ist hier auch gar nicht nötig, denn die Kinder und Jugendlichen sind aus eigenem Antrieb da (manchmal ist es aber wohl eher der Antrieb der Eltern). In der Tennishalle ist es oft sehr ruhig, weil die einzelnen Bewegungen ohne Ball unter Anleitung der Trainerin schier endlos wiederholt und wenn nötig sofort korrigiert werden. Sie sollen sich automatisieren. Auf diese Weise geschieht genau das, was als Myelinisieren bezeichnet wird.

Voraussetzung dafür ist, dass der Sollzustand klar definiert ist und vom Trainer auch vermittelt werden kann. Dies ist in einer Musikschule oder Tennisschule möglicherweise einfacher als bei der Führungskräfteentwicklung. Aber die Myelinforschung könnte, wenn sich die bisherigen Erkenntnisse bestätigen, einige unserer Axiome der Personalentwicklung auf eine schwere Probe stellen.

Denn nicht immer machen wir uns die Mühe, den Sollzustand genau in allen Details zu definieren, also beispielsweise das gewünschte Mitarbeitergespräch in einem Idealzustand zu beschreiben, zu filmen und den Teilnehmern als Modell zu präsentieren. So kommt es zu Seminaren ohne Vorgaben und Definitionen und zu einem Seminartourismus, der zu wenig mess- und greifbaren Ergebnissen führt.

LERNEN DURCH
SPIEGELN –
SPIEGELNEURONEN

Was schoss Ihnen gerade durch den Kopf, als Ihr Blick auf das Bild fiel? Aua? Dann hat sich die Mühe bei der Bildauswahl gelohnt und Ihre Spiegelneuronen funktionieren. Die Forscher fanden heraus, dass Sie sogar den Schmerz nachempfinden und dass bei Ihnen die gleichen Regionen im Gehirn stimuliert werden, die auch stimuliert würden, wären Sie selbst in eine Reißzwecke getreten. Warum Sie mitleiden? Weil Sie mit sogenannten Spiegelneuronen ausgestattet sind. Mit ihrer Hilfe können Sie durch bloße Beobachtung feststellen, ob ein Mensch sich freut oder Schmerz empfindet, ohne ihn in den Kernspintomografen schieben zu müssen.

Was hat das Ganze mit Lernen zu tun? Die Forscher bezeichnen die Entdeckung der Spiegelneuronen als neurobiologische Erklärung des Lernens am Modell. Schon lange wissen wir, dass wir dann besonders gut lernen können, wenn wir etwas selbst ausprobieren. Jetzt wissen wir: Schon durch Zuschauen sind wir in der Lage, im Gehirn die gleichen Zellen zu aktivieren, die aktiv würden, wenn wir die Handlung selbst ausführten – vorausgesetzt, zwischen dem Lehrenden und dem Lernenden kommt es zu einer Resonanz, das heißt einer positiven Beziehung. In einer stimulierenden, von gegenseitiger Wertschätzung geprägten Lern- und Arbeitsatmosphäre können die Teilnehmer also auch aus Übungen oder Rollenspielen sehr viel lernen. Sie müssen dafür gar nicht selbst auf der Bühne stehen, sondern nur zuschauen.

Speziell im Coaching ist deshalb die Arbeit mit Seminarschauspielern so erfolgreich. Wenn schwierige Gesprächssituationen trainiert werden, nimmt der Seminarschauspieler zum Beispiel die Rolle des Kunden, Mitarbeiters oder Konfliktpartners ein und spiegelt anschließend dem Coachee dessen eigenes Verhalten. Immer wieder beobachten wir, dass diese Art der Arbeit wesentlich effektiver ist als Teilnehmer-Rollenspiele, die auf Video aufgezeichnet und ausgewertet werden. Es geht einfach schneller, und das direkte, wertschätzend vermittelte Feedback trifft mitten ins Langzeitgedächtnis – wo es hoffentlich 10.000 Mal vernetzt wird.

LEHREN AUS DER GEHIRNFORSCHUNG: WIE WIR BESSER LERNEN UND TRAINIEREN

Klappen wir nun die Schädeldecke wieder ordentlich zu, denn wir haben jetzt eine ganz gute Vorstellung davon, wie wir am besten lernen. Fassen wir das Wichtigste noch einmal zusammen. Was lehrt uns die Gehirnforschung für das Lehren und Trainieren im Unternehmen?

12 TIPPS ZUM GEHIRNGERECHTEN LERNEN

für Personalentwickler, Trainer und alle anderen, die sich für gehirngerechtes Lernen interessieren

1. POSITIVE EMOTIONEN!

Jedes neue Lernen sollte mit positiven Assoziationen und Gefühlen verbunden sein. Bei schwierigen Themen erfordert es eine ganze Menge Fantasie, um diese ansprechend zu verpacken und den Lernenden ein positives Gefühl zu vermitteln. Damit haben wir endlich die wissenschaftliche Bestätigung für das, was gute Pädagogen und Trainer schon immer getan haben. Begeisterung der Teilnehmer ist zwar nicht alles, aber ohne fröhliche und glückliche Teilnehmer ist alles nichts. Daran erinnern uns auch die berühmten Happy Sheets am Ende des Trainings. Was wäre Lernen ohne Happyness?

2. ALLE SINNE ANSPRECHEN

Wenn Seminarteilnehmer nur „zugetextet" werden, speichern sie (wenn überhaupt) auch nur Text ab. Und der lässt sich im Gehirn nicht so vielfältig verknüpfen. Deshalb sollte bei jedem Thema möglichst der ganze Mensch angesprochen werden: sein Verstand (Text, Zahlen), sein Gefühl (mit spannenden Geschichten), seine Augen (mit Bildern), seine Ohren (mit Musik oder Geräuschen), sein Tastsinn (mit Jonglierbällen oder 3-D-Modellen), seine Nase (lassen Sie frische Luft herein!), seine Spiegelneuronen (Rollenspiele).

Gezielte Verknüpfungen von bestimmten Inhalten helfen dabei. Zum Beispiel eine bestimmte Musik, die immer wieder im Training eingesetzt wird und die sich die Teilnehmer auf ihre Smartphones laden können. Der Effekt: Sobald sie diese Musik hören, denken sie an die Inhalte. Und sobald sie an die Inhalte denken, kommt ihnen die schöne Musik in den Sinn. Sie selbst kennen den Effekt sicher von Liedern, die sie im Urlaub, auf Ihrer Abiturfeier oder während der Fußballweltmeisterschaft gehört haben.

Inhalte lassen sich auch mit Bewegungen verknüpfen. So hat der Autor und Comedian Dr. Eckart von Hirschhausen bei seinen frühen Bühnenshows seinen Namen in eine einfache Bewegungsabfolge übersetzt (Hirsch/Haus), damit die Zuschauer ihn nicht vergessen. Schlau! Genauso kann man aber auch fachliche Inhalte mit Jonglage verbinden.

3. EIGENMOTIVATION BEACHTEN

Das limbische System der Seminarteilnehmer ist gnadenlos. Es will sofort wissen: „Macht das hier Spaß? Und was habe ich davon?" Das Seepferdchen (Hippocampus) im limbischen System sollte also blitzschnell gefüttert werden, um ihm ein „O.K.!" abzuringen. Gelingt das nicht, sind alle Bemühungen zum Scheitern verurteilt. Deshalb ist es wichtig, schon im Vorfeld der Veranstaltung die Lernziele darzustellen und spätestens zu Seminarbeginn Anknüpfungspunkte zu den individuellen persönlichen Zielen der Teilnehmer zu schaffen.

Wenn man es mit Teilnehmern zu tun hat, die für irgendeine Maßnahme abkommandiert wurden – so etwas gibt es ja leider immer noch –, ist es besonders wichtig, in der ersten Stunde des Trainings diese persönliche Motivation mit den Teilnehmern zu erarbeiten und so die Basis für den Erfolg des Trainings zu schaffen.

4. ROTEN FADEN LEGEN

Es ist nützlich, sich an die gute alte Regel zu halten, erst einmal einen Überblick über das zu Lernende zu geben, bevor man ins Detail geht. Wenn das Gehirn einen Überblick bekommt, schafft es selbst Ordnung und sorgt von vornherein dafür, dass neue Infos richtig einsortiert und verdrahtet werden. Bei sehr ungeduldigen Teilnehmern oder solchen mit besonders hohen Erwartungen ist es noch wichtiger, einen Überblick über Inhalte und Abläufe zu geben. Aber Vorsicht: Nicht die Neugierde zerstören, indem zu viele Details verraten werden.

Auch im Verlauf des Trainings kommt es auf den roten Faden an: Eine sinnvolle Verarbeitung im Gehirn setzt eine logische Struktur voraus. Der Lernende muss sie begreifen und den Sinn erkennen. So wird das Verstehen erleichtert und Stress vermieden – der Lernerfolg ist sicher!

5. SOFORT FEEDBACK GEBEN

Die besten Lernergebnisse werden erzielt, wenn die Lernenden viele Fehler machen und sofort ein Feedback erhalten. Entscheidend ist, dass das Feedback noch bei der Übung erfolgt, nicht erst am Ende der Veranstaltung. Es sollte kurz, präzise, wertschätzend sein. Daniel Coyle untersuchte das Geheimnis von Spitzenlehrern und -trainern. Diese hatten oft eine wenig rücksichtsvolle Art, dem Lernenden Feedback zu geben. Sie pflegten aber gleichzeitig eine stabile positive persönliche Beziehung zu ihren Schülern oder Trainees. Darauf kommt es an. Nicht auf „positives Feedback" an sich. Ein solches kann nämlich auch schaden, wenn es unrealistisch ist.

6. ÜBEN, ÜBEN, ÜBEN

Die gute alte Wiederholung ist immer noch das Maß der Dinge. Wie die Forschung zeigt, sorgt die regelmäßige Nutzung der gleichen Datenverbindung im Gehirn für die beste Ausarbeitung einer neuen Kompetenz. Dies ist sozusagen der Teil der alten Lernformel, der noch stimmt: Dauer mal Wiederholung = Myelinbildung. Denken Sie an die 10.000-Stunden-Regel. Eine echte Verhaltensänderung erzielen Sie nicht durch einen einstündigen Impulsvortrag.

7. DEM GEHIRN PAUSEN GÖNNEN

Nach 45 Minuten, spätestens aber nach einer Stunde sollte man eine kurze Pause machen, nach vier Stunden eine längere. Dies ist nicht neu, stimmt jedoch immer noch. In das Langzeitgedächtnis kommen Informationen nur, wenn das Hirn sich ausruhen darf. Achten Sie außerdem auf ausreichend Wasser zum Trinken (zwei bis drei Liter stilles Wasser pro Teilnehmer pro Tag) und eine lernfördernde Ernährung, nach Möglichkeit auch in den Pausen.

8. SCHLAU VERNETZEN

Sprechen Sie nicht nur alle Sinne an, sondern stellen Sie auch Verbindungen zu anderen Themen her, insbesondere zu den persönlichen Erlebnissen und der Erfahrungswelt der Lernenden. Je besser die Anknüpfung an die Erfahrungswelt der Lernenden gelingt, umso größer der Lernerfolg – vor allen Dingen nach der eigentlichen Lerneinheit.

9. LERNUMGEBUNG ANSPRECHEND GESTALTEN

Das Gehirn hört nie auf zu lernen. Wir können nicht zwischen Zuständen des Lernens und des Nichtlernens unterscheiden. Bewusst oder unbewusst lernen wir immer. Planen Sie das unbewusste Lernen, soweit es Ihnen möglich ist, zum Beispiel durch die Auswahl der passenden Umgebung oder eine ansprechende Gestaltung des Lernraums. Die bewusste Nutzung des unbewussten Lernens für die didaktische Planung kann den entscheidenden Unterschied beim Transfer machen.

10. GEHIRNGERECHT PORTIONIEREN

Das Gehirn braucht Zeit, um die neuen Informationen zu konsolidieren. Nur dann werden sie langfristig verankert. Es nützt daher nichts, immer mehr Inhalte in eine Lerneinheit zu packen oder zu viele Lerneinheiten direkt nacheinander folgen zu lassen. Man kann sich nicht nur den Magen verderben, sondern auch das Gehirn mit zu vielen Informationen. Ebenso sollten eng verwandte Themen nicht direkt hintereinander gelehrt oder trainiert werden. Dies führt nur zu Verwirrungen.

11. KEINE LANGEWEILE AUFKOMMEN LASSEN

Der Hippocampus möchte unterhalten werden, sonst bleibt das Tor zum Langzeitgedächtnis zu. Die Abwechslung sollte aber didaktisch sinnvoll sein. Eine kleine Showeinlage, einfach so zwischen mehrere staubtrockene PowerPoint-Präsentationen geklemmt, ist keine Lösung. Vielmehr muss eine sinnvolle Abfolge aus Vorträgen, Gruppen- und Einzelarbeiten, Übungen und Rollenspielen, Bewegungseinheiten und Pausen her.

12. DIGITALE MEDIEN NUTZEN

Speziell zur Vor- und Nachbereitung eignet sich der Einsatz von digitalen Medien hervorragend. Die Teilnehmer können vorbereitet in das Training kommen, sie erhalten Material zur Nachbereitung, bleiben untereinander in Kontakt. Lernen 2.0 bietet viele neue Möglichkeiten.

LUTZ FREIBERG

T R A I N E R

IRGENDWO AUF DER A7 ZWISCHEN KASSEL UND FULDA.
LUTZ FREIBERG LÄSST EINEN ANSTRENGENDEN TAG REVUE PASSIEREN …

Zielstrebig schwenkt er auf die linke Spur und stellt die Musik lauter. Es geht nach Hause, endlich. Heute hat er am groß angekündigten Trainertag zum Thema Blended Learning teilgenommen, auf Einladung eines Bestandskunden. Für dieses Industrieunternehmen arbeitet Lutz Freiberg seit vielen Jahren hauptsächlich im Bereich Vertrieb, gelegentlich auch für andere Themen. Das Ergebnis des Treffens war weniger schlimm, als er befürchtet hatte. Man wird ihm ein paar Trainingstage streichen, aber er verliert den Kunden nicht.

Ein neues Blended-Learning-Konzept wurde verkündet. Halleluja. Ziel ist natürlich, kostspielige Präsenztrainingstage einzusparen. Zum Beispiel soll es in dem Programm für Juniorverkäufer nur noch sechs statt acht Tage pro Gruppe geben. Zwei Tage werden durch Blended Learning ersetzt.

Alle Präsenztrainer waren zu dem Treffen eingeladen, auch zwei Vertreter des E-Learning-Unternehmens. Wenn deren Web-based Trainings so spannend werden wie ihre Präsentation, dann gute Nacht, denkt sich Lutz Freiberg. Nicht nur die Umsatzeinbußen ärgern ihn. Jetzt soll er sogar noch seine Unterlagen für die Erstellung mehrerer Web-based Trainings zur Verfügung stellen. Eigentlich eine Frechheit. Außerdem sind seine Unterlagen in einem ziemlich schlechten Zustand. So kann er sie kaum dem E-Learning-Unternehmen zuschicken. Er muss sie also erst mal mit einigem Aufwand aufhübschen und dann als nette Gabe bei

den Leuten abliefern, die seine Präsenztrainings abschaffen wollen. Praktisch kostenlos. Absurde Welt!

Immerhin erzielten seine Trainerkollegen und er einen kleinen Verhandlungserfolg. Im laufenden Geschäftsjahr dürfen sie für die Unterstützung beim Erstellen der Web-based Trainings zumindest einen Tag in Rechnung stellen. Einen lumpigen Tag! Als Lutz Freiberg das Thema Copyright ansprach, wies man ihn auf den Rahmenvertrag hin. Den hatte er vor einigen Jahren unterschrieben. Laut Vertrag liegen alle Rechte an den Trainingsinhalten bei seinem Kunden. Da hätte er wohl besser hinschauen müssen.

Einen Vorteil hat das Ganze dennoch: Er hat nun mehr Zeit, im Training praktisch zu arbeiten. Das gefällt ihm. Aber ob sich die Vertriebsmitarbeiter wirklich mehrere Stunden mit den Web-based Trainings beschäftigen werden, bevor sie bei ihm im Präsenztraining landen? Bei einem anderen Kunden hatte er das doch schon erlebt: Einige Teilnehmer waren vorbereitet, andere nicht. Als Ergebnis saß im Training eine extrem heterogene Gruppe vor ihm. Er musste alles noch einmal erklären. Und diejenigen, die im Web trainiert hatten, freuten sich sogar über die Wiederholung. Viel hängen geblieben war da wohl nicht. Diesen Eindruck hatte offensichtlich auch der Auftraggeber gehabt und so war die ganze Sache wieder eingeschlafen. Wird es dieses Mal ähnlich laufen?

SO GEHT'S WEITER

Lutz Freiberg kämpft mit Blended Learning und den Folgen. Indessen hat Anna Paulsens Anfrage die edutrainment company erreicht. Schauen wir uns also an, wie ein Edutrainment-Projekt konzipiert wird.

3/

WAS · SIE SCHON IMMER · ÜBER KONZEPTION WISSEN WOLLTEN

IN DIESEM KAPITEL ERFAHREN SIE,

— wieso Trainingsanbieter sich besser als Lösungsverkäufer verstehen sollten,

— welche Talente zusammenarbeiten müssen, um ein perfektes Edutrainment-Projekt auf die Beine zu stellen, und

— warum der Kunde dann oft etwas ganz anderes als ein „normales" Training bekommt.

Erinnern Sie sich noch an Anna Paulsen von der Scheuert KG in Grützburg? Ich gebe es zu, diese beschauliche Kleinstadt im tiefsten Schwabenland habe ich ebenso erfunden wie das solide mittelständische Unternehmen und Frau Paulsen selbst. Aber sie haben natürlich Vorbilder, die Dame ebenso wie die Firma und der Ort. In all meinen Jahren als Trainer sind mir viele Paulsens begegnet und ich bin in zahlreichen Scheuert KGs unterwegs gewesen. Die kleine Geschichte von Anna Paulsen fußt also auf jeder Menge Praxiserfahrung. Da wird im Unternehmen ein Bedarf diagnostiziert, eine schnelle Lösung soll her, Trainingsanbieter werden angefragt, um die Kuh vom Eis zu holen. Auf den ersten Blick scheinen das Problem der Scheuert KG und ihre mögliche Lösung recht klar umrissen zu sein: Der Außendienst kann die Produkte nicht erklären, weil die Produktmanager sie so schlecht präsentiert haben. Also müssen diese besser in Präsentationstechniken geschult werden. Aber ist das wirklich des Pudels Kern? Und wäre ein klassisches Präsentationstraining wirklich die beste Lösung?

Lassen Sie sich überraschen, was alles in Anna Paulsens Aufgabenstellung steckt. Diese Aufgabe ist wie geschaffen, um Ihnen Schritt für Schritt zu erklären, wie wir in der edutrainment company vorgehen. Vom ersten Kontakt mit dem potenziellen Kunden über die interne Diskussion der Anfrage bis hin zur Konzeptionsarbeit, dem Herzstück eines jeden Edutrainment-Projekts. Manches kann ich aus Platzgründen nur grob skizzieren, bei einigen Dingen werde ich ins Detail gehen. Ich stelle Ihnen mögliche Fragen an den Kunden vor, zeige Ihnen, wie Brainstormings bei uns ablaufen, und präsentiere Ihnen die Lösung für die Scheuert KG auf einen Blick.

VON DER ANFRAGE BIS ZUR LÖSUNG: EINE REISE VOLLER FRAGEN UND ANTWORTEN

In meinen Verkaufstrainings erzähle ich den Teilnehmern oft eine Geschichte: Stellen Sie sich vor, Sie arbeiten in einem Elektronikgeschäft. Ein Kunde kommt zu Ihnen und verlangt genau das Fernsehermodell, das bei Ihnen im Schaufenster steht. Was machen Sie jetzt? Freuen Sie sich über den schnellen Deal und packen Sie das Gerät gleich für den Kunden ein? Denken wir einmal weiter. Der Kunde baut das Gerät zu Hause auf und ein guter Freund kommt zu Besuch. Der Kumpel kennt sich mit Technik aus und fragt ganz frech: „Oh, toller Fernseher. Aber ist das schon so ein Smart-TV-fähiges Gerät, mit dem du dir auch Videos aus dem Internet herunterladen kannst?"

Nun wird dem Kunden bewusst, dass er zwar das Gerät gekauft hat, das er ursprünglich wollte. Doch er hat damit offenbar einen dicken Fehler begangen, weil es Geräte gibt, die seinen Bedürfnissen besser entsprechen. Das war ihm bislang nicht klar; um die technischen Spezifikationen hat er sich kaum gekümmert. Und was macht er jetzt? Das frage ich meine Teilnehmer und liefere gleich die Antwort: Er wird wahrscheinlich in Ihr Geschäft zurückkommen. Da nur die wenigsten Kunden offen einräumen, dass sie einen Fehler gemacht haben, wird er sich vermutlich beschweren: „Da hätten Sie mich wohl ein bisschen besser beraten müssen." Die Teilnehmer wenden an diesem Punkt oft ein: „Na ja, aber er hat doch gar nicht gefragt, sondern er wollte unbedingt dieses Gerät haben." Mal ehrlich: Ist das nicht einfach nur eine Ausrede für schlechte Kundenberatung zugunsten eines schnellen Abverkaufs?

WER LÖSUNGEN VERKAUFEN WILL, MUSS FRAGEN, FRAGEN, FRAGEN

Im Verkauf sprechen wir in sehr vielen Branchen schon lange vom Lösungsverkauf, weg vom Produkt, hin zur Lösung. Oft wird auch vom beratenden Verkaufen gesprochen. Das heißt, ich muss zunächst die Situation und den Bedarf des Kunden erfassen, um ihm dann eine Lösung anzubieten, auf die er möglicherweise selbst gar nicht gekommen wäre. In der Personalentwicklung und Trainingsbranche verhält es sich genauso. Wenn ein Interessent oder ein Kunde anruft und ein ganz bestimmtes Training, vielleicht auch eine Präsentation verlangt, gehört es für mich zur Professionalität, in jedem Fall zu fragen, warum er genau diese Leistung will. Was soll sich durch das Training verbessern? Was läuft momentan nicht gut oder nicht gut genug? Dies sind nur einige Fragen, die man stellen sollte.

Ob ein Training dann überhaupt die optimale Lösung ist, sollte nach der Bestandsaufnahme geklärt werden. Die Erfassung der Situation des Kunden ist die Grundvoraussetzung, um eine intelligente kreative Lösung zu entwickeln.

Um das Problem exakt zu erfassen, reicht es in den meisten Fällen nicht, mit der Personalentwicklung zu sprechen. Genau genommen können nur die Fachabteilungen die Frage beantworten, was sich bei ihnen verändern soll. Hierfür müssen oft nicht nur die Führungskräfte befragt werden, sondern auch die Mitarbeiter, denn es liegt in der Natur der Sache, dass ein Abteilungsleiter eine andere Sicht auf die Welt hat als die Mitarbeiter. Wenn in Studien zur Zukunft der Personalentwicklung eine bessere Vernetzung gefordert wird, ist eben auch diese Einbeziehung der eigentlichen Stakeholder der Maßnahmen gemeint (vgl. Schermuly u. a. 2012).

Nehmen wir das Beispiel Scheuert KG. Aus Sicht des Unternehmens stellt sich das Problem folgendermaßen dar: Die Produktmanager können dem Außendienst die Produkte nicht hinreichend erklären. Also muss bei der Präsentation angesetzt werden.

VIELLEICHT LIEGT DAS PROBLEM

ABER GAR NICHT

IN DEN MANGELNDEN PRÄSENTATIONSFÄHIGKEITEN
DER PRODUKTMANAGER.

?

WÄRE ES NICHT AUCH MÖGLICH,

DASS SICH IN DER GESAMTEN SCHEUERT KG

ZU VIEL UM DIE

PRODUKTSPEZIFIKATIONEN DREHT?

Und zu wenig darüber nachgedacht wird, welche schlagkräftigen Argumente der Verkäufer im Fachhandel seinen Kunden liefern sollte?

UNTERNEHMENSKULTUR UND LERNBIOGRAFIEN DER MITARBEITER VERSTEHEN

Wer viel fragt, bekommt viele Antworten, heißt es. Manchmal machen die Antworten die Aufgabenstellung oder die Lösung nicht unbedingt einfacher. Man kann es natürlich auch übertreiben und aus jeder einfachen Anfrage im Bereich Training einen Ansatz für eine umfangreiche Prozessbegleitung und Reorganisation des gesamten Unternehmens machen.

Doch es macht schon Sinn, ein intensives Gespräch über die Unternehmenskultur zu führen, wie im Falle der Scheuert KG mit Anna Paulsen. Um dann vielleicht bestätigt zu bekommen, dass in diesem Unternehmen eine große Begeisterung für Technik vorherrscht – und daher die Tendenz besteht, Fakten und Fachwissen in der internen wie externen Kommunikation überzubetonen. Die Auseinandersetzung mit der Unternehmenskultur liefert uns zudem wertvolle Hinweise, mit welchem Typ von Mitarbeitern wir es später wahrscheinlich zu tun haben werden.

Ich erinnere mich an ein Gespräch mit einem Trainerkollegen aus einem Servicecenter. Die Geschäftsführung wollte dort die Trainingskosten pro Mitarbeiter weiter senken. Eine Idee war, stärker als bisher aufs Selbststudium zu setzen, sprich auf die Lektüre von Unterlagen. Präsenztrainings sollten teilweise durch E-Learning ersetzt werden. Das Problem dabei: Viele Mitarbeiter im Servicecenter haben eher schwierige Lernbiografien. Sie waren in der Regel in unserem Schulsystem, das auf Lernen durch Bücher, Vorträge und Selbststudium setzt, nicht besonders erfolgreich. Genau deshalb arbeiten sie jetzt in einem Servicecenter für ein Einkommen knapp über dem Mindestlohn. Herkömmliches E-Learning oder Lernen durch Selbststudium würde hier kaum funktionieren.

Deshalb wurde hier in der Vergangenheit besonders intensiv mit persönlichem Training und Coaching am Arbeitsplatz gearbeitet. Insgesamt der richtige Ansatz, aber durch den Preiskampf im Servicecenter-Markt sinken nicht nur die Stundensätze für die Mitarbeiter, sondern auch die Budgets für Training und Personalentwicklung. Teure Präsenztrainings können sich also immer weniger Unternehmen leisten. Erforderlich ist hier ein Konzept, das zur Unternehmenskultur wie auch zu den Lernbiografien und Lernstilen der Mitarbeiter passt und im optimalen Fall komplett mit eigenen Ressourcen umgesetzt werden kann.

Ein Punkt, der auch beim Konzept für die Scheuert KG eine große Rolle spielen wird, ist der didaktische Standard. Genau genommen geht es um mehrere didaktische Standards für die Erstellung von Ausgangsmaterial für die E-Learning-Programme, die jeweiligen Ausführungen des E-Learnings und natürlich auch für Präsenztrainings. Viele Unternehmen wollen ihre fachlichen Inhalte in digitale Lerneinheiten umwandeln und stellen dabei fest, dass die Qualität des Ausgangsmaterials erheblichen Einfluss auf die Kosten der E-Learning-Produktionen hat. Meistens liegt das Material in Form von Texten und PowerPoint-Präsentationen in sehr unterschiedlicher Qualität vor. Für die Umwandlung der Inhalte in passendes Ausgangsmaterial oder direkt für Web-based Trainings werden in der Regel externe Experten beauftragt. Diese müssen sich in die Themen einarbeiten und das Material noch einmal neu erstellen. Verschiedene Korrekturschleifen mit den internen Experten sind nötig.

Das Ganze verschlingt eine Menge Zeit und Geld. Durch die Definition von didaktischen Standards und Produktionsstandards erspart man sich das. Und so sieht das Vorgehen aus:

1. Wir entwickeln Kriterien für die Wichtigkeit eines Inhalts. So können wir auch entscheiden, wie wir ihn umsetzen. Mögliche Kriterien sind Größe und Stellenwert der Zielgruppe, der Zusammenhang mit wichtigen Unternehmenszielen und die Haltbarkeit des Inhalts, das heißt, wie lange der Inhalt so bleiben kann, ohne überarbeitet werden zu müssen. Darüber hinaus ist die Relevanz des Themas von Bedeutung. Mit unserem Template (siehe nächste Seite) ermitteln Sie pro Thema die entsprechende Punktzahl.

2. Anhand der Punktzahl können Sie sehen, welche Klasse von E-Learning oder Präsenztraining für das Thema infrage kommt. Pro Klasse legen wir den Standard fest, nach dem die Inhalte trainiert werden. Für E-Learning gibt es als einfachste Klasse die reine Umwandlung eines PowerPoint-Dokuments in ein E-Learning-Modul, in der nächsten Stufe dann mit zusätzlichen Features wie einem Quiz oder einer Lernplattform.

3. In allen Klassen definieren wir, wie das Ausgangsmaterial erstellt wird. Zum Beispiel E-Learning Basic: Die Gliederung der PowerPoint-Dateien folgt einem festen Prinzip. Am Anfang wird aufgeführt, wovon das Dokument handelt, an welche Zielgruppe es sich richtet und welche Fragen beantwortet werden. Am Ende des Dokuments gibt es eine kurze englische Zusammenfassung. Dazu als Lerncheck eine Liste von Fragen für den Lerner. Auf diese Weise erhalten wir Material, das wir einfach in Selbstlernprogramme überführen können.

Eine solche Matrix macht es einfach, zu entscheiden, in welcher Güteklasse welcher Inhalt umgesetzt wird. Ein Thema, das nur eine kurze Halbwertszeit und eine kleine Zielgruppe hat, wird man wahrscheinlich nur dann in ein aufwendiges E-Learning-Modul mit Video, Audio und speziellem Testing umwandeln, wenn die Zielgruppe entweder besonders groß oder besonders wichtig ist. Oder wenn das Thema in besonderer Verbindung zu aktuell besonders wichtigen strategischen Zielen des Unternehmens steht. Durch Kombination der Klassen von Präsenztraining und E-Learning lassen sich die Themen je nach Anforderung zusammenstellen (Blended Learning).

Unten ein Beispiel: Die Einführung eines neuen Kompetenzmodells erreicht 17 Punkte, also gerade Stufe 4. Damit empfiehlt sich laut Template rechts ein Superior-Präsenztraining oder ein E-Learning Superior. Um Kosten und Zeit zu sparen, wäre auch die Mediumvariante des Präsenztrainings (Stufe 2) kombiniert mit E-Learning Basic (Stufe 1) oder Medium (Stufe 2) denkbar. Dabei sollten die beiden Stufen zusammen mindestens den Punktewert der empfohlenen Stufe erreichen.

THEMEN**MATRIX**

THEMA	STRATEGISCHE BEDEUTUNG DES THEMAS	LAUFZEIT DES THEMAS	WICHTIGKEIT DER ZIELGRUPPE	GRÖSSE DER ZIELGRUPPE	AKTUELLE RELEVANZ	PUNKT-ZAHL
	niedrig … hoch	kurz … lang	niedrig … hoch	klein … groß	klein … groß	
Compliance	X 2 3 4	X 3 4	X 3 4	X 1 2 3 X	13
Kompetenzmodell	2 3 X	2 3 X	3 X	3 X	X 2 3 4	17
Moderation	X 2 3 4	2 3 X	X 3 X	1 2 3 X	12
Führungsnachwuchs-entwicklung	2 3 X	2 3 X	3 X X	X 3 4 1 X 4	15
	2 3 4	2 3 4	3 4	3 4	1 2 3 4	

DIDAKTISCHERSTANDARD

PRÄSENZ-TRAINING	**PRÄSENZ BASIC**	**PRÄSENZ MEDIUM**	**PRÄSENZ PREMIUM**	**PRÄSENZ SUPERIOR**
	· 1 bis 4 Stunden · Durchführung durch Führungskraft und/oder Multiplikator mit unternehmensspezifisch fest definierter Ausbildung	· ab 4 Stunden · interner Trainer mit Trainerzertifizierung	· ab 4 Stunden · Trainer mit Trainerzertifizierung · mit Briefing in Unternehmens-Standards · Rahmenvertrag	Wie Präsenz Premium · Trainer mit Expertenstatus
E-LEARNING	**E-LEARNING BASIC**	**E-LEARNING MEDIUM**	**E-LEARNING PREMIUM**	**E-LEARNING SUPERIOR**
	· PowerPoint-Datei nach definiertem Standard · Im Wiki	· PowerPoint-Datei nach definiertem Standard · Quiz · in SCORM-kompatiblem E-Learning-Modul auf Lernplattform oder Webinar	Wie E-Learning Medium · Audio · einfache Videos (ohne Drehbuch) · Austausch mit Lernenden	Wie E-Learning Premium · Video mit Drehbuch · Austausch mit fachlichen Experten inklusive professionellem Feedback
	Stufe 1	Stufe 2	Stufe 3	Stufe 4

PUNKTZAHL

5 6 7 8 9 10 11 12 13 14 15 16 17 18 19 20

Natürlich ist eine solche Matrix nicht perfekt. Es kommt auch nicht darauf an, sich immer sklavisch daran zu halten. Aber ein solches Vorgehen liefert zumindest eine grundlegende Systematik für wichtige Entscheidungen in der Personalentwicklung. Und das Ganze auf eine sehr pragmatische Art und Weise, die auch von Geschäftsführung, Führungskräften der Einkaufsabteilung und den externen Auftragnehmern nachvollzogen werden kann.

BLENDED LEARNING ON THE ROCKS

Wie bei gutem Whisky kommt es auch beim Lernen auf die richtige Mischung an. Werner Sauter definiert es so: „Blended Learning ist ein integriertes Lernkonzept, das die heute verfügbaren Möglichkeiten der Vernetzung über Internet oder Intranet in Verbindung mit ‚klassischen' Lernmethoden und -medien in einem sinnvollen Lernarrangement optimal nutzt. Es ermöglicht Lernen, Kommunizieren, Informieren und Wissensmanagement, losgelöst von Ort und Zeit in Kombination mit Erfahrungsaustausch, Rollenspiel und persönlichen Begegnungen im klassischen Präsenztraining." (Sauter und Bender 2004)

Im Idealfall sind selbst gesteuertes Lernen am Computer und Präsenztraining so kombiniert, dass kognitive Inhalte vor der Präsenzveranstaltung selbst am Computer erarbeitet werden, um sich im teuren Training oder Workshop auf die Vermittlung der praktischen Anwendung konzentrieren zu können. Das ist sinnvoll und in vielen Unternehmen bereits Standard (vgl. Erpenbeck und Sauter 2013). Idealtypisches Blended Learning funktioniert jedoch nur dann, wenn alle Teilnehmer die E-Learning-Einheiten erfolgreich absolviert haben. Ansonsten müsste der Stoff im Präsenztraining wiederholt werden, womit genau die Lerner bestraft würden, die brav das Web-based Training (WBT) gemacht haben. Der ideale Ablauf wäre:

 ERSTE SELBSTLERNEINHEIT

 ZWEITE SELBSTLERNEINHEIT

KICK-OFF MIT PRÄSENZ-VERANSTALTUNG
in der das Lernformat erklärt wird

mit einem WBT

PRÄSENZVER-ANSTALTUNG
mit sauberer Schnittstelle zu den E-Learning-Inhalten

kombinierbar mit Webinaren, Mobile Learning, Lernpartnerschaften im Netz und der realen Welt sowie praktischen Projekten und Coaching

Wichtig ist, dass die E-Learning-Experten die Welt der Präsenztrainer kennen und umgekehrt. Leider ist das nur selten der Fall. Oft sind die Berührungsängste zwischen beiden Gruppen sehr groß. Die edutrainment company hat ihre E-Learning-Kompetenz in einem durchaus schmerzhaften Lernprozess mit teuren Fehlinvestitionen und mancher Ernüchterung aufgebaut. Denn zwischen dem, was technisch und kreativ möglich wäre, und dem, was in vielen Unternehmen technisch und rechtlich Standard ist, klafft oft eine weite Lücke. Ich erinnere mich an die Ausschreibung eines Großunternehmens, das ein sehr unterhaltsames WBT zum eher drögen Thema Compliance wollte. Video oder Audio waren nicht möglich, Bilder nur in geringer Auflösung. Natürlich gab es weder einen didaktischen Standard noch eine intelligente Systematik zur Auswahl des Lernmixes. Die Entscheidung für E-Learning war rein kostengetrieben. Die beschriebene Matrix hätte hier sicher geholfen. Bei 14 Punkten in der Matrix wäre die Kombination aus einem WBT Basic oder Medium mit einer kurzen Präsenzveranstaltung ein guter Blend gewesen. Genau so macht es ein Kunde von uns. Obwohl Compliance nicht gerade ein Straßenfeger ist, sind die Feedbacks der Lerner äußerst positiv und die Art der Umsetzung wurde zum Vorbild für andere Themen. Wie die Blended-Learning-Variante für Scheuert aussieht, erfahren Sie auf Seite 88.

KONZEPTION IST TEAMWORK – STECKEN WIR ALSO DIE KÖPFE ZUSAMMEN

Oft werde ich gefragt: Was ist die edutrainment company? Ehrlich gesagt fällt es mir immer noch schwer, eine knappe und dennoch präzise Antwort zu geben. Denn als „Trainingsanbieter" verstehe ich mich gerade nicht. Und „Entwickler von Lernlösungen" klingt wieder mindestens genauso kompliziert wie unser Name. Dabei trifft diese Beschreibung den Nagel auf den Kopf.

Ein ehemaliger Mitarbeiter von mir hatte für sein früheres Unternehmen einen sehr schönen Namen gewählt: „Die Lernarchitekten". Dieser Begriff beschreibt, worum es mir geht. Ein Personalentwicklungskonzept ist wie der Entwurf eines Architekten für ein neues Gebäude. Jetzt werden Sie vielleicht sagen: Ja, aber Architekten sind doch Einzelpersonen, die geniale kreative Ideen haben. Denken wir an Norman Foster, Daniel Libeskind oder Zaha Hadid. Große Projekte werden jedoch tatsächlich stets von Teams entwickelt, die nach außen dann sehr oft von einer solchen besonders bekannten Person vertreten werden. Bereits in der kreativen Phase wird also im Team gearbeitet. Und spätestens bei der Umsetzung kommt es auf Spezialisten aus unterschiedlichen Disziplinen an. Ingenieure, Techniker, Handwerker und viele mehr. Schließlich wird der Architekt nicht derjenige sein, der Zementsäcke schleppt und Wände verputzt.

Genauso ist es im Training oder bei der Konzeption von Trainingslösungen: Derjenige, der konzipiert, muss nicht immer trainieren. Und umgekehrt: Ein guter Trainer ist nicht automatisch ein guter Konzeptentwickler. In unserer Branche besteht ein großes Problem darin, dass häufig angenommen wird, der Trainer sei auch der Experte für die Entwicklung des Konzepts. Ein gutes Konzept verlangt nicht nur kreative Ideen, sondern auch unterschiedliche Talente. Es kostet viel Zeit und damit natürlich auch das entsprechende Geld.

Bei der edutrainment company haben wir Spezialisten für Didaktik und Pädagogik, Grafiker, Texter, Leute, die sich um die Materialbeschaffung kümmern, und sogar Requisitenbauer. Wir verfügen über Experten für den Einsatz und den Umgang mit digitalen Medien. Und wir beschäftigen Praktiker mit viel Berufserfahrung, die die Unternehmen aus eigenem Erleben kennen. Unsere Trainer wissen schließlich sehr genau, was tatsächlich in einem Training funktioniert.

Idealerweise ist das Trainingsdesign ein mehrstufiger Prozess, der sich ähnlich wie beim Design Thinking aus drei Bestandteilen zusammensetzt: einem multidisziplinären Team, einer kreativitätsfördernden Infrastruktur samt entsprechendem Material sowie einem definierten Design-Thinking-Prozess. Im Potsdamer Hasso-Plattner-Institut gibt es seit einigen Jahren die School of Design Thinking, die genau mit diesem Ansatz arbeitet und ihn beim Vision Summit 2013 auch auf das Thema Lernen und Bildung angewendet hat (www.hpi.uni-potsdam.de/d_school). Es ist höchste Zeit, dass aus Creative Training Design eine anerkannte wissenschaftliche Disziplin wird.

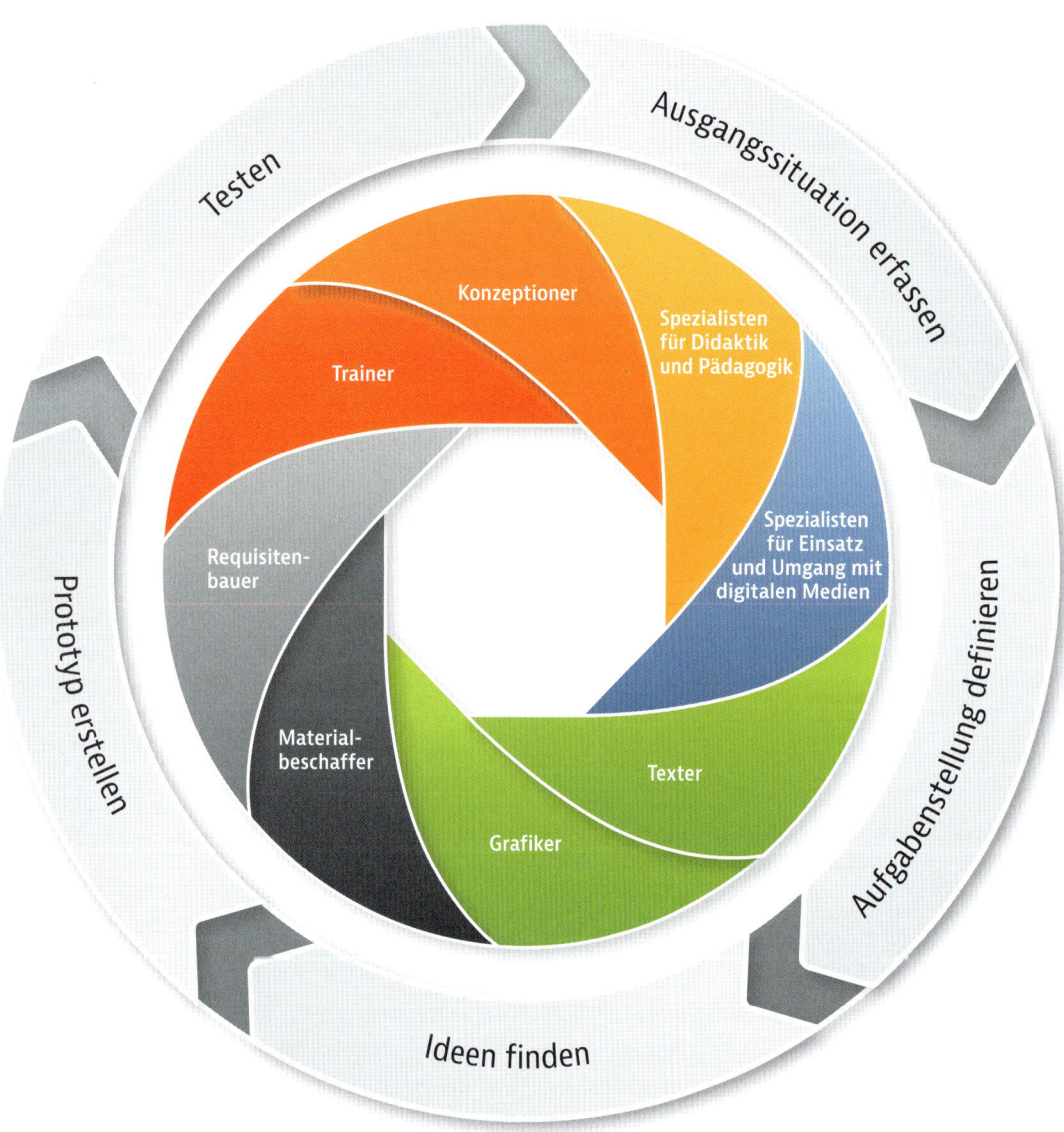

So entwickeln wir unsere Lernlösungen: Ein bunt gemischtes Team, die passende Infrastruktur und ein klarer Design-Thinking-Prozess.

WAS DARF KONZEPTION KOSTEN?

Unsere Branche denkt immer noch in Trainingstagessätzen. Oft wird die Konzeptionsarbeit in diese einfach mit eingerechnet. Das heißt in vielen Fällen: Sie wird schlichtweg nicht angemessen honoriert. Manche Kunden wollen nicht einsehen, dass sie dafür extra bezahlen sollen. Eine ganz merkwürdige Logik nach dem Motto: Beethoven hat ja nur komponiert, der wahre König ist der Pianist.

Wenn es ein zusätzliches Konzeptionsbudget gibt, fällt dieses eher schmal aus. Bis vor Kurzem waren bei uns die Vorbereitungstage günstiger als die Trainingstage. Inzwischen sind wir dazu übergegangen, bei der Vorbereitung zu unterscheiden zwischen Kreativ- bzw. Konzeptionstagen und Vorbereitungstagen zur Erstellung und Umsetzung eines bereits entwickelten Konzepts. Die kreative Leistung ist teurer, nimmt aber in der Regel weniger Tage in Anspruch.

Die Vorbereitung und Umsetzung des Konzepts kann nochmals aufgeschlüsselt werden: nach Tagen sowie nach verschiedenen Leistungen mit unterschiedlichen Stundensätzen. Die einfache Internetrecherche durch einen Praktikanten kostet weniger Geld als die Arbeitsstunde einer erfahrenen Grafikdesignerin.

Andere Branchen stehen als Vorbilder bereit. Für die Medienproduktion gibt es Kataloge mit jährlich aktualisierten Preisen für die gesamte Branche, an denen man sich orientieren kann, ob als Anbieter oder Einkäufer. Aus Unternehmensberatungen kennt man die Differenzierung nach Juniorberater, Seniorberater und Partner. In der Trainingsbranche sollten wir uns ein Beispiel daran nehmen und nicht nur die Trainer differenzieren, sondern auch die Leistungen, die für eine gelungene Konzeption und ihre Umsetzung notwendig sind.

STANDARD ODER MASSARBEIT?

Generell stellt sich bei der Konzeption die Frage, wann eine maßgeschneiderte Lösung notwendig ist und wann ein Standardprodukt reicht. Denken Sie an die Softwarebranche. Bis in die 1980er-Jahre hinein gab es eine Fülle unterschiedlichster Softwarelösungen für Textverarbeitung. Stellen Sie sich nun vor, in Ihrem Unternehmen würden noch heute alle zwei Jahre neue Programme für Textverarbeitung, Tabellenkalkulation und die Verwaltung von E-Mails eingeführt. Vorgeschaltet wären jeweils ein aufwendiger Prozess der Bedarfserfassung und die Auswahl eines geeigneten Anbieters. Die eingeführten Programme wären miteinander nicht kompatibel, sodass ein großer Aufwand nötig wäre, um Daten eines Programms für das andere Programm nutzbar zu machen. Definierte Schnittstellen gäbe es nicht. Grober Unfug, werden Sie sagen. Zu Recht.

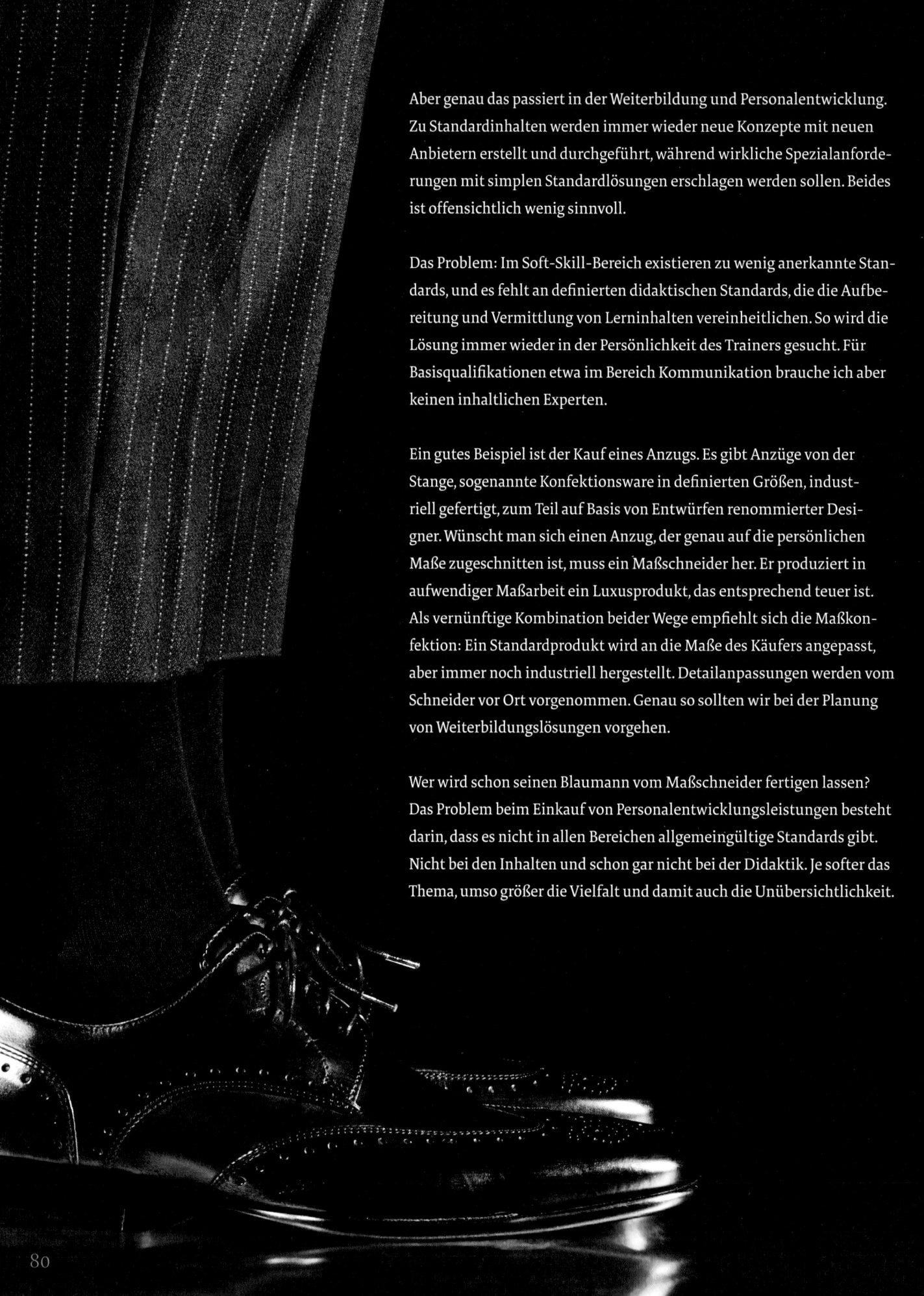

Aber genau das passiert in der Weiterbildung und Personalentwicklung. Zu Standardinhalten werden immer wieder neue Konzepte mit neuen Anbietern erstellt und durchgeführt, während wirkliche Spezialanforderungen mit simplen Standardlösungen erschlagen werden sollen. Beides ist offensichtlich wenig sinnvoll.

Das Problem: Im Soft-Skill-Bereich existieren zu wenig anerkannte Standards, und es fehlt an definierten didaktischen Standards, die die Aufbereitung und Vermittlung von Lerninhalten vereinheitlichen. So wird die Lösung immer wieder in der Persönlichkeit des Trainers gesucht. Für Basisqualifikationen etwa im Bereich Kommunikation brauche ich aber keinen inhaltlichen Experten.

Ein gutes Beispiel ist der Kauf eines Anzugs. Es gibt Anzüge von der Stange, sogenannte Konfektionsware in definierten Größen, industriell gefertigt, zum Teil auf Basis von Entwürfen renommierter Designer. Wünscht man sich einen Anzug, der genau auf die persönlichen Maße zugeschnitten ist, muss ein Maßschneider her. Er produziert in aufwendiger Maßarbeit ein Luxusprodukt, das entsprechend teuer ist. Als vernünftige Kombination beider Wege empfiehlt sich die Maßkonfektion: Ein Standardprodukt wird an die Maße des Käufers angepasst, aber immer noch industriell hergestellt. Detailanpassungen werden vom Schneider vor Ort vorgenommen. Genau so sollten wir bei der Planung von Weiterbildungslösungen vorgehen.

Wer wird schon seinen Blaumann vom Maßschneider fertigen lassen? Das Problem beim Einkauf von Personalentwicklungsleistungen besteht darin, dass es nicht in allen Bereichen allgemeingültige Standards gibt. Nicht bei den Inhalten und schon gar nicht bei der Didaktik. Je softer das Thema, umso größer die Vielfalt und damit auch die Unübersichtlichkeit.

Beim Thema Projektmanagement gibt es internationale Standards für die Inhalte, zum Beispiel die Zertifizierung durch die International Project Management Association (IPMA). Hier können sich Trainer zertifizieren lassen, sodass Unternehmen eine inhaltliche Sicherheit beim Einkauf von Projektmanagement-Trainings gewinnen. Allerdings gibt es einen großen Unterschied zum Anzug-Beispiel: Der Standard ist für Projektmanagement-Profis gedacht, die Zertifizierung umfangreich und dementsprechend teuer. Für eine Basisausbildung für Kundenmanager, die auch Projekte machen, werden Sie kaum eine komplette IPMA-zertifizierte Ausbildung einkaufen.

Aber selbst wenn man den Aufwand treibt, heißt das noch lange nicht, dass die Mitarbeiter auch optimal trainiert wurden. Denn der Standard bezieht sich auf die Inhalte, nicht auf die Art der Vermittlung. Und die ist oft didaktisch und pädagogisch überholt, orientiert sich eben nicht an den im vorigen Kapitel beschriebenen Erkenntnissen der Forschung. Inhalte top, Vermittlung ein Flop, heißt es nicht selten.

Bei Themen wie Führung, Verkauf und Präsentation ist die Lage noch unübersichtlicher und komplizierter. Hier existieren keine oder nur wenige allgemein anerkannte inhaltliche Standards. Also muss sie jedes Unternehmen selbst definieren. Und dann entscheiden, mit welcher Didaktik sie vermittelt werden sollen. Genau das ist Aufgabe der Personalentwicklung und macht die Sache so kompliziert. Denn die Personalentwickler sind keine Experten für die Inhalte und oft genug auch nicht für die Didaktik.

Im Ergebnis kommt es nicht selten zu einer gigantischen Verschwendung von Ressourcen. Auf der einen Seite stehen aufwendige, zentral organisierte Trainingsprogramme mit geringem Praxisbezug. Auf der anderen Seite nicht selten von Fachabteilungen an der Personalentwicklung vorbei durchgeführte Trainingsmaßnahmen mit wenig Bezug zur Personalentwicklungsstrategie. Ein Beispiel für diese Praxis liefert der Vertriebsbereich. Hier werden teure Programme mit Anbietern durchgeführt, die nur selten den Segen der Personalentwicklung haben. Der hochdekorierte ehemalige Starverkäufer fährt in der Luxuskarosse zum Incentivehotel und beglückt den Außendienst mit Ganztagsvorträgen nach dem Motto: „Da wo ihr hinwollt, komm ich her!" Daraus lernen die Teilnehmer nur, dass sie weniger Geld verdienen als der Trainer. Wie sähe eine ideale Lösung aus?

Die Antwort ist einfach. Definieren Sie, was Ihre Mitarbeiter können müssen, um die Unternehmensziele zu erreichen. Definieren Sie den Sollzustand, messen Sie den Istzustand, und fragen Sie sich dann, wie die Lücke zu schließen ist. Und bei der letzten Frage kommt die Methodik ins Spiel. Das Thema dieses Buches: die Didaktik. Wenn Sie wissen, was Ihre Mitarbeiter noch nicht wissen und noch nicht können, wird es spannend. Erst jetzt geht es um die Frage, wie Sie die Lücke schließen möchten. Betrachten wir unser Beispiel.

DIE ARBEIT BEGINNT: WIR ANALYSIEREN DEN WIRKLICHEN BEDARF

Das Grundproblem bei Scheuert sind die schlechten Verkaufszahlen, speziell im Handel. Als eine Ursache wurde festgemacht, dass die Produktschulungen für den Außendienst schlecht sind. Für uns geht es zunächst nicht um die Präsentationsfähigkeit der Scheuert-Mitarbeiter, sondern um die Frage: Was sind die eigentlichen Lernziele der Produkttrainings? Was soll ein Verkäufer im Baumarkt über die Scheuert-Produkte wissen? Wie soll er argumentieren? Welche Einstellung soll er zu den Scheuert-Produkten haben, um dann letztlich dem Endkunden bei Nachfragen die Scheuert-Produkte so zu präsentieren, dass es zu einer positiven Kaufentscheidung kommt?

Stellen Sie sich folgendes Szenario vor: Wir entwickeln ein unglaublich aufregendes Präsentationstraining. Die Teilnehmer lernen eine Menge über ihre persönliche Wirkung, den Einsatz der Körpersprache. Sie sind in der Lage, tolle Geschichten zu erzählen und ihr Publikum zu begeistern. Aber das Ausgangsmaterial für das Produkttraining bei Scheuert ist nach dem Training genauso schlecht wie zuvor.

Das wäre dann ein typisches Beispiel dafür, wie man mit viel Aufwand am eigentlichen Problem vorbeitrainiert. Alle Teilnehmer fanden das Training vielleicht sehr gut und auch empfehlenswert, die Verkaufszahlen im Handel werden aber wahrscheinlich kaum steigen, und falls doch, lag es kaum am Präsentationstraining.

Wir würden also gemeinsam mit Frau Paulsen erst einmal analysieren, wie die aktuellen Produkttrainings bei Scheuert ablaufen. Die Analyse ergibt, dass die Produkttrainings meistens eine Dauer von einem Tag haben und entweder in der Zentrale oder regional stattfinden. An diesem Tag wird eine unterschiedliche Anzahl von Produkten trainiert. Manchmal finden auch Präsentationen oder Trainings – hier wird bei Scheuert nicht wirklich differenziert – zu besonderen Aktionen statt, zum Beispiel im Frühjahr, wenn der deutsche Heimwerker erfahrungsgemäß Lust aufs Werkeln bekommt und den eigenen vier Wänden oder dem Oldtimer mit neuem Werkzeug frisch zu Leibe rückt.

Das Problem bei den Produkttrainings: Sie stützen sich wie üblich stark auf PowerPoint. Zu jedem Produkt liegt eine nicht näher festgelegte Anzahl an Folien vor, in denen neue Spezifikationen, Vorteile, Zielgruppen etc. dargestellt werden. Eigentlich nicht falsch, aber in der Summe viel zu umfangreich. Vor allem an Tagen, an denen mehrere Produkte vorgestellt werden, ist die Informationsflut zu hoch.

Erstes Fazit: Wir werden uns der Produkttrainings annehmen müssen. Gefragt ist also unter anderem eine Train-the-Trainer-Ausbildung für die Produktmanager.

Mal angenommen, wir würden streng wissenschaftlich, quasi nach Lehrbuch, vorgehen. Dann müssten wir jetzt die bisherigen Trainings eingehend analysieren. Und danach mindestens durch Befragungen überprüfen, welche Produktinformationen direkt nach dem Training bzw. einige Wochen nach dem Training noch bei den Teilnehmern abrufbar sind. Ein solcher Aufwand würde bei Anna Paulsen vielleicht professionelle Zustimmung ernten, doch im Gespräch würden wir schnell feststellen, dass ein solches Vorgehen unrealistisch wäre, nicht nur wegen des Zeithorizonts. Eine pragmatische Vorgehensweise ist sinnvoller. Wir befragen zumindest den Außendienst und die Produktmanager und sammeln weitere wertvolle Informationen.

Analyse

BLICK ÜBER DIE SCHULTER: WIR ANALYSIEREN, DENKEN NACH, ENTWICKELN

Ideenfindung

Auf den vorherigen Seiten habe ich Ihnen einen groben Überblick gegeben, wie wir bei der edutrainment company die Anfrage der Scheuert KG anpacken würden. Nun will ich Ihnen genauer vorstellen, was in den einzelnen Phasen geschieht. Natürlich werde ich nicht jedes Detail erläutern können, dafür würden wir schon einen Fortsetzungsband brauchen. Ich gehe auf die drei wichtigsten Phasen ein: Analyse, Ideenfindung und Lösungsentwicklung.

Lösungs-entwicklung

FRAGENKATALOGE FÜR DEN AUFGABENCHECK UND DIE BEDARFSANALYSE

Warum sind Fragenstellen und Nachhaken so wichtig? Erstens, um die Aufgabe wirklich zu begreifen. Zweitens, um im Zuge der Bedarfsanalyse Informationen im Unternehmen zu sammeln, die für die Konzeption wichtig sind. Welche Fragen sollte man nun stellen? Ich liste sie Ihnen einmal auf und orientiere mich dabei grob an der Fragensystematik von Simone Kauffeld (2010).

Sie werden bereits bei den Fragen an die Personalentwicklerin Frau Paulsen merken, dass eine solche Analyse mehrere Stunden dauern kann. Zudem lässt sie sich nicht immer am Telefon erledigen. Einen Großteil der Fragen kann Frau Paulsen aber durchaus telefonisch oder sogar per Mail beantworten. Bei einigen Fragen und Zusatzfragen wird sie als Personalentwicklerin passen müssen. Deshalb macht es Sinn, sich zusätzlich mit den Fachabteilungen und der eigentlichen Zielgruppe direkt zu unterhalten. Diese Fragen sind den Fragen an Frau Paulsen teils sehr ähnlich. So können wir die jeweiligen Perspektiven vergleichen und erhalten einen umfassenden Eindruck vom wirklichen Bedarf.

Analyse

Mögliche Fragen an die Personalentwicklung, also Anna Paulsen

Anlass und Vorgeschichte

- Was soll mit unserer Arbeit für die Scheuert KG erreicht werden? Warum soll gerade jetzt etwas geschehen? Und was wäre die Folge, wenn keine Maßnahmen ergriffen würden?

- Welche Akteure im Unternehmen zählen für Sie zur Zielgruppe, der Außendienst und/oder die Produktmanager? Wer wäre außerdem von den Maßnahmen betroffen? Welche Stakeholder sollten wir unbedingt involvieren? Wer muss zustimmen, wer könnte sich querlegen?

- Welche Maßnahmen gibt es bislang und wie sehen diese aus? Wie laufen zum Beispiel die Produktschulungen ab? Wie lang sind sie, wo finden sie statt? Welche Materialien werden bislang für die Trainings bzw. Präsentationen verwendet? Können Sie uns das Ausgangsmaterial zur Verfügung stellen?

- Was läuft an den bisherigen Schulungen gut und was schlecht? Wenn es gezielte Auswertungen nach dem Training gibt, welche Schulungen wurden besonders positiv bewertet und warum?

- Welche Erfahrungen gibt es mit E-Learning und Mobile Learning?

Ziele und Zielgruppe

- Welche Ziele verfolgt Scheuert mit der Maßnahme? Wie gliedern sich diese Ziele in die Unternehmensstrategie ein?

- Welches Vorwissen und welche Erfahrungen sind bei der Zielgruppe vorhanden? Wie wird sie informiert? Wie hoch ist ihre Bereitschaft zur Teilnahme?

- Was soll die Zielgruppe nach den Maßnahmen wissen und können? Wie wird der Erfolg ermittelt werden?

Rahmen der Maßnahme und Transfer

- Wie groß ist der Zeitdruck bei der Umsetzung? Welche Ressourcen stehen zur Verfügung? Gibt es Mitarbeiter, die bei der Konzeption und Umsetzung helfen und direkt eingeplant werden könnten?

- Welche zusätzlichen Maßnahmen zur Einführung neuer Produkte gibt es bei Scheuert – sowohl intern für den Außendienst als auch extern für Handel und Endkunden? Wie ist die Zusammenarbeit zwischen Vertrieb und Marketing organisiert?

- Welchen Ruf haben die Produkttrainings von Scheuert beim Handel? Wie ist beim Handel das allgemeine Image der Scheuert-Produkte? Wie sieht es beim Endkunden aus?

- Soll die Trainings- bzw. Präsentationskompetenz der Produktmanager verändert werden oder geht es um den Verkauf im Handel? Wenn der Verkauf im Handel auf andere Art und Weise anzukurbeln wäre, würde die Personalentwicklung dann auf das Training verzichten?

- Wie wird die Zielgruppe bei der Umsetzung des Gelernten unterstützt werden? Sehen Sie Transferbarrieren? Wie ließen sich diese ausräumen?

Mögliche Fragen an die Fachabteilungen der Scheuert KG

Fragen an die Produktmanager

Bisherige Maßnahmen

- Wie stellt sich das Thema Präsentationen/Trainings aus Ihrer Sicht dar: Was läuft gut, was läuft nicht so gut? Wo sehen Sie die größten Herausforderungen? Welche Maßnahmen hat es in der Vergangenheit gegeben? Welche haben funktioniert, welche nicht? Wie sehen Sie selbst die derzeitigen Trainings?

- Wie beurteilen Sie Lernbereitschaft, Vorkenntnisse und Bereitschaft zur Nacharbeit beim Außendienst? Wie schätzen Sie die Begeisterung bei Ihnen und den Kollegen ein, an einem Trainingsprogramm teilzunehmen? Wie würden Sie die Trainings- und Lernkultur bei Scheuert in wenigen Worten beschreiben?

- Welche Unterstützung haben Sie bisher zum Thema Präsentation und zur Durchführung von Trainings bekommen? Woher bekommen Sie das Ausgangsmaterial für die Trainings und Präsentationen?

- Wie viel Zeit steht Ihnen bisher zur Vor- und Nachbereitung der Präsentationen und Trainings zur Verfügung? Wie beurteilen Sie die Rahmenbedingungen wie Zeit, Ressourcen etc.? Wenn Sie etwas an den Rahmenbedingungen ändern könnten, was wäre das?

Zukünftige Maßnahmen

- Was müsste Ihrer Meinung nach passieren, um die Verkaufszahlen im Handel zu verbessern? Wie schätzen Sie Ihre eigenen Kompetenzen in diesem Bereich ein? Was würden Sie sich als Unterstützung wünschen?

- Welche positiven Beispiele von Mitbewerbern kennen Sie? Was könnte Scheuert daraus lernen? Wie viel Zeit haben Sie selbst, um Ihre Kompetenzen zu verbessern? Wie viel könnten Sie realistisch investieren?

- Welche Unterstützung durch E-Learning oder Mobile Learning gibt es schon? Wenn es eine Lösung für Sie und Ihre Kollegen zum Thema „Train the Trainer" geben würde, wie sollte diese Ihrer Meinung nach aussehen?

- Was sollten wir unbedingt bei der Umsetzung einer Lösung beachten? Was darf auf keinen Fall passieren? Mit welcher Person („grauen Eminenz") im Unternehmen sollten wir unbedingt sprechen, um eine gute Lösung zu entwickeln?

Mögliche Fragen an die Fachabteilungen der Scheuert KG

Fragen an den Vertrieb

- Wie ist das Feedback des Vertriebs und der Vertriebsmitarbeiter zu den gegenwärtigen Produktinformationen, -präsentationen und -trainings durch das Produktmanagement? Welche Veränderungen wünscht sich der Vertrieb?

- Was sind die aktuellen Herausforderungen für den Außendienst? Wie laufen die Informationen, Gespräche, Präsentationen und Trainings beim Handel ab?

- Was müsste aus Sicht des Vertriebs verändert werden, damit die Verkäufer in den Baumärkten mehr Scheuert-Produkte aktiv präsentieren und verkaufen? Wie gehen Mitbewerber vor? Was könnte Scheuert hier lernen und verändern?

- Wie ist die Situation beim neuen Fokusprodukt Multilevel-Lifter? Wie sieht das Gehaltsmodell im Vertrieb aus? Gibt es Provisionen, die das Verhalten steuern sollen? Welche Vertriebsmitarbeiter sind besonders erfolgreich, und woran liegt das? Inwiefern hat der Erfolg der Vertriebsmitarbeiter mit den Produktpräsentationen und -trainings durch das Produktmanagement zu tun?

- Wie sind die Rahmenbedingungen und Arbeitsbedingungen für die Außendienstmitarbeiter? Gibt es bereits E-Learning-Maßnahmen? Wenn ja, wie werden sie genutzt? Wie sieht das Feedback der Vertriebsmitarbeiter hierzu aus? Wie viel Zeit haben diese nach den Trainings für das Selbststudium? Welche messbaren Erfolgskriterien für das Projekt gibt es außer den Umsatzzahlen im Handel?

Optional sind Fragen an den Handel möglich

- Wie erlebt der Handel die Produktinformationen, das Training und die Gespräche mit den Scheuert-Mitarbeitern? Wie ist der Vergleich mit anderen Anbietern? Was ist besser, was ist schlechter?

- Was sollte Scheuert unbedingt verändern? Wie wünscht sich der Handel die Trainings und Informationen durch Scheuert?

- Welche Möglichkeiten gibt es, die Mitarbeiter im Handel an speziellen Kampagnen von Scheuert direkt zu beteiligen – auch über Prämiensysteme? Wird in den Handelsunternehmen schon E-Learning bzw. Mobile Learning genutzt? Wie sähe das optimale Training aus Sicht des Handels aus? Wie lange sollte es sein?

ALLE ANTWORTEN GESAMMELT? DANN GEHT ES AN DIE AUSWERTUNG UND ANALYSE …

Die Befragungen haben uns folgende Erkenntnisse gebracht:

- Die Produktmanager beurteilen ihre eigenen Präsentations- und Trainingskompetenzen sehr unterschiedlich. Einige haben Spaß an den Präsentationen und Trainings, andere betrachten sie als notwendiges Übel.
- Die Anzahl der Folien pro Produkt ist nicht genau festgelegt.
- Im Allgemeinen stützt man sich auf das Prospektmaterial für den Endkunden.

Der Außendienst präsentiert wiederum mit dem Material, das er bekommen hat, beim Handel. Hier gibt es ganz unterschiedliche Präsentations-, manchmal auch Trainingsszenarien:

- Kurze Termine, in denen der Außendienst ein neues Produkt in sehr kompakter Form vorstellt und entsprechendes Informationsmaterial überreicht.
- Organisierte kurze Trainingseinheiten von zwei bis vier Stunden, die ähnlich ablaufen wie die Präsentationen und Trainings, die der Außendienst vom Produktmanagement erhalten hat.

Nach der eingehenden Analyse folgt eine Beschreibung der Situation und der Anforderungskriterien sowie der Ziele für die Lösung.

GENERELLER BEFUND: SCHEUERT KOMMUNIZIERT ZU FAKTENLASTIG

Bei Scheuert wird sehr viel Wert auf Qualität und technische Spezifikationen gelegt. Dies drückt sich sowohl in den internen Präsentationen und Trainings als auch in der Kommunikation mit dem Handel aus. Sie erinnern sich sicher an das Hülshoff-Zitat in Kapitel 2: Zeige mir deine Lernkultur, und ich kann dir sagen, wie deine Unternehmenskultur aussieht. Das gilt auch für Scheuert. Dort herrschte bis vor Kurzem noch ein sehr patriarchalischer Führungsstil. Der Gründer war die große Überfigur. Die Führungskräfte sind meist Fachexperten und in Kommunikationsfragen weniger kompetent. Die in Kapitel 2 beschriebenen Prinzipien zum pädagogisch sinnvollen Lernen von Erwachsenen spielen in diesem Umfeld bislang keine große Rolle.

Hier gilt es für die Zukunft einen Präsentations- und Trainingsstil zu entwickeln, der

— den Qualitätsstandard und die Markenwerte von Scheuert weiterhin aktiv unterstützt,

— mehr Wert auf Didaktik und Pädagogik legt,

— die Bedürfnisse der jeweiligen internen und externen Zielgruppen stärker berücksichtigt,

— abgesehen von den Präsenztrainings digitale Medien sinnvoll mit einbezieht, sofern sie
    — die Akzeptanz der Zielgruppen haben,
    — mit einem vertretbaren Zusatzaufwand mit Scheuert-eigenen Ressourcen aktualisiert werden können und
    — technologisch zukunftstauglich sind.

Bisher erstellte das Produktmanagement zu den einzelnen Produkten PowerPoint-Präsentationen. Für diese gibt es einen Folienmaster mit einer Beispielgliederung. Die Analyse zeigt jedoch, dass sowohl Umfang als auch Gestaltung dieser Foliensätze je nach Produkt und Autor deutlich voneinander abweichen. Gerade in den letzten drei Jahren sind die Informationsmaterialien und die Präsentationen bzw. Trainings nach Auskunft des Außendienstes immer „featurelastiger" geworden.

Tendenziell werden zwei Arten von Foliensätzen eingesetzt:
• Variante 1 ist eher produkt- und techniklastig.
• Variante 2 ist durch das Marketing gesteuert. Die Präsentationen sind visueller und ansprechend gestaltet, enthalten aber nach wie vor zu viele Informationen und sind nicht auf die Zielgruppe des Außendienstes als Multiplikatoren ausgerichtet.

Die Produktmanager präsentieren in unterschiedlicher Qualität. Speziell ein Produktmanager erhält besonders positive Bewertungen für seine Präsentationen und Trainings. Auf Nachfrage erklärt der Kollege, dass er seine Präsentationen zum Teil für die jeweiligen Zuhörer modifiziert. Außerdem sind seine Trainings wesentlich interaktiver. Für jedes Produktfeature gibt es eine kurze Übung.

Der besagte Kollege hat selbst einmal einige Monate im Außendienst gearbeitet und kennt daher die Situation im Handel recht gut. Das private Interesse am Thema Lernen und die Tätigkeit als Elternbeirat einer reformfreudigen Schule führten zu einem besseren Verständnis von Didaktik und Pädagogik. In die Entwicklung seiner Präsentationen und Trainingsformate investiert er deutlich mehr Zeit und Mühe als andere.

Auch über die zeitlichen Rahmenbedingungen konnten wir uns durch die Befragung einen soliden Eindruck verschaffen.

WORKSHOP FÜR DIE ENTWICKLUNG DES DIDAKTISCHEN STANDARDS

Die Bedeutung eines didaktischen Standards habe ich oben bereits erläutert. Um für Scheuert diesen wichtigen Erfolgsfaktor zu entwickeln, führen wir einen Vorbereitungsworkshop mit der Personalentwicklung und zwei Produktmanagern durch. Einer der beiden Manager zeigt sich besonders engagiert, es ist derjenige, der mit dem Thema Didaktik bestens vertraut ist. Der neue didaktische Standard für Scheuert wird später in den Trainings für die Produktmanager vermittelt werden.

Unten habe ich einmal beispielhaft zwei Themen in die Themenmatrix der Scheuert KG eingetragen. Das Thema Train the Trainer für Produktmanager erreicht die Punktzahl 18, die Produkttrainings für den Außendienst erreichen 17 Punkte. Für das erste Thema empfiehlt sich daher die Stufe 4. Alternativ wählen wir jedoch ein Präsenztraining Premium (Stufe) und ein E-Learning Medium (Stufe 1) aus. Zusammen erreichen beide Stufen eine Punktzahl, die deutlich über 18 liegt. Blended Learning sorgt hier also für eine deutliche Verbesserung. Beim zweiten Thema gehen wir ähnlich vor. Hier setzen wir statt Stufe 3 auf Präsenz Medium (Stufe 2) und E-Learning Basic (Stufe 1).

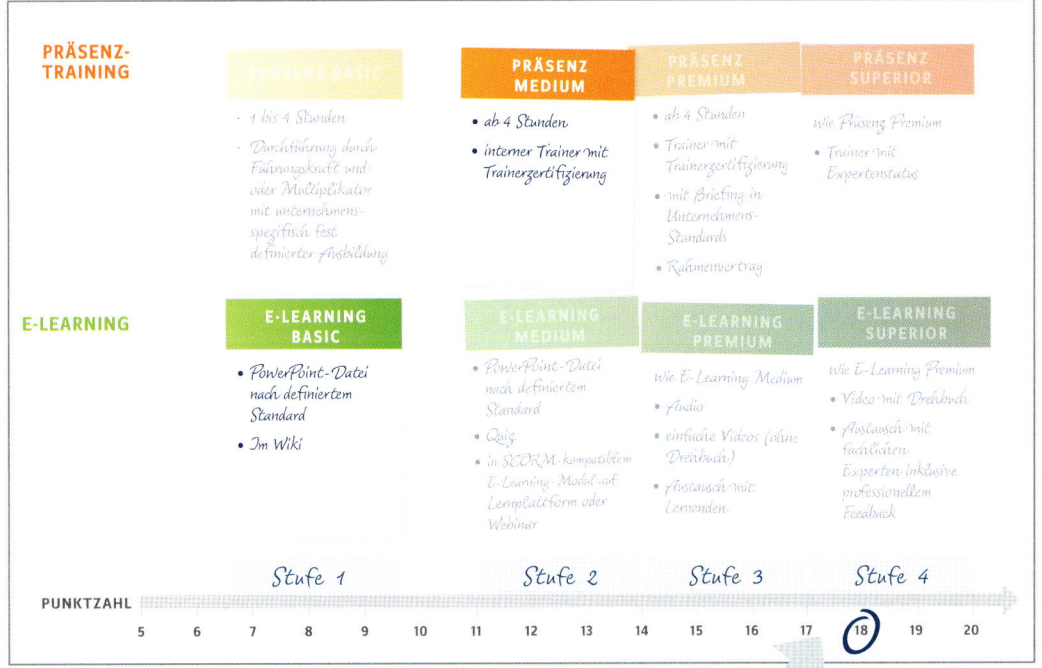

EINE ERSTE GROBE ZEITPLANUNG UNSERER LÖSUNG

Die von uns geplanten Maßnahmen sollen innerhalb der nächsten drei Monate starten. Binnen sechs Monaten müssen belastbare Ergebnisse erzielt werden: bessere Verkaufszahlen im Handel wie auch messbar gutes Feedback der Mitarbeiter im Handel, des Außendienstes und der Produktmanager. Für Präsenztrainings stehen maximal drei bis vier Tage zur Verfügung.

Zur Transferunterstützung kann bei Bedarf E-Learning hinzugezogen werden. Bisher wird es bei Scheuert für Sprachtrainings, Compliance und fachliche Zertifizierungen eingesetzt. Erfahrungen mit Mobile Learning gibt es derzeit nicht. Das Marketing hat aber eine App entwickeln lassen, die sich an Endkunden richtet. Ein Scheuert-Auftritt bei Facebook existiert noch nicht, wird aber derzeit diskutiert.

Nach Abschluss der Analyse steht die nächste Phase an: die Ideenfindung und Konzeption einer Lösung.

Ideenfindung

START IN DIE ENTWICKLUNGSPHASE: GEMEINSAMES MEETING

Im Idealfall beginnt die Lösungsentwicklung im ersten Schritt mit einem Workshop oder Meeting mit mehreren Projektbeteiligten. Bei uns könnte das so ablaufen, dass der Projektverantwortliche, der bisher am meisten Kontakt mit dem Kunden hatte, eine kurze Zusammenfassung vorträgt. Natürlich sind ein oder zwei Trainer dabei, die für das Projekt vorgesehen sind, jemand aus der Konzeption und aus dem Bereich digitale Medien. Falls möglich, nehmen darüber hinaus Vertreter des Kunden teil.

In diesem ersten großen Meeting wird in der Regel nicht die fertige Lösung entwickelt, aber es werden alle Fakten zusammengetragen, die für das Projekt wichtig sind, und es kann bereits ein erstes Brainstorming zur Lösung stattfinden. Es hat sich als nützlich erwiesen, bei einem solchen Meeting ein festes Template zu verwenden, das gleichzeitig auch die Struktur für den Ablauf des Meetings liefert und sowohl die Rahmenbedingungen als auch die Teilschritte und Ergebnisse visuell veranschaulicht.

David Sibbet, einer der Ahnherren des Visual Facilitation, hat für seine Workshop-Formate eine ganze Reihe von Templates entwickelt. Ich habe selbst eine Ausbildung an seinem Institut in San Francisco absolviert und konnte mich vor Ort überzeugen, wie gut sich die kreative Arbeit von ihm und seinem Team durch die Vorlagen für die Visualisierung und Durchführung von Meetings multiplizieren lässt.

Wenn es im CRM-System schon einen Bericht zur Bedarfsermittlung gibt, sollten natürlich alle vor Beginn des Meetings diese Informationen wirklich gelesen und verarbeitet haben. Kleiner Tipp: Ich habe kürzlich gelesen, dass ein neuer Trend zum Thema Meetingmanagement darin besteht, dass alle Teilnehmer am Anfang des Meetings das notwendige Material zur Vorbereitung wirklich lesen – und zwar im Meeting. Nicht eben revolutionär, aber offenbar sinnvoll.

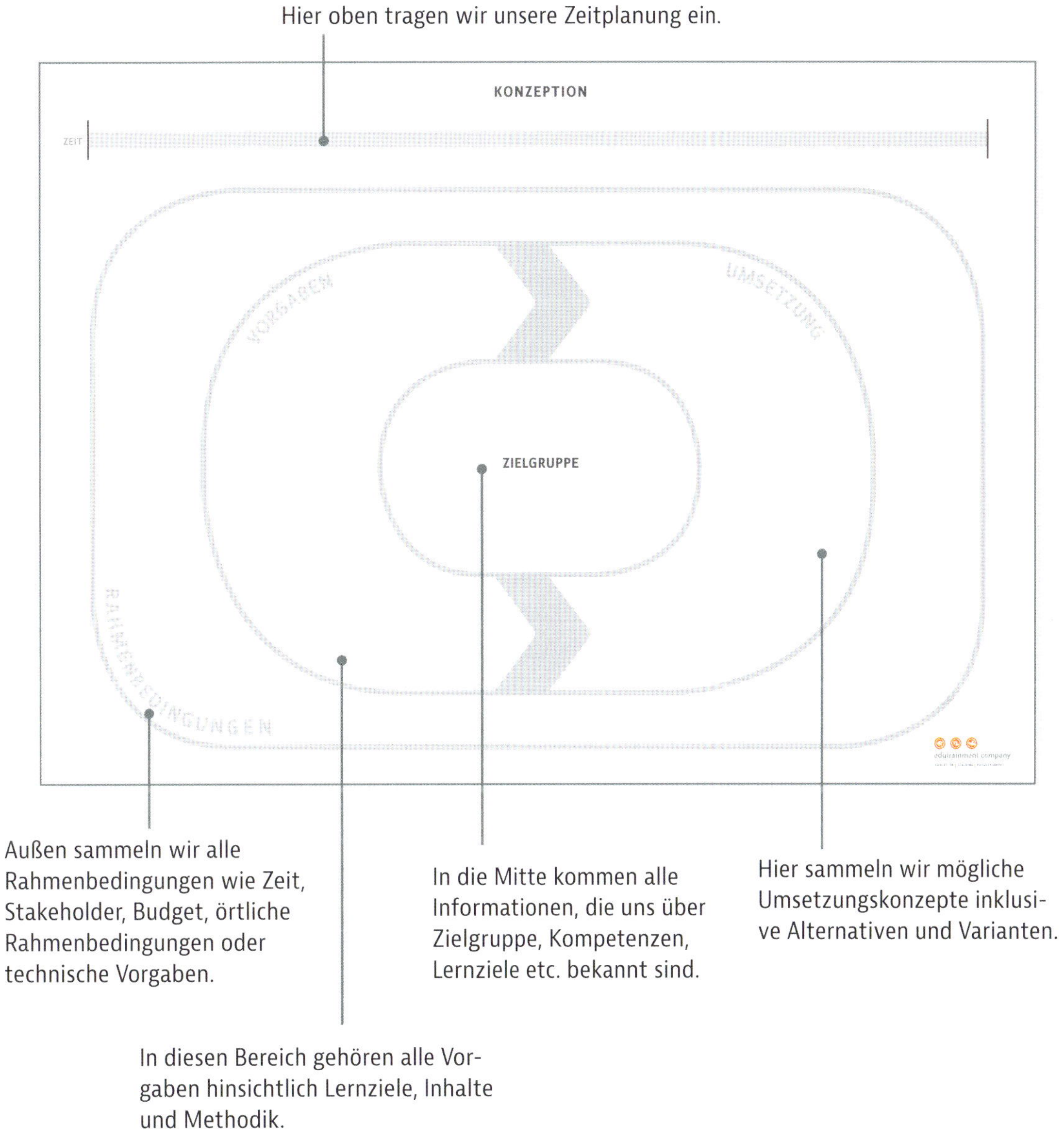

Hier oben tragen wir unsere Zeitplanung ein.

KONZEPTION

ZEIT

VORGABEN

UMSETZUNG

ZIELGRUPPE

RAHMENBEDINGUNGEN

Außen sammeln wir alle Rahmenbedingungen wie Zeit, Stakeholder, Budget, örtliche Rahmenbedingungen oder technische Vorgaben.

In die Mitte kommen alle Informationen, die uns über Zielgruppe, Kompetenzen, Lernziele etc. bekannt sind.

Hier sammeln wir mögliche Umsetzungskonzepte inklusive Alternativen und Varianten.

In diesen Bereich gehören alle Vorgaben hinsichtlich Lernziele, Inhalte und Methodik.

Das Template folgt dem didaktischen Verständnis vom Schaubild auf Seite 25.

Laden Sie das Template **KONZEPTION** unter *edutrainment.com/templates* herunter.

Und so sieht das Template nach dem ersten Meeting aus.

Beteiligt sind idealerweise:

- Projektverantwortlicher
- Trainer
- Konzeptioner
- Spezialist für digitale Medien
- Kunde

SCHEUERT KG

Juni - Juli

Positiver Effekt!

Happy Client

LMS - vorhanden

inhouse Räume?

UMSETZUNG

e learning für Produkt. Training

Rapid Content Modul

Außendienst. Tagung

äufer

Andreas

Außendienst. Tagung nutzen

Wolf

Vertrieb interviewen

Kickoff

LGRUPPE

1 Kollege trainiert Juden!!

Betriebs- zugehörigkeit 15+

neuer didaktischer Standard

TTT?

Webinare

mobile learning

P-Training Video

Folien- master?

Zertifikate ?

Zertifikat

d?

Und so geht es weiter:

weitere Brainstormings

Detailfragen mit Auftraggeber klären

Projektplan erstellen

Training designen

UND DANN EIN BRAINSTORMING, KLASSISCH ODER SEHR INDIVIDUELL

Wenn wir alle Informationen gesammelt und alle Fragen geklärt haben, kann der kreative Prozess beginnen. Üblicherweise machen wir dann ein erstes Brainstorming. Um die Ergebnisse nach den Edutrainment-Bestandteilen zu ordnen, gibt es ein zweites Template. Hier werden die Ideen bzw. die Bestandteile des Konzepts entsprechend geordnet. Die Visualisierung zeigt ganz deutlich, ob wir wirklich eine ausgewogene Mischung der drei Elemente haben. Gerade wenn die kreativen Geister ein Übergewicht haben, passiert es sonst schnell, dass man ein spannendes und unterhaltsames Konzept entwickelt, bei dem jedoch die harten Faktoren zu kurz kommen.

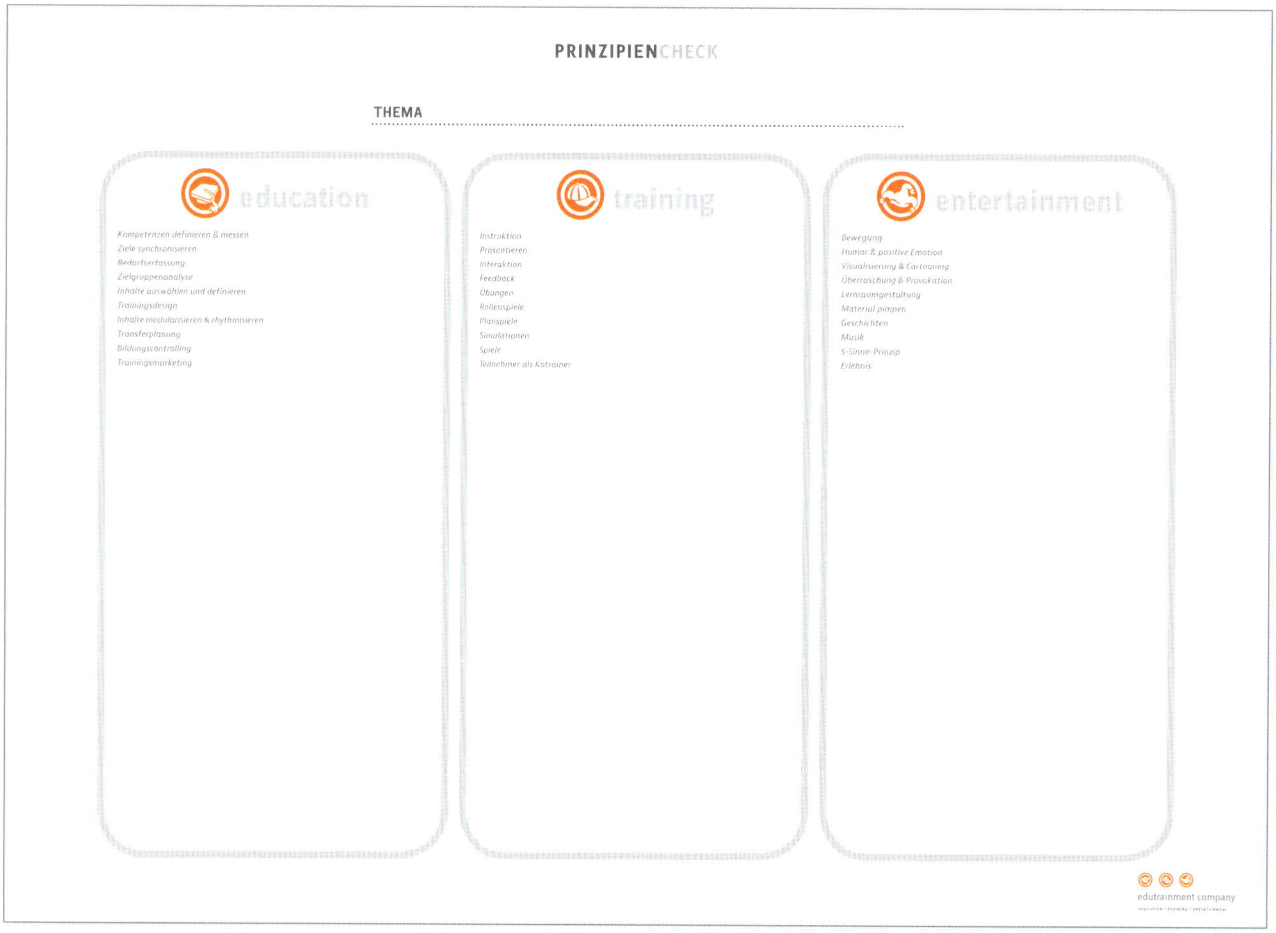

PRINZIPIENCHECK

THEMA

education

Kompetenzen definieren & messen
Ziele synchronisieren
Bedarfserfassung
Zielgruppenanalyse
Inhalte auswählen und definieren
Trainingsdesign
Inhalte modularisieren & rhythmisieren
Transferplanung
Bildungscontrolling
Trainingsmarketing

training

Instruktion
Präsentieren
Interaktion
Feedback
Übungen
Rollenspiele
Planspiele
Simulationen
Spiele
Teilnehmer als Kotrainer

entertainment

Bewegung
Humor & positive Emotion
Visualisierung & Cartooning
Überraschung & Provokation
Lernraumgestaltung
Material pimpen
Geschichten
Musik
5-Sinne-Prinzip
Erlebnis

edutrainment company

Laden Sie das Template **PRINZIPIEN**CHECK unter *edutrainment.com/templates* herunter.

IDEEN ENTWICKELN PER KREATIVITÄTSCHECKLISTE UND CROSS-INNOVATION

Um die Kreativität noch weiter zu fördern, hat es sich bei uns bewährt, zwei Dinge miteinander zu kombinieren: ein typisches Brainstorming und eine Kreativitätscheckliste, die ich aus der Idee der Osborne-Checkliste entwickelt habe. Dabei werden schon vorhandene Trainingsformate oder Teile daraus nach einer festgelegten Systematik noch einmal überprüft und getuned. Zu jedem einzelnen Punkt können Sie ein komplettes Brainstorming durchführen. So entsteht beim Scheuert-Projekt zum Beispiel die Idee, Roll-ups mit typischen Baumarktregalen für die Trainings mit dem Außendienst zu produzieren. Nicht zwingend erforderlich, aber ein echter Wow-Effekt bei den Rollenspielen.

PIMP-MY-TRAINING-BOARD

THEMA

WIE GEHT ES
VISUELLER?

WELCHES
MATERIAL
KÖNNTEN WIR NOCH EINSETZEN?

WELCHE
AUSSTATTUNG
KÖNNTEN WIR ZUSÄTZLICH
VERWENDEN?

WIE KÖNNTEN WIR
UNSER MATERIAL
HOCHWERTIGER
GESTALTEN?

WELCHE
PERSONEN
KÖNNTEN WIR NOCH EINSETZEN?

WIE GEHT ES
INDIVIDUELLER?

WELCHE SINNE
KÖNNTEN WIR NOCH ANSPRECHEN?
UND WIE?

SEHEN

SCHMECKEN

WIE GEHT ES
TECHNISCHER?

HÖREN

RIECHEN

WIE GEHT ES
VERSPIELTER?

FÜHLEN

edutrainment company

TEMPLATE Laden Sie das Template **PIMP-MY-TRAINING-BOARD** unter *edutrainment.com/templates* herunter.

Eine weitere Methodik, die uns auf neue Ideen bringt, heißt Cross-Innovation. Dafür findet ein Meeting statt, an dem Vertreter mehrerer Disziplinen teilnehmen. Es handelt sich um ein strukturiertes Brainstorming, in dem Ideen und Beispiele aus anderen Branchen übertragen werden auf das Thema Training. Zum Beispiel greifen wir aktuelle TV-Formate auf, die am Markt interessant sind, hohe Einschaltquoten haben und zur Zielgruppe der Trainings passen. Dabei fragen wir uns, inwiefern sich aus diesen TV-Formaten Ideen für die Trainings bei Scheuert ableiten lassen.

Aus den Inspirationen durch eine TV-Show, ein Computerspiel oder einen Spielfilm entsteht so das Grundgerüst für ein interaktives Lernformat, das alles andere als gewöhnlich ist. In Kapitel 6 stelle ich Ihnen übrigens einige Trainingsformate vor, die wir unter anderem mithilfe der Cross-Innovation-Methode entwickelt haben. Sie werden sehen, dass äußerst unterhaltsame und zugleich lernfördernde Formate entstehen, wenn man den Blick etwas weitet und kreative Wege bei der Ideenfindung geht.

Auf den folgenden Seiten erhalten Sie einen Überblick über weitere bekannte Kreativitätstechniken, die wir in der edutrainment company einsetzen. Natürlich kann man diese Techniken überall anwenden, wo in relativ kurzer Zeit gute neue Ideen und Lösungen entstehen sollen.

KREATIVITÄTSTECHNIKEN: ZEHN WEGE ZU RICHTIG GUTEN IDEEN

Hier kommt meine Best-of-Liste für die Entwicklung kreativer Ideen. Manches davon können Sie sogar alleine durchführen. Apropos: Wolf Samland, einer meiner kreativsten Kollegen, hat seine besten Einfälle bei Kaffee und Zigarette in unserem Treppenhaus. Allerdings nicht ganz alleine. Er braucht immer einen Kollegen neben sich, während er laut denkt und dabei Ideen formuliert – ein Verfahren, das nicht unbedingt zu kopieren ist.

10

KOPFSTANDFRAGE

Auch bekannt als „Umkehrmethode": Wir stellen ein zuvor definiertes Problem einfach auf den Kopf, nach dem Motto: „Wie machen wir es noch schlimmer?" Der Perspektivwechsel bringt uns der Lösung ein ganzes Stück näher. Denn alle negativen Formulierungen werden in einem Brainstorming in positive umgewandelt. Aus der Kopfstandantwort „Noch mehr jammern und anklagen!" wird zum Beispiel die neue Kommunikationsregel „Immer sachlich bleiben!".

02
OPEN INNOVATION

Ein mutiger Ansatz, mit dem wir die kollektive Intelligenz anzapfen: Unternehmen öffnen sich für Ideen von außen und erhalten frische Anregungen. Sie involvieren Endkunden, externe Entwickler und Experten in die Entwicklung neuer Lösungen. Hierfür eignen sich Communitys und offene Foren im Web. Oder das Entwicklungsproblem wird auf der eigenen Website veröffentlicht und die beste Lösung mit einem Honorar entlohnt.

03
DISNEY-METHODE

Erst träumen, dann kritisieren – so wie einst bei Walt Disney. Um ein Problem zu lösen, spielen wir in einer Gruppe drei Rollen durch: Träumer, Realisten und Kritiker. Zuerst lassen wir Ideen sprudeln, dann planen wir die Umsetzung, zuletzt sezieren wir alle Ideen und Pläne im Hinblick auf Chancen und Risiken. Diese Methode kombiniert die Ideenfindung also mit einer Machbarkeitsprüfung.

04
REIZWORTANALYSE

Verrückt! Wir beschäftigen uns systematisch mit problemfremden Begriffen, um Lösungen für das eigentliche Problem zu finden. Unsere Assoziationen zum zufällig gewählten Reizwort „Rollschuh" (schnelles, wendiges Fahren; riskant, aber macht Spaß; erfordert Übung) übertragen wir so auf die Aufgabenstellung „Wodurch sollte sich die neue Seminarreihe auszeichnen?" (schnell an Bedürfnisse anpassbar; neue Form ist riskant, erfordert sehr geübten Trainer, macht Teilnehmern aber Spaß).

6-3-5-METHODE

Sechs Personen reichen drei Ideen fünfmal weiter. In besonders verfahrenen Lagen hilft dies, den Knoten im Kopf zu lösen. Jeder Teilnehmer schreibt seine Lösungsvorschläge auf einen Zettel und gibt ihn nach fünf Minuten an den Nachbarn. Unter Zeitdruck entstehen so viele neue Ideen. Nach dreißig Minuten werten wir die Ergebnisse aus. Diese Methode funktioniert mit bis zu zwölf Teilnehmern sehr gut, sofern die Stoppuhr keine Denkblockaden auslöst.

05

06
MINDSTORMING

Zwanzig Ideen produzieren und in drei Tagen jede Menge umsetzen. Dafür schreiben wir die Fragestellung klar formuliert auf ein Blatt Papier und notieren alles, was uns in den Sinn kommt. Dann sortieren wir die Antworten. Die sofort umsetzbaren gehen wir innerhalb von 72 Stunden an. Für die anderen machen wir einen Zeitplan. Diese Technik motiviert zum sofortigen Umsetzen, im Gegensatz zu den anderen ist sie keine Gruppentechnik.

07 MORPHOLOGISCHE MATRIX

Durch Kombination zur Innovation. Um neue Möglichkeiten zu entdecken, zum Beispiel in der Produktentwicklung, tragen wir Merkmale und Ausprägungen in eine einfache Tabelle ein. Alle Lösungsvarianten können wir nun überblicken und die besten auswählen. Fachwissen ist natürlich nötig, wenn man die entscheidenden Faktoren bestimmen will. Weitere Techniken wie Brainstorming helfen beim Finden dieser „Stellschrauben".

08 MINDMAPPING

Einer der praktischsten Wege, Einfälle zu visualisieren und zu strukturieren. In der Mitte des Blattes steht das Thema. Von diesem Zentrum aus verlaufen Linien mit Schlüsselwörtern, von denen wiederum Nebenlinien mit Unterpunkten abzweigen. Dieses Gedankennetz ordnet unsere Ideen in einem Brainstorming, wir können es alleine oder im Team anlegen und erweitern. Komplexe Zusammenhänge lassen sich einfach und anschaulich darstellen.

09 SECHS DENKHÜTE

Perspektivwechsel mit System. Jeder Hut steht für eine Rolle und Sichtweise. Der weiße für den Analytiker, der rote für den Bauchentscheider, der schwarze für den Kritiker usw. Wir können uns die Hüte nacheinander aufsetzen oder die Rollen in der Gruppe verteilen. Jedes Problem lässt sich nun aus mehreren Blickwinkeln betrachten, abseits der üblichen Pfade stoßen wir auf neue Ideen. Konflikte werden vermieden, weil jeder die Rolle spielt, die sein Hut vorgibt.

10 COLLECTIVE-NOTEBOOK-METHODE

Ideen kollektiv über einen längeren Zeitraum sammeln. Mehrere Tage oder sogar Wochen lang notieren die Teilnehmer ihre Einfälle zu einem komplexen Problem in einem persönlichen Notizbuch. Oder es gibt nur ein Buch, in das alle schreiben. Alternativ sind Onlinelösungen möglich, auf die jeder mobil zugreifen kann. Am Ende des Zeitraums wird ausgewertet. Jeder stellt seine besten Ideen vor, die Gruppe entwickelt daraus ein Lösungskonzept.

Lösungs-
entwicklung

UNSER KONZEPT FÜR DIE SCHEUERT KG NIMMT GESTALT AN

Wir haben den wirklichen Bedarf analysiert, unsere Schlüsse gezogen, auf Basis dieser Erkenntnisse Ideen entwickelt – nun geht es an die Entwicklung einer wirksamen Lösung. Im Zuge der umfangreichen Bestandsaufnahme beim Kunden haben wir nicht nur mit der Personalentwicklung gesprochen, sondern auch mit dem Marketing und anderen wichtigen Stakeholdern. Bereits geplante und aus anderen Budgets gespeiste Maßnahmen werden in das Gesamtkonzept integriert.

Ein erfahrener Konzeptioner macht sich an die Arbeit. Er entwirft das Grundgerüst, legt die einzelnen Trainingsstufen fest, verwandelt die in den Brainstormings entwickelten Ideen in realistische Formate und Module. Die Ergebnisse seiner Überlegungen werden von uns in Teammeetings diskutiert und verfeinert. Schritt für Schritt entsteht so das Gesamtkonzept. Dies ist ein sehr komplexer, kreativer Prozess, der vom regen Austausch aller Beteiligten lebt. Sind Sie schon gespannt, was dabei herausgekommen ist? Dann lassen Sie sich überraschen.

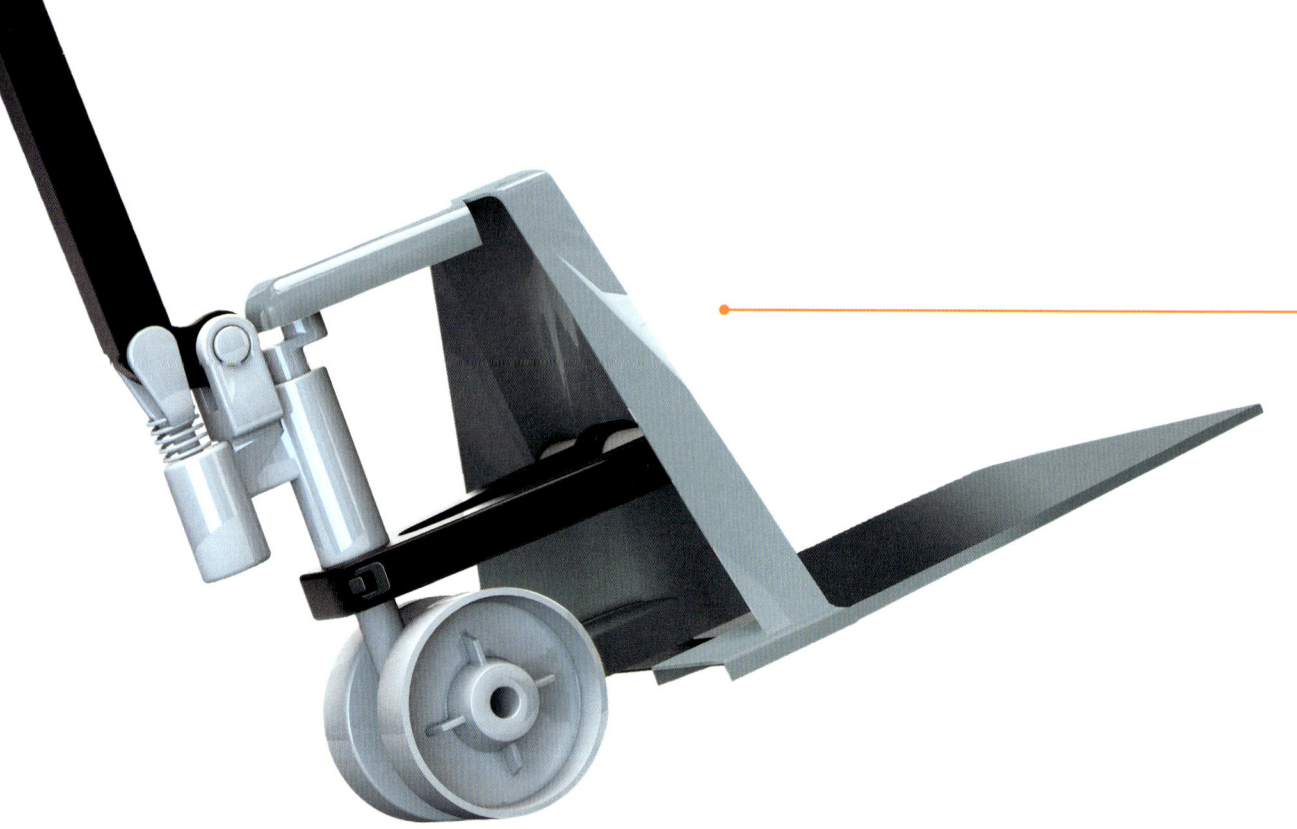

UNSER LÖSUNGSKONZEPT BESTEHT AUS MEHREREN SÄULEN:

KLASSISCHES DREITÄGIGES TRAIN-THE-TRAINER-FORMAT FÜR PRODUKTMANAGER

In einem ersten zweitägigen Baustein werden Basisinhalte zum Thema „Train the Trainer" vermittelt sowie der neue didaktische Standard. Danach entwickeln die Produktmanager neue Trainingsdokumente und Abläufe für ihre Trainings. Nach einer Feedbackrunde per Webinar mit dem Trainer findet ein dritter Trainingstag statt, bei dem die Produktmanager Feedback zu ihren neuen Trainingsformaten und ihrem Präsentationsstil erhalten. Weitere Bausteine zum Umgang mit schwierigen Situationen und Einwänden von Teilnehmern können im nächsten Geschäftsjahr folgen.

GROSSGRUPPENTRAINING FÜR DEN AUSSENDIENST

Eine zweite Zielgruppe bilden die Außendienstmitarbeiter, die den Handel betreuen. Inhaltlich vermitteln wir Grundlagen im Bereich Lernen, Didaktik, Training und Präsentation. Allerdings haben wir hier aus Budgetgründen weniger Zeit zur Verfügung. Wir nutzen die regionalen Außendiensttagungen, um Ziele und Maßnahmen des Programms zu vermitteln und weitere Einschätzungen der Außendienstler zur aktuellen Situation einzuholen. Auf diese Weise erhöhen wir die Akzeptanz der weiteren Maßnahmen beim Außendienst.

REALITÄTSNAHE VERKAUFSTRAININGS FÜR DEN AUSSENDIENST

In einem zweiten Training nach den neuen Produkttrainings wird die Produktpräsentation im Handel trainiert. Der Außendienst hat selbstverständlich in den letzten Jahren zahlreiche Trainings zu Verkaufstechniken erhalten. Wenn wir nun noch ein vergleichbares Training draufsatteln würden, wäre die Akzeptanz sicherlich nicht sehr hoch. Wir führen daher eine Trainingsform ein, die es bei Scheuert bisher noch nicht gegeben hat: die Arbeit mit Seminarschauspielern. Dabei kommt auch ein Schauspieler zum Einsatz, der auf typische Verhaltensweisen und Einwände der Mitarbeiter im Handel gebrieft ist. Das macht das Training deutlich realitätsnaher als Rollenspiele, bei denen ein Kollege den Kunden mimt. Der Außendienst fühlt sich durch diese Professionalisierung des Trainings aufgewertet. Das Training erreicht eine deutlich höhere Akzeptanz bei genau der Zielgruppe, die letztlich über den Erfolg der Scheuert-Produkte am Point of Sale entscheidet.

ONLINETRAININGS FÜR DEN AUSSENDIENST

Aus den Präsentationsdokumenten zu den einzelnen Produkten erstellen wir Online-Trainingsmodule zur Vertiefung. Da die Dokumente alle nach einem einheitlichen didaktischen Standard erstellt werden, ist der Aufwand dafür gering. Die Lerneinheiten sind kurz und knapp und enthalten ein einfaches Testing zu den Argumentationsketten der jeweiligen Produkte. Über das Reporting auf der Lernplattform können die Gebietsleiter überprüfen, ob ihre Mitarbeiter das Training absolviert haben.

EINBEZIEHUNG DER AKTUELLEN MARKETINGKAMPAGNEN

Im laufenden Geschäftsjahr steht der sogenannte Multilevel-Lifter im Fokus. Das Marketing hat dazu eine Reihe von Maßnahmen entwickelt, bei denen auch die Social Media eine bedeutende Rolle spielen sollen. Wir schaffen nun eine Schnittstelle zu den Trainingsmaßnahmen. Aus der geplanten Präsentation des Programms auf den Außendiensttagungen machen wir einen innovativen Programmpunkt nach Vorbild einer TV-Show. Durch die Zusammenarbeit mit Marketing, Personalentwicklung und der Agentur, die für die App-Produktion zuständig ist, gelingt ohne großen Mehraufwand eine deutlich bessere Verzahnung der Maßnahmen. Aus dem Quiz auf der Außendiensttagung entsteht die Idee, auch die App und die Social-Media-Kampagne mit einem Quiz anzureichern. In Kombination mit weiteren Maßnahmen aus dem Marketing finden Incentive-Veranstaltungen mit dem Handel statt, die direkt mit der jeweils aktuellen Kampagne korrespondieren. Der Außendienst ist deutlich stärker involviert als in der Vergangenheit, und die Akzeptanz der Kampagne bei den Mitarbeitern im Vertrieb ist wesentlich höher als früher.

PRAKTISCHES BEISPIEL: PRODUKTTRAINING FÜR DEN MULTILEVEL-LIFTER

Das neue Fokusprodukt bei Scheuert ist der Multilevel-Lifter, eine Mischung aus Hubwagen, Sackkarre und Wagenheber, der es dem Kunden ermöglichen soll, auch innerhalb der Wohnung schwere Gegenstände oder Möbel ohne Aufwand alleine zu transportieren. Von diesem Produkt hat sich Scheuert viel versprochen. Die Abverkaufszahlen sind aber bislang sehr enttäuschend. Da das Produkt strategisch wichtig ist und dementsprechend viel Aufmerksamkeit bekommen hat, verursachen die schlechten Zahlen natürlich auch besonders großen Wirbel. Viele wichtige Führungskräfte, sogar aus der Geschäftsführung, sind an dem Projekt beteiligt. Die Präsentations- und Trainingsmaterialien sind entsprechend aufwendig, sie potenzieren aber das eigentliche Problem. Sowohl dem Außendienst als auch den Verkäufern im Handel werden so viele Informationen zu den Scheuert-Produkten vermittelt, dass sie nicht in der Lage sind, zwei oder drei zentrale Argumente im Gespräch mit dem Endkunden darzustellen. Und genau hier sollte die zu entwickelnde Lösung ansetzen.

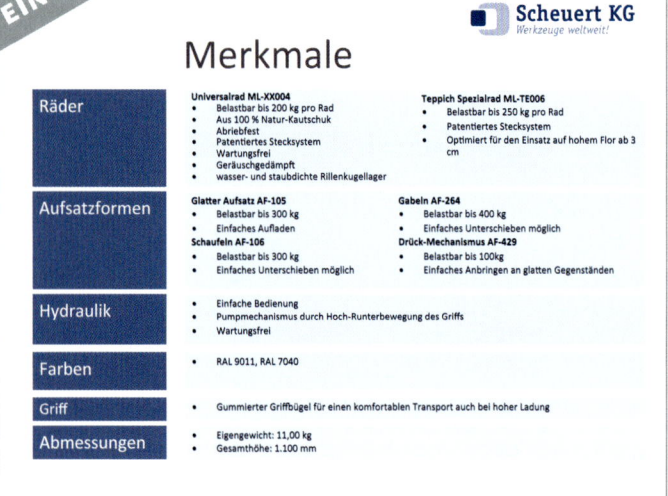

So sehen die Präsentationsfolien für den Multilevel-Lifter bislang aus: optisch wie Kraut und Rüben, überladen mit zu vielen technischen Fakten. Das kriegt der aufmerksamste Außendienstler nicht in seinen Kopf. Bitte nicht nachmachen, es sei denn, Sie streben die gezielte Desinformation Ihrer Kollegen an.

SO OPTIMIEREN WIR DIE PRODUKTTRAININGS

Statt so viele Produktinformationen wie möglich zusammenzustellen, wird nach der Formel „Merkmal, Vorteil, persönlicher Nutzen" gearbeitet. Für jedes Scheuert-Produkt entwickeln wir drei zentrale MVP-Ketten, die in den Trainingsfolien, im Material für den Handel sowie in den Kundenmaterialien kommuniziert werden. Wenige Informationen, die klar und einfach dargestellt werden, sorgen für eine bessere Verankerung. Gleichzeitig kann durch Mystery Shopping, Befragung und Beobachtung des Außendienstes im Handel ermittelt werden, ob die Lernziele erreicht wurden. Für das Material wird ein neuer didaktischer Standard eingeführt. Das heißt, wir legen unter anderem fest, wie Produktinformationen künftig mit PowerPoint didaktisch sinnvoll dargestellt werden. Im Mittelpunkt steht hier weder Corporate Design noch Schriftgröße oder Farbigkeit, sondern die didaktische Sinnhaftigkeit. Informationen präsentieren und vermitteln wir so, dass sie gehirngerecht sind und die Lernziele wirklich erreicht werden können.

Diese Präsentationen sind nicht nur für Präsenzveranstaltungen geeignet, sie können auch auf einfache Weise in E-Learning-Module übersetzt werden. Diese werden dann über eine Lernplattform oder als eine mobile App dem Außendienst und den Handelskunden zum Selbstlernen zur Verfügung gestellt.

Unser Beispiel zeigt, dass bei einer solchen Aufgabenstellung zahlreiche Schnittstellen zu anderen Unternehmensbereichen vorhanden sind. Plötzlich ist das Produktmanagement

So präsentieren wir den Multilevel-Lifter jetzt: visuell klar strukturiert, mit wenigen, prägnanten Infos nach dem Schema Merkmal–Vorteil–Nutzen.

involviert und gefordert, oder der geplante Messeauftritt ist betroffen. An all das will gedacht sein, eine Menge Analyse- und Überzeugungsarbeit ist zu leisten, damit wir am Ende eine überzeugende Gesamtlösung finden. Ein umfassendes Konzept wird natürlich deutlich mehr Zeit in Anspruch nehmen als die Organisation von zwei bis drei Präsentationstrainings. Dafür stellt es aber keine übereilte, unbefriedigende Lösung bereit, sondern setzt beim eigentlichen Problem an. Es lohnt sich also in jedem Fall, vor allem für unsere direkten Auftraggeber.

Die Personalentwicklung kann mit einem solchen Konzept glänzen. Endlich wird sie als das empfunden, was sie sein möchte: eine interne Beratungs- und Serviceabteilung, die wichtige Beiträge zur Erreichung der Unternehmensziele leistet. Sie überzeugt als Dienstleister für die Fachbereiche, dank erwiesener Kompetenz in der Frage: Wie können Menschen in immer kürzerer Zeit neue Informationen nicht nur lernen, sondern auch umsetzen?

Mit den neuen Formaten für die Entwicklung und Aufbereitung von Inhalten wird ein wesentlicher Baustein zum Wissensmanagement eingeführt. Die Experten im Unternehmen bereiten das Produktwissen so auf, dass es für alle anderen Mitarbeiter in kurzen Online-Selbstlern-Einheiten weltweit rund um die Uhr zur Verfügung steht. Diese Verzahnung von Wissensmanagement und Personalentwicklung ist ebenfalls eine wichtige Forderung an die Personalentwicklung der Zukunft (vgl. Schermuly u. a. 2012).

FLORIAN MÜLLER
MARKETINGMANAGER

IM SEMINARRAUM „GRÜNER HIRSCH" STEHT DIE LUFT. FLORIAN MÜLLER KANN SICH EIN GÄHNEN GERADE NOCH VERKNEIFEN …

Wieder ein Blick auf die Uhr. 12.15 Uhr und 23 Sekunden. Der Zeiger kriecht. Dr. Rippenbalder klickt gerade die Charts zu einem weiteren Phasenmodell für das Projektmanagement durch. Florian hat es befürchtet. Dieses Seminar ist so staubtrocken wie die Wüste Gobi. Dabei wollte sein Chef ihm etwas Gutes tun. „Offenes Projektmanagement-Training" klang auch nicht schlecht. Noch dazu mit einem anerkannten Experten wie Dr. Rippenbalder, der bereits mehrere Bücher zum Thema verfasst hat. Buchen konnte Florian das Training über eine Onlineplattform, mit der sein Arbeitgeber erst kürzlich eine Rahmenvereinbarung abgeschlossen hat. „Topqualität zu Topkonditionen" stand da groß unter dem Logo. Die Beschreibung des Trainings klang noch ganz spannend. Bei der Liste mit den Inhalten wurde ihm aber schnell klar, dass es sehr fachlich zugehen würde.

Und jetzt sitzt er hier mit vierzehn anderen Menschen in einem Seminarraum. Die Auslegeware giftgrün, vor den Fenstern vergilbte Lamellen, wie er sie von seinem Hausarzt kennt. In den drei Stunden seit Seminarbeginn hat Dr. Rippenbalder gefühlte fünfzehnmal auf sein neuestes Buch hingewiesen. Ein Stapel davon liegt gleich neben der Eingangstür. Man könne das Buch nachher gerne bei ihm erwerben, die Signatur gebe es kostenlos. Über diesen Spruch lacht inzwischen nur noch Dr. Rippenbalder.

Vor dem Seminarraum ist ein Tisch aufgebaut mit zwei Roll-ups der Agentur, die das Training veranstaltet. Als Florian ankam, überprüfte eine freundliche Dame seine Anmeldung und gab ihm einen dicken Ordner mit Unterlagen. Im Raum erwarteten ihn Tische in U-Form und der obligatorische Referententisch mit Notebook. Zu Beginn des Trainings stellte sich Dr. Rippenbalder sehr ausführlich vor. Danach durften alle Teilnehmer kurz etwas zu sich selbst sagen. Florian hasst solche Vorstellungsrunden seit seiner Schulzeit. Überhaupt fühlt er sich mächtig an den Schulunterricht erinnert. Einer redet, der Rest hört zu.

Und Hausaufgaben gibt es auch, denn die meisten Inhalte wird er später nacharbeiten müssen. Dr. Rippenbalder erklärt zwar sehr fachkundig seine Charts, viel hängen bleibt bei Florian aber nicht. Sind die anderen Teilnehmer, die so eifrig mitschreiben, cleverer als er? Ein wenig plagt ihn sogar das schlechte Gewissen. Hat sein Arbeitgeber das investierte Trainingsbudget in den Sand gesetzt, weil er, Florian Müller, schon immer ein verdammt mieser Schüler war? Oder liegt es eher an Dr. Rippenbalders PowerPoint-Orgie? Florian blättert durch die Trainingsunterlagen. Nur nicht gähnen. Noch acht Minuten und fünfzehn Sekunden bis zur Mittagspause. Die wird er auch noch überleben.

SO GEHT'S WEITER

Florian Müller quält sich durch ein ganz klassisches Training, wie es leider noch allzu häufig stattfindet. Natürlich ist es auch bei Edutrainment das Ziel, fachliches Know-how zu vermitteln, jedoch unterscheiden sich unsere Trainings erheblich vom beschriebenen Frontalunterricht – und das konsequent in allen Phasen, von der Einladung bis zur Nachbereitung. Wie ein Training bei uns abläuft, erfahren Sie im folgenden Kapitel.

4/

RAUS·AUS·DER DENKZONE, REIN·IN·DIE UMSETZUNG

IN DIESEM KAPITEL ERFAHREN SIE,

— wie man den Lernkiller PowerPoint bändigt und ins richtige Format bringt,

— welche Rollen im Training man besser Schauspielprofis überlässt und

— warum in Ihnen vielleicht kein Picasso, aber ganz sicher ein Zeichentalent steckt.

Merken Sie was? Nach und nach wird unser Thema Edutrainment immer konkreter. Am Anfang habe ich Ihnen noch große Theorien und Gedanken serviert, dann folgte ein schon recht praxisbezogener Zwischengang über die Konzeption, und jetzt heißt es: Butter bei die Fische! Der kann mir viel erzählen, werden Sie vielleicht ab und zu gedacht haben. Ob ein Edutrainment-Training sich wirklich so stark vom Normalo-Training unterscheidet? Urteilen Sie selbst. Durch welche Besonderheiten sich unsere Trainings abheben, was sie also so anders macht, zeige ich Ihnen in diesem Kapitel. Und zwar anhand des Beispiels der Scheuert KG. Außerdem werden Sie auf den folgenden Seiten mehrere Infokästen finden, in denen ich ganz allgemein die fünf Phasen beschreibe, aus denen jedes Training besteht: Vorbereitung, Eröffnung, Hauptteil mit Trainingsmodulen, Ausstieg sowie Nachbereitung samt Transferunterstützung. Jede Phase enthält natürlich Edutrainment-spezifische Elemente.

EDUTRAINMENT LIVE: DAS TRAININGS-PROGRAMM FÜR DIE SCHEUERT KG

Wie wird das bereits skizzierte Konzept für die Scheuert KG umgesetzt? Schauen wir uns das in der Grafik genauer an.

HÄNDLER

Der Mitarbeiter im Handel, speziell im Baumarkt, ist nun gefragt. Er muss ein gutes Verkaufsgespräch führen, an dessen Ende der Kunde sich für das Produkt von Scheuert entscheidet. Deshalb sollte er gezielte Fragen stellen und aus den Antworten ableiten können, welche Art von Kunden er vor sich hat und welche Lösung für diesen die beste ist. Wenn ein Scheuert-Produkt infrage kommt, sollte er kurz und knapp den persönlichen Nutzen für den Kunden darstellen.
Dafür kann er das verkaufsrhetorische Instrument der sogenannten MVP-Ketten nutzen. M steht für Merkmal, V für Vorteil und P für den persönlichen, also individuellen Nutzen. Wir werden später darauf zurückkommen.

ENDKUNDE

Der Endkunde im Handel soll sich für Scheuert-Produkte entscheiden. Dafür muss er vom Nutzen des Produkts überzeugt sein und eine klare Abgrenzung zu vergleichbaren Produkten sehen. Sie kennen das als USP, Unique Selling Proposition.

Die Endkunden können sich per App über die Produkte von Scheuert informieren, auch die Vernetzung mit dem Unternehmen ist möglich. Die Erfahrungen aus dem Partnerprogramm mit dem Handel können eventuell später auf die Kunden übertragen werden. Zunächst dient die App dazu, direkt mit dem Kunden zu kommunizieren, Informationen über seine Interessen, sein Nutzerverhalten zu bekommen und Feedback einzuholen. Bei Erfolg kann aus der App eine aktive Verkaufsunterstützung werden, ein Mittel der Kundenbindung und -entwicklung.

VERTRIEB

Ihm diese Systematik zu vermitteln, ist Aufgabe des Außendienstes. Der Scheuert-Außendienst muss also selbst die neue Art der Nutzenargumentation bei Scheuert beherrschen, einsetzen und dafür werben. Er sollte den Verkäufer für sich, die Scheuert-Produkte und die Methodik gewinnen und ihn so zu einem begeisterten Wiederverkäufer der Scheuert-Produkte machen. Das ist natürlich nicht neu und wurde bereits vielfach trainiert. Aber eben immer wieder auf andere Weise mit neuen Methoden von unterschiedlichen Trainern.

PRODUKTMANAGER

Damit der Außendienst seine Aufgabe erfüllen kann, muss er vom Produktmanagement mit dem nötigen Produktwissen versorgt werden. Auch die Produktmanager müssen also die neue Systematik beherrschen und einsetzen, für sie werben und sie trainieren können. Sie werden nach der neuen Systematik neue Produktschulungsunterlagen erstellen, neue Trainingsabläufe ausarbeiten und die Trainings so durchführen, dass der Außendienst wirklich begeistert von den Produkten und der neuen Argumentationsart ist. Wenn der Außendienst am Ende der Lernkette in wenigen Minuten die wichtigsten USPs des Multilevel-Lifters unter schwierigsten Bedingungen an den Mitarbeiter der Baumarktkette vermitteln soll, muss die gesamte Produktinformation darauf ausgerichtet werden.

Die Produktmanager erhalten eine Train-the-Trainer-Ausbildung in mehreren Stufen. Diese Zielgruppe umfasst rund zwanzig Personen.

Die Händler werden auf neue Art und Weise vom Außendienst informiert und auch kurz geschult. Ziel ist es, sie zu begeisterten Wiederverkäufern zu machen. Dazu gibt es wie üblich Verkaufsgespräche und zwei Arten von Schulungsmaßnahmen: kurze Schulungen von maximal zwei Stunden durch den Außendienst und umfangreichere Produkttrainings mit einer Dauer von vier bis acht Stunden, die vom Produktmanagement durchgeführt werden. Und zwar von den Produktmanagern, die am erfolgreichsten bei der Train-the-Trainer-Ausbildung abgeschnitten haben und sich zum Produkttrainer entwickeln wollen. Für Händler und Endkunden wird außerdem eine App angeboten. Mithilfe der App kann der Händler sein eigenes Wissen in einem Quiz testen und wird mit Punkten in einem Partnersystem belohnt.

Der Außendienst wird informiert und trainiert: auf einer Außendiensttagung im Großgruppenformat, in Verkaufstrainings, in denen Seminarschauspieler zum Einsatz kommen, und über eine Lernplattform, auf der Trainingsunterlagen zu jedem Produkt verfügbar sind. Insgesamt müssen rund sechzig Außendienstler erreicht werden.

SO LÄUFT DAS TRAININGSPROGRAMM AB

Wir starten mit einer Kick-off-Info an alle Beteiligten. Dazu wird ein PowerPoint-Dokument für die Meetings der Führungskräfte mit ihren Mitarbeitern vorbereitet, außerdem eine Info, die als E-Mail versandt werden kann. Im Idealfall findet danach eine Telefonkonferenz oder ein Webinar statt, um Fragen der Führungskräfte an Personalentwicklung und Trainerteam zu klären.

Das eigentliche Programm startet mit der ersten Stufe von **Train the Trainer** für die Produktmanager. Im Anschluss findet die **Außendiensttagung** statt, während parallel die Produktmanager nach dem neuen didaktischen Standard die Produktunterlagen umarbeiten bzw. neu erstellen.

Die Außendienstler sind nun darüber informiert, was sie erwartet. Sie konnten ihre Fragen stellen und Ideen einbringen, und sie wissen jetzt, warum die Produkttrainings geändert werden. Letztlich haben sie das Aussehen der neuen Formate ja selbst angeregt. Sie wurden neugierig gemacht auf die neuen Produkttrainings und das Salestraining – Letzteres bietet als besonderes Schmankerl die Arbeit mit den Seminarschauspielern. Außerdem wurde ihnen bereits eine Lernplattform angekündigt. Zuvor hatten wir Meinungen eingeholt, zum Beispiel ob der Außendienst glaubt, dass Hörbücher oder eine App zum Selberlernen sinnvoll wären.

Nachdem die Projektmanager die Unterlagen neu erstellt haben, findet ein **Train-the-Trainer-Webinar** statt. Der Trainer gibt Feedback zu den neu gestalteten PowerPoint-Dokumenten.

Kick-off- Info an Stakeholder

TRAIN THE TRAINER STUFE 1
Produktmanager
2 x 10 Teilnehmer

AUSSENDIENST-TAGUNG
Vertrieb
3 x 20 Teilnehmer

TRAIN THE TRAINER WEBINAR UNTERLAGEN-CHECK
Produktmanager
1 x 20 Teilnehmer

Produktmanager erstellen neue Unterlagen

Produktion der E-Learning-Module

Darauf folgt ein Präsenztraining, die zweite Stufe im **Train-the-Trainer-Programm,** mit ausgiebigen Möglichkeiten, eigene Trainingsmodule praktisch zu präsentieren und Feedback durch Trainer und Kollegen zu erhalten.

Nun startet die Selbstlern- und Transferphase für den Außendienst. Die neuen **Produkttrainings** finden statt und die Lernplattform wird gelaunt. Der Außendienst erhält ein Präsenztraining: ein **zweitägiges Vertriebstraining** für Gespräche und Präsentationen im Handel, mit Unterstützung eines Seminarschauspielers.

Inzwischen sind auch die Händler über die neue Produktinformationsinitiative von Scheuert informiert worden. Die **App** für Händler und Endkunden steht zum Download bereit. Der Außendienst beginnt nun, Gespräche im Handel zu führen, die sich am neuen Format orientieren, und dabei das neue Material einzusetzen. Jeder Außendienstmitarbeiter hat mit seiner Führungskraft konkrete Ziele für das folgende Quartal vereinbart. So kann genau überprüft werden, wie viele Gespräche direkt nach dem Training im neuen Format geführt wurden und welche Ergebnisse erzielt werden konnten.

Führungskräfte und wichtige Stakeholder werden auch während des Programms speziell informiert und einbezogen. Vor und nach jedem Baustein gibt es eine Information über die aktuelle Maßnahme, Erinnerungen an zu führende Transfergespräche und sogenannte Executive Summaries mit Ergebnissen der jeweiligen Maßnahmen.

TRAIN THE TRAINER STUFE 2, PRAXISTAG MIT FEEDBACK 2
Produktmanager
1 x 10 Teilnehmer

PRODUKT-TRAINING
Für Vertrieb durch Produktmanager

LAUNCH DER LERN-PLATTFORM
mit E-Learning

SALESTRAINING
Vertrieb

Kick-off Händler + Kundeninfo mit App

ZWEI WICHTIGE PUNKTE: BILDUNGSCONTROLLING UND PROJEKTMARKETING

Natürlich denken wir auch an die Erfolgsmessung. Wie also wird das Bildungscontrolling erfolgen?

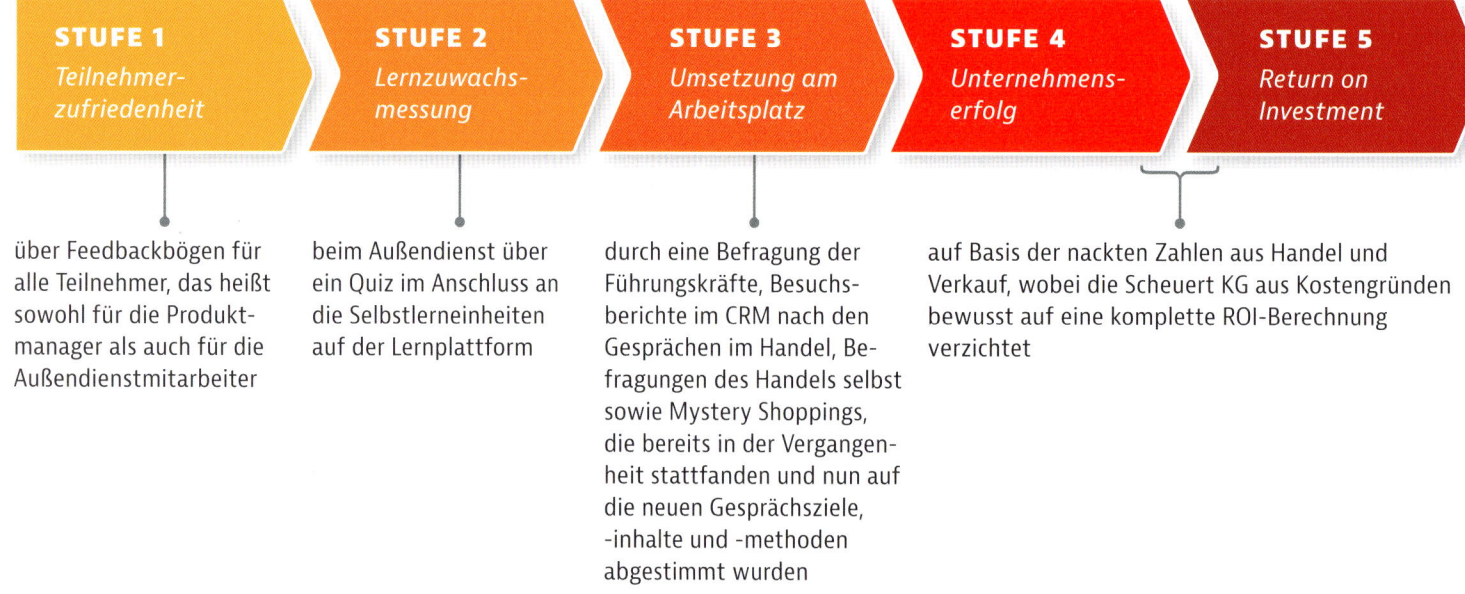

STUFE 1
*Teilnehmer-
zufriedenheit*

STUFE 2
*Lernzuwachs-
messung*

STUFE 3
*Umsetzung am
Arbeitsplatz*

STUFE 4
*Unternehmens-
erfolg*

STUFE 5
*Return on
Investment*

über Feedbackbögen für alle Teilnehmer, das heißt sowohl für die Produktmanager als auch für die Außendienstmitarbeiter

beim Außendienst über ein Quiz im Anschluss an die Selbstlerneinheiten auf der Lernplattform

durch eine Befragung der Führungskräfte, Besuchsberichte im CRM nach den Gesprächen im Handel, Befragungen des Handels selbst sowie Mystery Shoppings, die bereits in der Vergangenheit stattfanden und nun auf die neuen Gesprächsziele, -inhalte und -methoden abgestimmt wurden

auf Basis der nackten Zahlen aus Handel und Verkauf, wobei die Scheuert KG aus Kostengründen bewusst auf eine komplette ROI-Berechnung verzichtet

Mehr zum Thema Bildungscontrolling und zum obigen Stufenmodell finden Sie im nächsten Kapitel.

Personalentwicklungsprogramme in der beschriebenen Größenordnung sind genau genommen große Veränderungsprojekte, die ein entsprechendes Projektmarketing verlangen. Das heißt, es gibt einen Projektnamen, vielleicht sogar ein Projektlogo. Zudem haben wir eine saubere Stakeholder-Analyse gemacht und schon im Vorfeld mögliche Widerstände identifiziert. Wir wissen, wo und wie wir informieren, beteiligen und überzeugen müssen.

In unserem Beispiel wird eine kurze PowerPoint-Präsentation erstellt, die die Führungskräfte verwenden können, um das Programm in einem der regelmäßig stattfindenden Meetings ihren Mitarbeitern vorzustellen. Für die Präsentation gibt es eine kurze Anleitung, wie sie zu verwenden ist. Über die Bereichsleitungen wird das Programm den Abteilungsleitern vorgestellt, die wiederum ihre Mitarbeiter informieren.

Fragen, Feedback und Unklarheiten aus diesen Meetings werden über die Führungskräfte an die Personalentwicklung und das Projektteam kommuniziert. Zu jedem einzelnen Baustein wird eine zielgruppenspezifische Einladung verschickt. Die Produktmanager erhalten nicht nur ein schriftliches Dokument, sondern auch ein kurzes Video, in dem sich der Trainer vorstellt und das kommende Programm bereits mit dem zentralen rhetorischen Argumentationswerkzeug ankündigt: der schon erwähnten MVP-Kette. So kann er später im Training darauf Bezug nehmen, und die Teilnehmer erkennen, dass von Anfang an nach der neuen Methodik gearbeitet wurde, auch bei der Kommunikation des Programms.

PHASE 1: VORBEREITUNG

VON ANFANG AN DEN LERNERFOLG SICHERN

Nicht nur der Trainer, auch die Teilnehmer und Führungskräfte sollten bestens auf das Training vorbereitet sein. Wie können wir das erreichen? Bei Edutrainment beginnt das Training bereits mit der Einladung. Sie stimmt die Teilnehmer emotional auf die Präsenzveranstaltung ein. Zum Beispiel durch ein Video, das den Empfänger richtig neugierig auf das Training macht. Oder durch einen beiliegenden Gegenstand wie ein Puzzleteil, das zusammengelegt mit den Puzzleteilen der anderen Teilnehmer erst im Training einen Sinn ergibt.

Die Führungskräfte erhalten ein Briefing-Dokument und eventuell eine kleine Präsentation, die sie ihren Mitarbeitern in einem Meeting vorstellen können. Darin werden die Inhalte und Ziele des Trainings aufgezeigt.

Wir beginnen also schon lange vor dem eigentlichen Training damit, die Teilnehmer und Führungskräfte zu Mitwirkenden des Lernsettings zu machen.

BLICK HINTER UND VOR DIE KULISSEN: DIE TRAININGS IM DETAIL

„TRAIN THE TRAINER" FÜR PRODUKTMANAGER, STUFE 1

Das erste Train-the-Trainer-Training für die Produktmanager wird zweimal mit jeweils zehn Teilnehmern durchgeführt. Es hat eine Dauer von zwei Tagen und vermittelt die wichtigsten Grundlagen zu den Themen Gehirn, Lernen, Trainieren, Präsentieren sowie den neuen didaktischen Standard für alle Produktschulungsun-terlagen bei der Scheuert KG.

Das Training findet in einem Hotel statt. Wir starten mit einem Trick, besser gesagt mit einem Schocker: Die Teilnehmer werden zunächst in einen Seminarraum gelotst, der ganz klassisch bestuhlt ist: ein U aus Tischen, vorne ist ein Computer aufgebaut, alles riecht nach einem ganz typischen Training mit Frontalbeschallung und PowerPoint. Da die Teilnehmer solche Veranstaltungen gewohnt sind, hält sich die Überraschung zunächst in Grenzen. Einige zeigen sich enttäuscht, denn nach der Einladung mit dem Video hatten sie etwas ganz anderes erwartet. Der Trainer kommt relativ spät, verhält sich nüchtern und sachlich, beginnt pünktlich mit seinem Training. Nach einer kurzen trockenen Vorstellung der eigenen Person beginnt er sofort mit den Inhalten: mit vollgepfropften, unverständlichen Folien zum Thema Lernen und Didaktik.

Erster Widerstand regt sich unter den Teilnehmern. Einwände bügelt der Trainer ab, bis mehr und mehr Teilnehmer beginnen, sich auf ihn einzuschießen. Jetzt erst löst der Trainer die böse Überraschung auf und führt die Teilnehmer in einen zweiten Seminar- bzw. Trainingsraum, der vollkommen anders gestaltet ist: bunter, ungewöhnlicher, aufregender. In dem Moment, wo Trainer und Teilnehmer den Raum betreten, setzt Musik ein. Auf den Stühlen, die zu einem Kreis ange-ordnet sind, liegen Notizbücher, Jonglierbälle und Stifte. In der Mitte des Raumes sind laminierte Karten mit Bildern verstreut. Auf ein Flipchart ist ein Willkom-mensgruß gezeichnet, auf ein anderes eine Agenda. Und an der Wand hinter den beiden Flipcharts steht jede Menge Material bereit, das neugierig macht.

DER IDEALE LERNRAUM – WIE SIEHT ER AUS?

Wenn man einen Lernraum gestalten wolle, der garantiert nicht gehirngerecht sei, schreibt der amerikanische Neurowissenschaftler John Medina in seinem Buch *Brain Rules* (2008), dann sehe dieser Raum ungefähr so aus wie unsere heutigen Schulen und Universitäten. Ich finde, seine Aussage trifft leider genauso auf die meisten Seminarräume in Unternehmen und Hotels zu.

Ich träume von einem Trainingsraum, der groß, hell und ansonsten schlicht ist. Neutraler Fußboden, weiße Wände und eine komplette Fensterfront. Dazu genügend Steckdosen, nicht nur in den Bodentanks, sondern auch seitlich an den Wänden, damit man nicht überall Kabel verlegen muss. Das war's. Eigentlich nicht kompliziert, aber dennoch selten.

Ein Edutrainment-Lernraum sollte ein Erlebnisraum sein, der eine flexible Gestaltung ermöglicht:

- Raumgröße besser zu groß als zu klein (mindestens acht Quadratmeter pro Teilnehmer!)
- in der Mitte ein U aus Stühlen
- in einer Ecke ein Ensemble aus Sitzgelegenheiten
- am Rand ein paar (Steh-)Tische
- am Kopfende mehrere Tische für den Trainer (mit Skirtings, um das Material dahinter zu verstauen)
- zwei Flipcharts und vier beidseitig bespannte Pinnwände

Ein Kunde von mir hat sehr positive Erfahrungen damit gemacht, den Trainingsraum für Softwareschulungen bewusst anders zu gestalten. Statt der herkömmlichen Reihen gibt es dort ein paar Lerninseln, das sind kleine Sitzkreise mit einfachen Hockern von IKEA. Schon ist das übliche starre Setting aufgelöst.

Die Gestaltung des Raumes ist eben keine rein pragmatische, organisatorische Frage. Sie sagt viel über das didaktische Verständnis und die Erwartungen der Teilnehmer aus. Wer den Raum betritt, sollte positiv überrascht sein, am besten durch einen Wow-Effekt.

NACH DEM LEHRREICHEN SCHOCK: EINDRÜCKE SAMMELN UND ORDNEN

Die Teilnehmer sind ziemlich überrascht, sie kommen untereinander ins Gespräch. Jeder sucht sich einen Platz, das Training beginnt ein zweites Mal. Die Teilnehmer werden gebeten, alle Fehler und Irritationen der ersten Seminareröffnung zu benennen. Danach wird mithilfe der Kopfstandfrage noch weiter gesammelt: Was muss man tun, um ein Katastrophenseminar zu erzeugen? Aus den Antworten entsteht auf einer Pinnwand eine Mindmap.

Der Trainer stellt sich jetzt noch einmal vor: mit einer kleinen Geschichte, die mit vielen Bildfolien unterlegt ist. Auch hier werden die Teilnehmer wieder visuell überrascht, gleichzeitig erhalten sie eine gute Vorstellung davon, wie der Trainer mit PowerPoint arbeitet und präsentiert. Daran werden sie sich nun in einer kurzen Eröffnungssequenz ein Beispiel nehmen.

Dazu wird jeder Teilnehmer eines der Bilder ziehen, die auf dem Boden in der Mitte des Seminarraums liegen. Jedes Bild steht für eine kurze, bereits fertig gestellte Präsentation zu einem fachlichen Inhalt, den vermutlich keiner der Teilnehmer genau kennen wird. Aufgabe ist es jetzt, ein maximal zweiminütiges PowerPoint-Karaoke mit der jeweiligen Präsentation durchzuführen: Der Teilnehmer muss sich selbst kurz vorstellen und seine Erwartungen für das Seminar äußern.

Mit einer solchen Eröffnungssequenz hätten wir die Teilnehmer wahrscheinlich geschockt, überrascht, neugierig gemacht, auf jeden Fall positiv emotionalisiert. Sie wären auf mehreren Ebenen bereits mit den Themen Lernen, Seminarraumgestaltung, Präsentation, Körpersprache, Seminareröffnung, Unterlagengestaltung sowie Lernatmosphäre in Berührung gekommen und sensibilisiert worden für die weiteren Inhalte.

Diese erste Sequenz erfordert natürlich einen großen Vorbereitungsaufwand. Doch wenn die ersten neunzig Minuten funktionieren, kann man sicher sein, dass die Teilnehmer sich in begeisterte Mitmacher und Mitlerner verwandeln, die neugierig auf die Methoden und die Inhalte sind. Eine angenehme, offene Atmosphäre entsteht. Der Trainer selbst beweist, dass der Lernraum ein geschützter Raum ist, in dem nach Lust und Laune neue Ideen ausprobiert werden können. Fehler sind nicht nur erlaubt, sondern sogar erwünscht. Er geht selbst mit gutem Beispiel voran, blamiert sich quasi absichtlich und bietet damit nicht nur im Können ein Modell, sondern auch beim Ausprobieren und Scheitern. Das ist die perfekte Basis für die restlichen zwei Tage und das komplette Trainingsprogramm.

VORBEREITUNG AUF DIE TRAININGSINHALTE

Die Eröffnungssequenz des Trainings hat Spaß gemacht und eine gute Lernatmosphäre geschaffen. Außerdem hat sie erste inhaltliche Anknüpfungspunkte geliefert, indem aufgezeigt wurde, was zu einem guten Training dazugehört und was eher nicht und welche Rolle der Einstieg spielt. Durch die Übung mit dem PowerPoint-Karaoke sind die Teilnehmer sensibilisiert worden für die Problematik von Folien, die viel zu viel Text enthalten, keine klare Botschaft liefern und daher vom Standpunkt der Didaktik sinnlos sind.

THEMA LERNEN I: SCHNELLMERKER-ÜBUNG

Um deutlich zu machen, wie schwer es ist, sich Informationen zu merken, die keine emotionale Bedeutung haben, werden weitere Übungen durchgeführt. Unter anderem ein kleiner Versuch, den Sie gerne einmal im Kollegenkreis ausprobieren können: Der Trainer nennt den Teilnehmern zweiundzwanzig Begriffe. Im Anschluss sollen sie alle Begriffe aufschreiben, die sie sich merken konnten – ohne Mnemotechniken werden maximal sieben bis neun Begriffe auf dem Papier stehen. Nun erzählt der Trainer eine Geschichte, in der erneut zweiundzwanzig Begriffe auftauchen. Durch Verknüpfung mit einer emotionalen Geschichte steigt die Wahrscheinlichkeit, sich die Begriffe merken zu können. In der Regel erzielen die Teilnehmer nun mehr Treffer als zuvor.

Das einfache Experiment zeigt: Werden einfach nur viele Fakten genannt, so wie es in einem typischen Produkttraining im Hause Scheuert bisher üblich war, können die Zuhörer die neuen Inhalte nicht hinreichend verankern und verknüpfen. Die Informationen bleiben im Arbeitsgedächtnis und kommen niemals im Langzeitgedächtnis an.

Für unsere Ziele ist es wichtig, dass die Produktmanager wirklich verinnerlichen, dass die Vermittlung von Daten und Fakten allein nicht zu den gewünschten Zielen führt. Wenn dies gelungen ist, werden die Produktmanager selbst nach Lösungen suchen, um ihre Inhalte zielgruppengerecht zu emotionalisieren. Genau das ist Edutrainment.

AUTO	FUSSABTRETER
ORDNER	KOPF
APFEL	TREPPENSTUFEN
DIELE	TREPPENHAUS
LINEAL	FENSTER
PAPIER	ZIMMERBRUNNEN
BÜCHER	GERÄUSCH
HEIZUNGSROHR	UMSCHLAG
WASSER	BRIEFMARKEN
SCHLÜSSELBUND	LÄRM
SCHUHE	SCHREIBTISCH

Geschichte: Als ich gestern abend schon im **AUTO** saß, fiel mir ein, dass ich etwas Wichtiges vergessen hatte. Ich lief noch einmal zurück, hastete die **TREPPEN-STUFEN** hinauf und verschluckte mich dabei an einem **APFEL**, den ich gerade angefangen hatte zu essen. Immer noch hustend kramte ich das große **SCHLÜSSEL-BUND** aus meiner Hosentasche. Beim Aufschließen rutschte ich beinahe auf dem **FUSSABTRETER** aus und zu allem Überfluss stieß ich mir dabei den **KOPF** an dem **HEIZUNGSROHR**, das direkt durch das **TREPPENHAUS** läuft. Drinnen suchte ich nach den **PAPIER**en, dich ich noch wegschicken wollte. Während ich auf dem **SCHREIBTISCH** unter **BÜCHER**n und **ORDNER**n den **UMSCHLAG** fand, hörte ich plötzlich ein merkwürdiges **GERÄUSCH**. War noch jemand außer mir hier? Ich bewaffnete mich mit einem großen **LINEAL** und ging der Sache nach. Alle **FENSTER** waren verschlossen, außer mir konnte eigentlich niemand im Raum sein. Die **DIELE** knarzte plötzlich merkwürdig laut unter meinen **SCHUHE**n. Schließlich stellte ich fest, dass es nur der **ZIMMERBRUNNEN** war, der noch lief und ohne genug **WASSER** für den **LÄRM** verantwortlich war. Ich machte ihn aus und verließ das Büro. Nur die **BRIEFMARKEN** hatte ich noch vergessen. Das fiel mir allerdings erst ein, als ich wieder unten war.

PHASE 2: ERÖFFNUNG
LOS GEHT'S MIT VIEL EMOTION

In unserem Beispiel haben wir mit einem Schock eröffnet. Das ist selbstverständlich eine Ausnahme. Für die reguläre Eröffnung gilt: Ein guter Start auf emotionaler Ebene ist wichtig. Der Trainer sollte alle Vorbereitungsmaßnahmen beendet haben, bevor der erste Teilnehmer im Trainingsraum erscheint. Also ungefähr dreißig Minuten vor Trainingsbeginn, manchmal noch früher. Entspannt und freundlich begrüßt er dann die Teilnehmer.

Die ungezwungene Plauderei beim ersten Kaffee trägt entscheidend dazu bei, die richtige Atmosphäre für das Training zu schaffen. Die Musikauswahl sollte auf die Zielgruppe abgestimmt sein. Ich muss mich immer wieder zwingen, meine Playlist auf den aktuellen Stand zu bringen, um gerade jüngere Teilnehmer nicht zu verschrecken.

DER TRAINER STELLT SICH VOR

Die Vorstellung eignet sich bestens, ein Gefühl für die Gruppe zu bekommen und eine gute Atmosphäre herzustellen. Ich stelle mich immer mit einer kleinen biografischen Anekdotensammlung vor. Ein paar Gags sind eingeplant, sodass ich gleich eine Rückmeldung kriege, wie meine Trainingsgruppe „drauf ist".

BITTE EINE REIHE BILDEN ZUM KENNENLERNEN!

Dann sind die Teilnehmer an der Reihe. Wir starten häufig mit einer ersten Abfolge sogenannter soziometrischer Aufstellungen. Die Teilnehmer stehen auf und bilden eine Reihe, geordnet nach folgenden Kriterien:

- Geburtsdatum
- Kilometern Entfernung von zu Hause bis zum Seminarort
- Dauer der Betriebszugehörigkeit
- Erfahrungen mit dem Trainingsthema (zum Beispiel beim Thema Präsentation die Anzahl der Präsentationen pro Monat)
- Erwartungen (von konkret bis gar keine)

Jedes Mal hat der Trainer die Möglichkeit, einzelne Teilnehmer kurz zu interviewen. Ein solches erstes Kennenlernen bringt die Gruppe in Bewegung, es löst sich so manche Blockade, auch im Denken. Die Teilnehmer können Spannungen abbauen, bekommen ihrerseits ein Gefühl für ihre Kollegen im Training, und der Trainer registriert, wie die Gruppe auf solche „Spielchen" reagiert. Bei Bedarf lassen sich noch andere Kennenlern-übungen einbauen.

ORDNUNG MUSS SEIN: SPIELREGELN KLÄREN, BÜRGER-MEISTER WÄHLEN

Nach der Vorstellungsrunde steht Organisatorisches an. Der Trainer stellt anhand der Agenda vor, wie das Training inhaltlich abläuft, und vereinbart mit den Teilnehmern die Spielregeln für die Zusammenarbeit. Ein paar Aufgaben delegiert er direkt: an den Seminarbürgermeister. Dieser sorgt für die Einhaltung der Pausenzeiten und klärt im Auftrag der Gruppe organisatorische und inhaltliche Fragen mit dem Trainer. Der Bürgermeister wird ordentlich gewählt und erhält zwei Machtwerkzeuge:

— unseren legendären Pausenhahn, ein Stofftier mit Soundmodul zum Verkünden des Pausenbeginns, und
— eine Rassel, um lautstark zu melden, dass die Pause zu Ende ist.

THEMA LERNEN II: JONGLIEREN LERNEN

Gleich am Anfang dieses Buches habe ich es Ihnen gestanden: Ich jongliere gerne in meinen Trainings. Jonglieren lernen führt uns vor Augen, wie Lernen funktioniert. Und es hilft uns sogar beim Erlernen ganz anderer Dinge. Also finden auch die Produktmanager drei bunte Lederbälle auf ihren Stühlen vor, mit denen sie unter Anleitung eines erfahrenen Trainers loslegen können. Die kurzen Übungseinheiten sind über die beiden Trainingstage verteilt. Wie immer gilt: Fehler machen ausdrücklich erwünscht!

THEMA PRÄSENTATION: MIT GUTEM BEISPIEL VORAN

Präsentieren ist inoffiziell schon Thema der Eröffnung. Der Trainer präsentiert sich auch bei seiner zweiten Selbstvorstellung – nach der Schockeröffnung – mit PowerPoint. Wir lernen immer vom Modell, deshalb ist diese Eröffnungssequenz wichtig. Die Vorstellungspräsentation des Trainers sollte daher jetzt sympathisch und professionell sein, ein gutes Beispiel liefern und auf keinen Fall die späteren Lernziele konterkarieren. Fatal wäre es, wenn er mit hängenden Schultern vor den Teilnehmern steht, später aber fordert, bei der Präsentation die Hände oben zu halten.

Die PowerPoint-Karaoke-Präsentationen werden aufgenommen, jeweils nur in Ausschnitten von etwa dreißig Sekunden. Vor dem Videofeedback gibt es eine Sequenz zum Thema Präsentieren vor der Gruppe. Hier probieren die Teilnehmer selbst die entsprechende Körpersprache aus und kommen relativ schnell zu einem einheitlichen Ergebnis. Im anschließenden Videofeedback erkennen die Teilnehmer ihre „Fehler" meistens selbst. Trotzdem sollte der Trainer, falls notwendig, noch einmal klar darauf hinweisen, welche Verhaltensweisen sinnvoll und nützlich sind und welche weniger. Auf das Thema Videofeedback gehe ich später genauer ein.

Denken Sie daran: Wir brauchen beim Lernen professionelles Feedback und keine wohlmeinenden Kommentare von Kollegen, die auch nicht wissen, wie es richtig funktioniert. Die sofortige Korrektur ist wichtig, das heißt, jeder Teilnehmer stellt sich noch einmal in die Ausgangsposition und wird kurz gefilmt oder fotografiert. So erhalten die Teilnehmer eine realistische Selbsteinschätzung:

- Sie erleben den gewünschten Istzustand der Kompetenz „Präsentieren und Stehen vor der Gruppe".
- Sie sehen, was sie im Sinne des Lernziels richtig oder falsch machen.
- Sie werden in freundlicher Atmosphäre von einem Profi korrigiert.
- Sie haben am Ende ein Erfolgserlebnis, das dokumentiert wird und ihnen später in der Dokumentation als visueller Anker zur Verfügung steht.

Was sollen Ihnen diese Beispiele zeigen? Wenn Sie kein Trainer sind, wird Sie diese Detailtiefe möglicherweise gar nicht interessieren. Doch der tiefere didaktische Sinn der einzelnen Übungen im Training sollte allen geläufig sein, die Trainings beauftragen und Weiterbildung verantworten. Wie ich immer wieder gerne betone und in diesem Buch auch schon erwähnt habe: Der Spaß, die Unterhaltung, die vielen Spiele sind kein Selbstzweck, sondern haben immer einen guten Grund. Wer ihn nicht erklären kann, der hat ihn auch nicht verstanden.

INTERVIEW MIT GERT SCHILLING

Gert Schilling ist Trainer für lebendige Moderations- und Präsentationsseminare. Einmal im Jahr veranstaltet er den Trainer|Kongress|Berlin. Seine Spezialität: Zaubern im Training. Zu dieser ungewöhnlichen Methode habe ich ihn befragt.

Warum ist es sinnvoll, Zaubern in Seminaren einzusetzen?

Mit einem Zauberkunststück allein ist ein Seminar nicht zu „retten". Die Inhalte und eine gute Didaktik sind die Grundvoraussetzungen für den Lernerfolg. Das Gehirn freut sich aber über Ungewöhnliches und Verblüffendes. Ich setze die Magie immer dann ein, wenn sich Lerninhalte mit einem überraschenden Kunststück überzeugend vermitteln lassen.

Was entgegnest du Kritikern, die das für sinnlose Unterhaltung halten?

Häufig erlebe ich, dass mich Teilnehmer noch nach Jahren auf Botschaften, Inhalte oder Merksätze ansprechen, die ich mit einem Zauberkunststück didaktisch verankert habe. Das bestätigt, dass ein wohldosierter Einsatz dieser Methode sinnvoll ist. Den Skeptikern zeige ich einfach ein Kunststück, das mit einer Botschaft verbunden ist. So können sie selbst erleben, wie sich die Aufmerksamkeit steigert und wie gut die Inhalte ankommen.

Wo liegt der Unterschied zwischen „normalem" und didaktischem Zaubern?

Beim „normalen" Zaubern geht es um Unterhaltung. Im Seminar habe ich Lernziele. Die „didaktische Zauberkunst" wird eingesetzt, um dem Lernziel zu dienen – und das ist dann durchaus unterhaltsam.

Wie steht es um die Akzeptanz bei den Teilnehmern und den Führungskräften?

Sehr gut. Bisher hatte ich immer positive Rückmeldungen.

Lassen sich Methoden wie Zaubern nur in Soft-Skill-Trainings einsetzen oder auch bei Fachtrainings?

Ich empfehle, die „didaktische Zauberkunst" in einem Mix von Lernmethoden einzusetzen. Das geht mit allen Themen. Ich schaue mir das Lernziel genau an. Dies kann motorisch, deklarativ oder affektiv sein, und ich überlege dann, wie es sich durch ein Zauberkunststück unterstützen lässt. Wenn es keine Verbindung gibt, wähle ich eine andere Methode. Beim Zaubern verschwinden, erscheinen und verändern sich die Dinge – so lassen sich häufig Brücken zu Inhalten bauen.

Wie lange dauert es, bis man einen deiner Tricks trainingsreif beherrscht?

Das reicht von zehn Sekunden bis zu mehreren Tagen. Doch der komplizierteste Trick ist nicht unbedingt der wirkungsvollste. Es kommt vielmehr auf die Präsentation an. Ein einfaches Zauberkunststück, sicher, locker und unterhaltsam vorgeführt, dazu didaktisch sinnvoll integriert – das ist einfach perfekt!

www.schilling-seminare.de

DER NEUE DIDAKTISCHE STANDARD

In den meisten Unternehmen wird mit PowerPoint gearbeitet. PowerPoint ist weder gut noch schlecht, es ist einfach nur ein Werkzeug. Dass in vielen Unternehmen Präsentation gleichgesetzt wird mit der Erstellung eines PowerPoint-Dokuments, ist gut für die Herstellerfirma in Seattle, aber schlecht für die Präsentationskultur in unserem Land und auch für das Lernen in den Unternehmen.

Das Wort „Präsentation" kommt von dem lateinischen Wort praesentare, das „zeigen" oder „überreichen" bedeutet. Daran sollte man immer denken. Sie möchten Ihren Kollegen, Kunden, Mitarbeitern, Teilnehmern, wem auch immer, etwas Sehens- und Wissenswertes überreichen. Oft ist das Gegenteil der Fall: Beim Publikum kommt wenig an, Langeweile macht sich breit.

Bei Scheuert war es bisher in den Produkttrainings und Präsentationen nicht anders. Zu jedem Produkt gab es einen Foliensatz mit Bildern und Textaussagen zu den einzelnen Produkten. Unsere Recherche ergab: In den letzten Jahren sind die Folien etwas bunter geworden, es gab nicht mehr ganz so viel Text, sondern eine Text-Bild-Kombination.

Meistens handelt es sich um ein Dokument, das sowohl in der Live-Präsentation verwendet wird als auch als Handout dient. Das ist in vielen Unternehmen so, vielleicht auch bei Ihnen – und aus meiner Sicht ein großes Problem. Denn solche Präsentations-dokumente enthalten zu viel Textinformation für die Live-Präsentation und oft zu wenig selbsterklärende Informationen, um als Handout wirklich nützlich zu sein.

Sicher haben auch Sie an vielen Meetings und Konferenzen teilgenommen und anschließend die Präsentationen als PDF zur Verfügung gestellt bekommen. Verstehen Sie das wirklich? Eine DIN-A4-Seite Fließtext wäre oft sinnvoller als vierzig Seiten PowerPoint-Folien, die ohne den Text des Präsentators nur wenig Sinn ergeben, oder noch schlimmer: vom Leser falsch verstanden werden.

Bei Scheuert machen wir das jetzt anders. Wir akzeptieren, dass mit PowerPoint gearbeitet wird, wir nutzen das Programm als Werkzeug und schaffen einen pragmatischen Standard, nach dem künftig alle neuen Trainingsdokumente erstellt werden. Aus ihm kann das weitere Material sowohl für Handouts als auch für E-Learnings leicht und automatisch abgeleitet werden. Wir erstellen einen Folienmaster, wie Sie ihn auf der rechten Seite sehen.

Da das Ganze in PowerPoint erstellt ist, kann daraus nahezu auf Knopfdruck ein ganz einfaches E-Learning-Modul erstellt werden. Die Scheuert KG erwirbt die Lizenz der entsprechenden Software, zu der es sehr gute Trainingsvideos für wenig Geld im Internet gibt, sodass dieser Teil der Produktion künftig komplett im eigenen Unternehmen bleibt. Das spart nicht nur Geld, sondern sorgt dafür, dass die didaktische Kompetenz im Unternehmen steigt.

Nach dem Training erstellen die Produktmanager zu ihren Themen erstens neue Trainingsdokumente und zweitens einen Ablaufplan für ihr Training. Der Ablauf wird nach der Systematik entwickelt, die sie im Training kennengelernt haben.

Jedes Training besteht aus fünf Phasen und der Hauptteil aus mehreren einzelnen Trainingsmodulen. Und genau diese Trainingsmodule werden von den Produktmanagern neu konzipiert. Auch dafür gibt es eine feste Systematik. Jedes Modul setzt sich aus den sieben einzelnen Elementen zusammen, die auf der nächsten Doppelseite genauer beschrieben werden. Der Ablauf wird in eine Tabelle eingegeben, deren Format ebenfalls im Vorfeld schon vorgegeben wurde. Ein Beispiel dafür sehen Sie hier.

TRAININGSABLAUF

ZEIT	MODUL	INHALT	KOMPETENZ/LERNZIEL	CHART	MATERIAL
TAG 1					
9:00	Einstieg	Begrüßung, Trainervorstellung mit „guter" PowerPoint-Story, soziomet. Aufstellung, Erwartungen und Wünsche, Agenda/Zeitplan, Bürgermeisterwahl	positive Lernatmosphäre herstellen, Rahmen, Ziele und Erwartungen klären	*Begrüßung, Agenda*	Flipchart, Stifte, Pausenhahn, Musik, Beamer, Laptop
...	...	...	...	...	...

Das Beispiel zeigt: Kreativität und Systematik gehören zusammen.

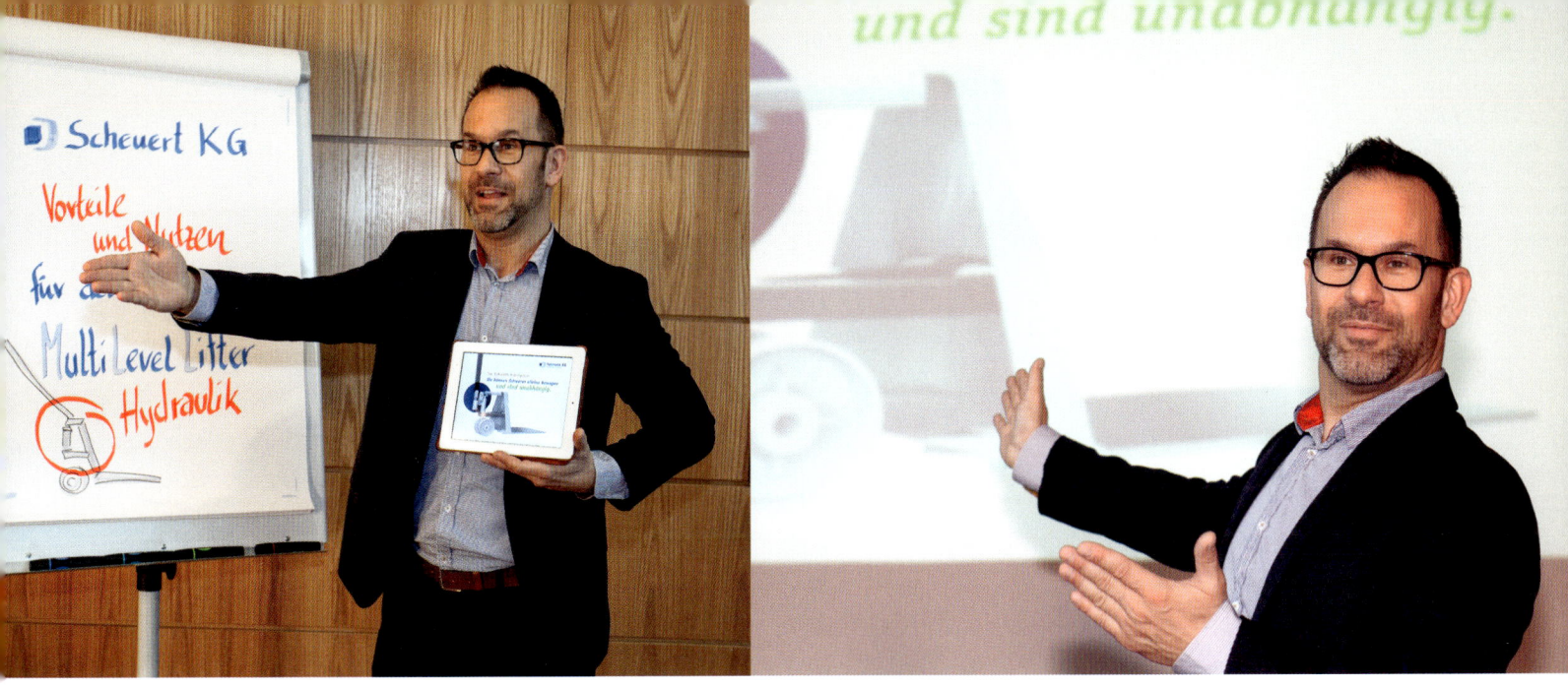

Scheuert KG
Vorteile
Hydraulik

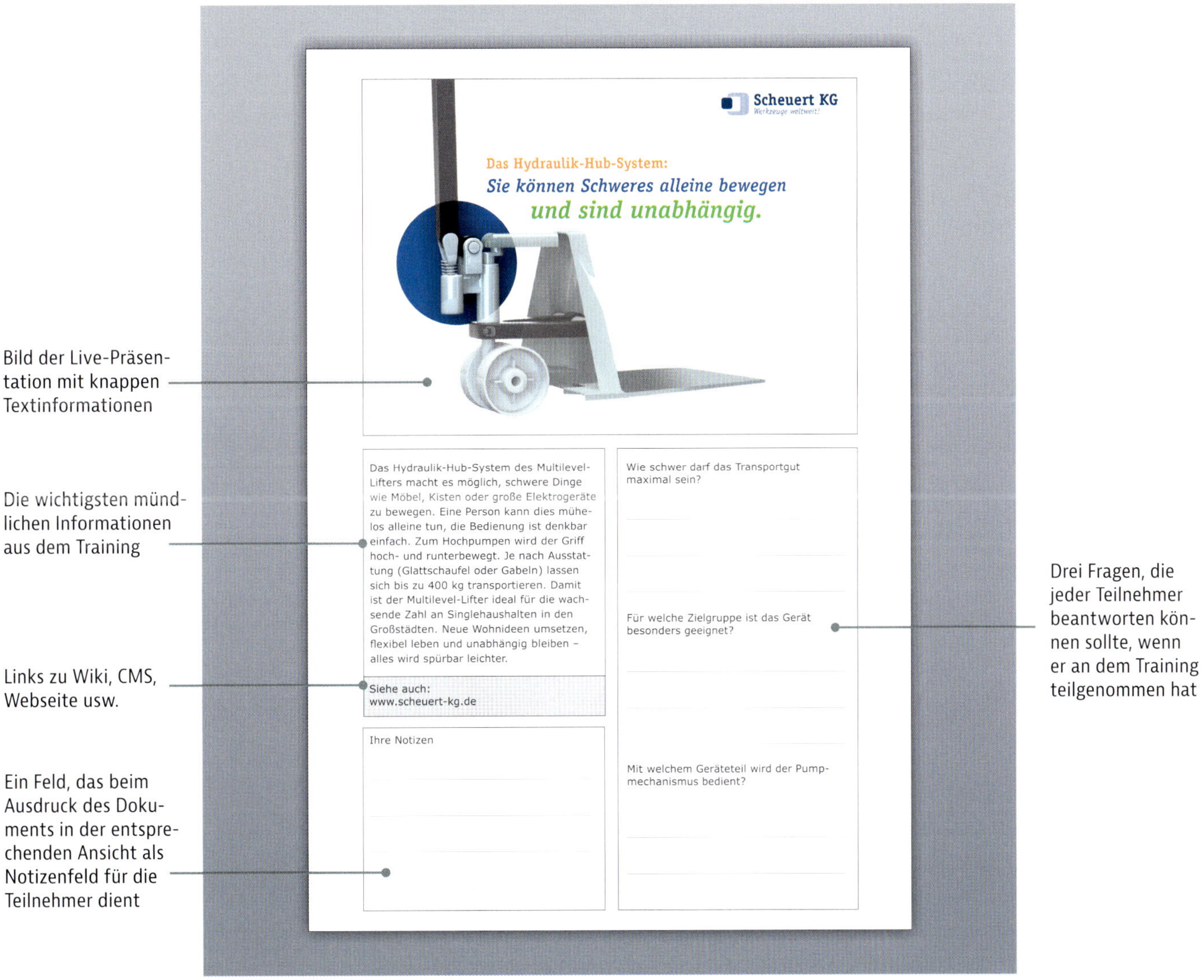
Scheuert KG
Werkzeuge weltweit!
Das Hydraulik-Hub-System:
Sie können Schweres alleine bewegen
und sind unabhängig.
Das Hydraulik-Hub-System des Multilevel-Lifters macht es möglich, schwere Dinge wie Möbel, Kisten oder große Elektrogeräte zu bewegen. Eine Person kann dies mühelos alleine tun, die Bedienung ist denkbar einfach. Zum Hochpumpen wird der Griff hoch- und runterbewegt. Je nach Ausstattung (Glattschaufel oder Gabeln) lassen sich bis zu 400 kg transportieren. Damit ist der Multilevel-Lifter ideal für die wachsende Zahl an Singlehaushalten in den Großstädten. Neue Wohnideen umsetzen, flexibel leben und unabhängig bleiben – alles wird spürbar leichter.
Siehe auch:
www.scheuert-kg.de
Ihre Notizen
Wie schwer darf das Transportgut maximal sein?
Für welche Zielgruppe ist das Gerät besonders geeignet?
Mit welchem Geräteteil wird der Pump-mechanismus bedient?
Bild der Live-Präsentation mit knappen Textinformationen
Die wichtigsten mündlichen Informationen aus dem Training
Links zu Wiki, CMS, Webseite usw.
Ein Feld, das beim Ausdruck des Dokuments in der entsprechenden Ansicht als Notizenfeld für die Teilnehmer dient
Drei Fragen, die jeder Teilnehmer beantworten können sollte, wenn er an dem Training teilgenommen hat

Der neue Scheuert-Folienmaster in der Notizansicht. Ein Dokument dient als Live-Dokument im Training, Handout für die Teilnehmer und als Grundlage für die Erstellung der E-Learning-Module.

PHASE 3: HAUPTTEIL
IN MODULEN LERNT ES SICH BESSER

Der Hauptteil setzt sich aus einzelnen Trainingsmodulen zusammen, die üblicherweise eine Länge von dreißig bis sechzig Minuten haben. Ihre Abfolge ist genau rhythmisiert, auf ein eher faktenreiches Modul folgt zum Beispiel eine spielerische Übung. Die richtige „Komposition" des Hauptteils entscheidet darüber, ob mit viel Spaß und der nötigen Konzentration gelernt werden kann. Jedes Modul besteht aus sieben Elementen, die dafür sorgen, dass die Teilnehmer alle Informationen möglichst hirngerecht verdauen können:

2. DEMONSTRATION:
Eine überraschende Demonstration weckt Aufmerksamkeit für das Thema, um das es gleich geht.

1

2

3

1. EINSTIEG:
Hier wird die Lust am Lernen entfacht. Jedem Teilnehmer muss klar werden, warum dieses Modul wichtig für ihn ist.

3. PRAXISTEIL:
Die Teilnehmer werden aktiv. In Rollenspielen, Simulationen und weiteren Übungen entdecken sie Neues und lernen durch Fehler.

4. VISUALISIERUNGEN:
Ihr massiver Einsatz ist typisch
für Edutrainment. Visualisiert
wird vor Ort auf Flipcharts mit
farbigen Markern.

5. SYMBOLE:
Starke Symbole wie ein Spiel-
zeugschwert oder Plastikschnitzel sorgen dafür, dass die mit
ihnen verbundenen Inhalte im
Gedächtnis bleiben.

6. ABSCHLUSS:
Am Ende jedes Moduls werden die
Inhalte zusammengefasst. Das Thema
wird vertieft und eingeordnet.

7. TRANSFER:
Die Brücke in die Praxis der Teilnehmer
wird geschlagen. Zum Beispiel durch
schriftliche Umsetzungsvereinbarungen.

DIE AUSSENDIENSTTAGUNG

Kommen wir zu den Maßnahmen für den Außendienst. Zunächst erwartet uns eine Überraschung. Denn wie unsere Bestandsaufnahme ergeben hat, führt Scheuert ganz unabhängig von unserem Thema iPads für den Vertrieb ein. Alle Außendienstmitarbeiter werden mit einem iPad ausgestattet, das Marketing hat mit einer externen Agentur eine einfache App dafür entwickeln lassen. Sämtliche Marketingunterlagen sollen jetzt im Handel per Tablet präsentiert werden. Das CRM steht ebenfalls auf dem iPad zur Verfügung. Im ersten Schritt handelt es sich bei der App lediglich um einen Container, der die vorhandenen Produktfolder als PDF darstellt. In einer späteren Ausbaustufe sollen auch spezielle Präsentationen für das iPad erstellt werden.

Das verändert natürlich unsere gesamte Konzeption. Wenn am Ende der Trainingskette im Handel mit dem iPad präsentiert wird, müssen wir unser Konzept darauf ausrichten. Wie sich herausstellt, war bisher kein spezielles iPad-Training geplant, sondern lediglich ein Rollout auf den Außendiensttagungen. Jeder Außendienstmitarbeiter hätte ein iPad erhalten, die App selbst installiert und sich die Inhalte eigenständig erarbeitet. Wir nutzen nun die Außendiensttagungen für die Einführung des iPads und verbinden das mit unseren Programm für die Produkttrainings.

INTEGRATION DES IPAD-TRAININGS

Bei der Einführung der iPads gehen wir nach der Edutrainment-Philosophie vor. Statt einfach nur die neue Technik zu erklären, veranstalten wir eine iPad-Rallye, bei der die Scheuert-Außendienstler auf spielerische Art das neue Tool für sich erobern und Begeisterung für die vielen Möglichkeiten entwickeln, die es bietet.

Auf der Außendiensttagung – die dreimal mit jeweils rund zwanzig Teilnehmern abgehalten wird – schaffen wir vor allen Dingen Akzeptanz für die Ziele des Programms und die neuen Trainingsformate, aber auch für die Gesprächs- und Präsentationsformate, die im Handel verwendet werden sollen. Zudem stellen wir die neue Lernplattform vor. Der Außendienst ist letztlich die wichtigste Zielgruppe des Programms.

Weil wir eine turnusmäßig stattfindende Veranstaltungsform in unser Programm miteinbeziehen und keine eigene Veranstaltung notwendig ist, sparen wir Zeit und Geld. Wiederum sind wichtige Stakeholder in das Programm involviert. Und wir haben die Möglichkeit, auch das bisherige Format der Außendiensttagung sinnvoll zu verbessern.

Üblicherweise verlief eine solche Tagung bei Scheuert ganz klassisch: Bestuhlung je nach Gruppengröße als Block oder parlamentarisch. Den Tag über finden Präsentationen statt, natürlich mit PowerPoint. Nachmittags ein paar Workshopteile, die immer nach dem gleichen Muster ablaufen: Pinnwände, bunte Kärtchen, Ideen sammeln und den Kollegen präsentieren. Im schlimmsten Fall werden die einzelnen Punkte von der Moderationskarte abgelesen.

Kennen Sie solche Veranstaltungen? Da ist dann jeder froh, wenn der Tag vorbei ist. Je nach Budget steigt vor oder nach dem Abendessen noch ein Event. Und die eigentlich wichtigen Gespräche führt man oft erst nach 22 Uhr an der Bar. Wenn es einen zweiten Tag gibt, ist dieser meistens noch weniger produktiv. Eines der zehn Bierchen an der Bar war sicher schlecht.

Die Scheuert KG ist ein schwäbisches Unternehmen, überflüssige Eventprogramme gibt es daher nicht. Die bisherigen Außendiensttagungen dauerten einen Tag mit anschließendem Abendessen und individueller Abreise am Morgen darauf.

Daran ändern wir erst mal nichts. Aber wir lockern das Veranstaltungsformat auf. Das beginnt schon mit der Raumgestaltung. Wir haben einen deutlich größeren Raum, in der Mitte ein großer Stuhlkreis, im hinteren Teil des Raumes mehrere Stehtische. Die Veranstaltung wird begleitet von einem der internen Produktmanager, der bereits an der ersten Stufe der Trainingsausbildung teilgenommen hat, und einem externen Trainer. Wieder gibt es zwei Flipcharts mit – Sie ahnen es schon – den gleichen Charts zum Start: ein Begrüßungschart, ein Agendachart.

Die Eröffnungssequenz der Tagung ist deutlich unterhaltsamer und erfrischender als üblich. Wir wählen einen Tagungsbürgermeister. Mit ein paar soziometrischen Aufstellungen lässt sich ohne großen Aufwand Bewegung in die Gruppe bringen, und die Trainer erhalten nützliche Informationen zum Vorbereitungsstand und den Erwartungen der Außendienstmitarbeiter.

VISUALISIERUNG: JEDER KANN ZEICHNEN!

Die Präsentationen der Vertriebsleitung wurden etwas gepimpt, das sorgt für einen angenehmen Überraschungseffekt. Um die Ergebnisse der Außendiensttagung zu dokumentieren, erstellt ein Visualisierer ein visuelles Protokoll. Auch die Außendienstmitarbeiter erinnern sich an ihr kreatives Kritzelpotenzial und bringen ihre Feedbacks und Ideen mit einfachen Visualisierungen auf Papier und an die Pinnwand.

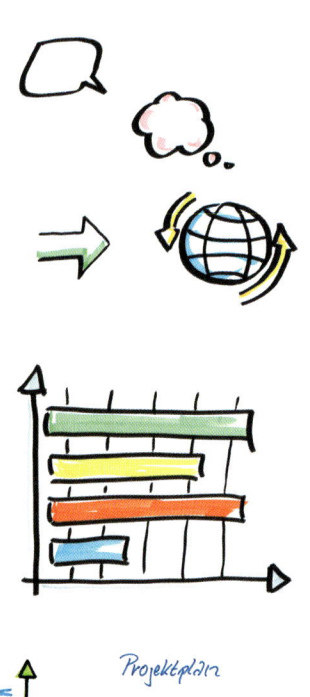

EXKURS VISUALISIERUNG

1. Beginnen Sie in Meetings, Ihre schriftlichen Notizen durch einfache Symbole und grafische Elemente zu ergänzen (Pfeile, Matrix-Darstellungen, Sprechblasen, Kästen etc.).

2. Nutzen Sie visuelle Darstellungen für Ihre eigenen Erklärungen gegenüber Mitarbeitern, Kollegen oder Kunden.

3. Entwickeln Sie zu Ihren Konzepten immer auch einfache Schaubilder und visuelle Anker, die Sie schnell auf einem Blatt Papier oder am Flipchart live erstellen können.

4. Laden Sie Ihre Gesprächspartner dazu ein, Ihre visuellen Darstellungen zu ergänzen oder eigene Zeichnungen zu entwickeln.

5. Greifen Sie diese Live-Kritzeleien auf und wandeln Sie diese in professionelle Schaubilder für Angebote oder Konzepte um, zitieren Sie aber die „Urskizze" aus dem gemeinsamen Meeting. Tipp: Machen Sie mit Ihrem Smartphone Bilder von den ersten Kritzeleien und bauen Sie diese in Ihr späteres Dokument ein.

6. Besorgen Sie sich professionelle Stifte und gewöhnen Sie sich an, Ihre Skizzen durch einfache Visualisierungstricks optisch zu tunen.

7. Suchen Sie im Internet nach visuellen Anregungen. Das Netz ist voll von gezeichneten Bildern und Anleitungen zum Zeichnen, Skizzieren und zur Erstellung von Cartoons (Illustrationen beispielsweise unter www.fotolia.de, www.istockphoto.de).

8. Laden Sie sich Apps auf Ihr Smartphone oder Ihren Tabletcomputer, in denen Sie zeichnen können oder die Ihnen sogar das Zeichnen und Visualisieren erklären (z. B. Skitch, DrawCast, Whiteboard).

9. Besorgen Sie sich ein Notizbuch und einen Stift, mit dem Sie gerne loslegen. Ganz gleich, ob Kuli, Filzer oder professioneller Grafikmarker. Er muss zu Ihnen passen.

Wir leben in einer Zeit immer ausgefeilterer digitaler Visualisierung, doch seit einigen Jahren feiert die analoge unperfekte Visualisierung durch selbst gezeichnete Bilder eine fröhliche Wiedergeburt. Wenn Sie sich an das Kapitel über Gehirn und Lernen erinnern, wird Sie das nicht überraschen. Ein selbst gezeichnetes Bild hinterlässt andere Spuren im Gehirn als eine noch so schöne Folie. Kritzeln kann jeder. Und zeichnen konnte der Mensch schon, bevor es die Wortsprache gab.

Im französischen Périgord besichtigte ich eine der Höhlen, in der unsere Vorfahren vor über 30.000 Jahren ihre Erlebnisse von der Jagd in Wandzeichnungen festhielten. Visualisieren ist eine Ursprache der Menschen. Viele von uns kritzeln beim Telefonieren oder in langweiligen Meetings, selbst wenn wir uns niemals als künstlerisch talentiert bezeichnen würden. Es geht nicht um Talent und Schönheit, sondern um die Illustration unserer Gedanken, ein besseres Behalten von Inhalten und eine leichtere Verständigung untereinander.

30.000 V. CHR.   **2014**

ZIEL ERREICHT: AUSSENDIENST UND FÜHRUNGSKRÄFTE SIND ÜBERZEUGT

Die Ergebnisse der Außendiensttagung können in das weitere Programm integriert werden. Wir haben zum Beispiel erfahren, dass die überwiegende Zahl der Außendienstler ein Hörbuch zu den Produkten sinnvoll findet. Die in Zukunft geplante Nutzung von Tablet-PCs im Außendienst sollte beschleunigt werden. Für das Gesamtkonzept ist wichtig, dass alle Medien, egal ob Präsentation oder E-Learning, auch auf dem iPad oder anderen Tablets genutzt werden können.

Insgesamt ist das Feedback zur Außendiensttagung extrem positiv. Alle sind von dem neuen Veranstaltungsformat begeistert, selbst die zunächst skeptischen Führungskräfte zeigen sich von der Atmosphäre und den Ergebnissen der Veranstaltung überrascht. Ein Zurück zur alten Form erscheint niemandem mehr wünschenswert.

WEBINARE FÜR DAS TEILNEHMER-FEEDBACK

Vor der zweiten Stufe des Train-the-Trainer-Trainings gibt es mehrere Webinare mit den Teilnehmern. In ihnen werden Feedbacks aus den Außendiensttagungen und zu den inzwischen bei den Trainern eingereichten Unterlagen bzw. neuen Präsentationsdokumenten vorgestellt.

Auch die Webinare sind typisch Edutrainment, also ein bisschen interaktiver als „normale" Webinare, in denen nur PowerPoint-Dokumente besprochen werden. Der Trainer hat zwei Webcams im Einsatz, kann bei Bedarf live visualisieren, Gegenstände zeigen, die Teilnehmer können sich zu Wort melden. Es ist wirklich ein interaktives spannendes Meeting, das einfach nur technisch anders umgesetzt wird.

DREI TIPPS FÜR BESSERE WEBINARE

Richtig eingesetzt, können Webinare sehr effizient sein und Ihnen helfen, Zeit und Geld zu sparen.

- Achten Sie auf gut ausgebildete Moderatoren, die lebendig präsentieren und viel Wert auf Interaktion legen.

- Nutzen Sie die technischen Möglichkeiten sinnvoll: Visualisierung, Gegenstände zeigen, direkter Dialog mit den Teilnehmern.

- Beziehen Sie die Teilnehmer aktiv mit ein. Sonst klinken sich diese geistig aus und machen nebenbei andere Dinge.

Siehe auch edutrainment.com/webinar-tipps

„TRAIN THE TRAINER" FÜR PRODUKTMANAGER, STUFE 2 –

In der zweiten Stufe von „Train the Trainer" stellen die Teilnehmer ihr vorbereitetes neues Praxismodul in Ausschnitten vor. Sie erhalten Feedback von den Kollegen und vom Trainer. Zusätzlich geht es um die Themen schwierige Seminarsituationen und Einwandbehandlung.

PRODUKTTRAININGS UND ERÖFFNUNG DER LERNPLATTFORM

Jetzt wird es ernst für die Jungtrainer, also die ehemaligen Produktmanager: In den neu konzipierten Produkttrainings für den Außendienst setzen sie ihre frisch erworbenen Präsentations- und Trainingskompetenzen ein. Im Mittelpunkt steht nun die praktische Arbeit mit den Produkten und die Konzentration auf jeweils drei zentrale Kundennutzen pro Produkt.

Zudem steht die Eröffnung der Lernplattform an. Am Ende der Trainings, in der Transferphase, wird sie vorgestellt. Die Außendienstler loggen sich bereits in der Präsenzveranstaltung ein und sehen die erste E-Learning-Einheit zu dem Training, das sie gerade absolviert haben.

Warum eine Onlinemaßnahme auf einer Präsenzveranstaltung eingeführt wird? Weil so die Akzeptanz von E-Learning deutlich höher ausfällt. Das Versenden einer E-Mail mit Link zur Lernplattform ist für die Implementierung dieser neuen Lernform im Unternehmen nicht ausreichend. Zusätzlich finden für den Außendienst noch Webinare zur Nutzung der Lernplattform statt.

Auf der Lernplattform selbst informiert eine sogenannte Guided Tour kurz und einfach darüber, wie das Verfahren funktioniert. Alle Lernmodule sind SCORM-kompatibel, das heißt, sie lassen sich nicht nur mit jeder handelsüblichen Lernplattform verwenden, sondern die Teilnehmerdaten sind auch gut und umfassend dokumentiert. So können sich die Gebietsleiter selbst davon überzeugen, dass ihre Außendienstmitarbeiter nach dem Training die E-Learning-Module erfolgreich absolviert haben.

SALESTRAINING FÜR DEN AUSSENDIENST

Das letzte Training des Programms ist das Salestraining für die Außendienstmitarbeiter. Hier werden noch einmal direkt vor Ort die Erfahrungen aus den Produkttrainings und den E-Learning-Einheiten ausgewertet. Dann geht es sofort in praktische Gespräche. Ein Seminarschauspieler übernimmt die Rolle des Kunden. Auf der Außendiensttagung haben wir Fallbeispiele aus den Gesprächen im Handel gesammelt und daraus drei typische Beispiele zusammengestellt. Genau diese Fälle werden nun mit dem Seminarschauspieler durchgespielt. Warum ein Seminarschauspieler und nicht einfach ein Teilnehmer aus der Runde? Weil ein Profi besser vorbereitet ist, realistischer agiert und sich individuell auf sein Gegenüber einstellen kann.

INTERVIEW MIT WILMA POKORNY-VAN LOCHEM

Seminarschauspieler sind eine niederländische „Erfindung" und sogar als Markenzeichen einge-tragen. Die erste deutsche Agentur für Seminarschauspieler leitet ebenfalls eine niederländische Psychologin: Wilma Pokorny-van Lochem.

Wie ist das Konzept der Seminarschauspieler ursprünglich entstanden?

Die niederländische Polizeiausbildung der 1970er-Jahre war wenig praxisnah. Rollen-spiele von angehenden Polizisten erwiesen sich als wenig effektiv. Den Polizisten gelang es nicht, überzeugend in der Rolle als Bürger aufzutreten. Dafür war ihr Polizei-wissen schon zu hoch.

Also entwickelte die Universität in Amsterdam ein Lernfeld, in dem sich die angehenden Polizisten besser auf ihre zukünftige Aufgabe vorbereiten konnten. Wohnhäuser wurden mit Kameras ausgestattet und die Bürger durch Schauspieler ersetzt. Die Polizeianwärter dachten, sie gingen auf reale Einsätze mit. Die Interaktion mit den „Bürgern" wurde gefilmt und später mit den Auszubildenden reflektiert.

Im Ergebnis waren die Polizisten deutlich besser auf die Praxis vorbereitet. Die Ausbilder der Polizeiakademie waren so überzeugt, dass sie diese Methode auch in anderen Kontexten einsetzten, zum Beispiel in Businesstrainings. Ein eigenständiger Beruf entwi-ckelte sich. Heute gibt es in den Niederlanden rund zweitausend Seminarschauspieler.

Was ist der Unterschied zu einem klassischen Schauspieler?

Ein Schauspieler spielt mit Profis und kann sich auf seine Rolle konzentrieren. Ein Seminarschauspieler muss sich voll auf sein Gegenüber konzentrieren und genau beob-achten, damit er später Feedback geben kann. Er kennt das didaktische Ziel des Trainers und dient als „lebendiges Lernmittel". So reduziert er den Druck, wenn der Teilnehmer anfängt, das Gelernte umzusetzen, und er erhöht ihn, wenn sein Gegenüber wieder in ein altes Muster verfällt.

Ein Schauspieler kann nach einem Rollenspiel beschreiben, wie er sich gefühlt hat. Ein Seminarschauspieler erklärt auch, wodurch dieses Gefühl bei ihm entstanden ist und weshalb er sich in der Folge so und nicht anders verhalten hat. Er kennt die gängigen

Kommunikationsmethoden und hat gelernt, den Teilnehmer „im Spiel zu halten". Das heißt, er fängt die Unsicherheiten des Teilnehmers auf und sorgt dafür, dass dieser in seiner Rolle bleiben kann.

Wie läuft die Ausbildung ab?

Bedingung sind ein abgeschlossenes Schauspielstudium und entsprechende Erfahrrung. Rund zwanzig Prozent der Bewerber werden angenommen. Die Ausbildung leitet ein Dozent, der aus der ersten Generation der niederländischen Seminarschauspieler stammt. Seine Aufgabe ist der Bereich Spiel und Feedback. Ich begleite die Ausbildung als Psychologin und Trainerin. Auch für die Selbstreflexion bin ich verantwortlich. Alle Seminarschauspieler bekommen ein Coaching.

Die Ausbildung dauert etwa ein Jahr. Danach gehen die Auszubildenden als Koseminarschauspieler mit ins Training und sammeln unter der Supervision erfahrener Kollegen erste Erfahrungen. In den ersten Monaten nach der Hospitation gehen die neuen Seminarschauspieler mit Trainern und Coaches vom Institut Synergie an die Arbeit und erhalten regelmäßig individuelles Feedback.

Was ist der didaktische Vorteil, wenn man Seminarschauspieler einsetzt?

Das Feedback, das der Teilnehmer bekommt. Realistische Situationen erlauben ein schnelles Erkennen einschränkender Muster. Das bedeutet eine Qualitätssicherung für den Kunden: Das Gelernte wird direkt umgesetzt, und der Trainer sieht noch im Trainingsraum, ob der Teilnehmer es auch wirklich kann. Notfalls kann er direkt „nachregeln". Der Teilnehmer wird vom Seminarschauspieler für gute Leistung „belohnt" und für das Verfallen in alte Muster „bestraft". Das Lern- und Veränderungstempo lässt mich auch nach vielen Jahren noch staunen.

Gibt es Dinge, die beim Einsatz in Trainingskonzepten unbedingt zu beachten sind?

Man sollte nur echte Seminarschauspieler einsetzen. Ansonsten greifen die didaktischen Vorteile nicht. Oder es regiert der Zufall.

www.institut-synergie.de

ROLLENSPIELE: ALS LIVEÜBERTRAGUNG NOCH REALER

Nicht immer muss das Rollenspiel in Anwesenheit aller Teilnehmer stattfinden. Es gibt eine sehr interessante Alternative: die Liveübertragung in einen anderen Raum, in dem die Kollegen dann das Rollenspiel analysieren. Warum dieser Aufwand? Es zeigt sich, dass die Intensität der Beobachtung steigt, wenn die Teilnehmer nicht im selben Raum sitzen, sondern das Geschehen per Video live von einem anderen Raum aus verfolgen. Außerdem wird so das Rollenspiel selbst noch einmal realistischer, weil es keine direkten Zuschauer gibt.

Mittlerweile funktioniert die Übertragung sogar drahtlos auf einen PC oder ein Tablet. Wieder einmal hilft uns der technische Fortschritt, technische Methoden, die vor einigen Jahren noch sehr teuer waren, zu einem Standard in den Trainings zu machen.

VIDEOFEEDBACK À LA BUNDESLIGA

Jedes Rollenspiel wird aufgezeichnet und besprochen. Das klassische Videofeedback fällt nun allerdings dank moderner Technik plötzlich viel informativer und interessanter aus. Vorbild ist wieder einmal das Fernsehen. Wir alle kennen es von den Halbzeitanalysen bei Fußballübertragungen: Irgendjemand zeichnet in Standbilder etwas hinein. Das wirkt unglaublich professionell und hilft beim Verständnis des Expertenkommentars. Genau das kann man auch bei den Videofeedbacks in Trainings machen. Als ich damit begann, war es noch recht kompliziert und teuer, ich brauchte viele Kabel und einige technische Tricks.

Heutzutage geht es wesentlich einfacher. Man braucht eine Videokamera mit Festplatten- oder SD-Karten-Speicher und die entsprechende Software, die es erlaubt, Videos zu annotieren. Die Standbilder mit den Kommentaren zu seinem Auftritt werden jedem Teilnehmer zur Verfügung gestellt. Eine Veredelung der herkömmlichen Fotodokumentation also, die zur Emotionalisierung des Transfers beiträgt und damit den Lerntransfer unterstützt.

BEISPIEL TRAININGSMODUL: MVP-KETTEN

Ein wichtiges Ziel ist es, den Außendienstlern klarzumachen, dass sie ihren Gesprächspartnern im Handel nicht nur die Produkteigenschaften der neuen Werkzeuge vermitteln sollen, sondern vor allem den Nutzen. Schließlich ist für den Kunden im Laden nur eine Frage relevant: Was habe ich davon? Deshalb wird es in den Trainings für den Außendienst ein Modul geben, in dem die Teilnehmer das Prinzip der bereits erwähnten MVP-Ketten kennenlernen. Und zwar anhand eines Schnitzels. Warum ausgerechnet ein Stück Panierfleisch zum Einsatz kommt? Weil es für mich eine gute Metapher für den persönlichen Nutzen ist. Das entsprechende Trainingsmodul läuft wie folgt ab:

EINSTIEG/DEMONSTRATION: EINE SCHWEINISCHE GESCHICHTE

Der Trainer erzählt eine Geschichte: Die Teilnehmer sollen sich vorstellen, dass sie in ihrem Lieblingsrestaurant ein Schnitzel bestellen. Nach vergeblichem Warten haken sie beim Kellner nach. Doch statt des ersehnten Panierfleisches bekommen sie vom Koch ein lebendes Schwein präsentiert. Dazu gibt es langatmige Erklärungen über Herkunft und Bio-Zertifizierung. Selbst der Lebenslauf der Panade wird ausgiebig gewürdigt.

Was soll diese Geschichte den Teilnehmern vor Augen führen? Das Einzige, was uns im Restaurant interessiert, ist das Schnitzel – und nicht die Geschichte von Schwein, Biobauernhof und Wiener Panadenmanufaktur. Dies ist aber genau der Fehler, den die Scheuert-Mitarbeiter machen. Sie reden viel über die reinen Produktmerkmale und deren Hintergrund. Vergessen wird dabei das Schnitzel, nämlich der individuelle persönliche Nutzen, den der Anwender hat.

SYMBOL: PLASTIKSCHNITZEL GLEICH KUNDENNUTZEN

Wenn der Trainer die Geschichte erzählt, setzt er einen Gegenstand als Symbol ein: ein Plastikschnitzel, das auf einem Teller liegt. Das Schnitzel wird von nun an im Training ein Synonym für das Thema persönlicher Nutzen. Auch bei der anschließenden Übung, in der es darum geht, Merkmale, Vorteile und persönlichen Nutzen für die Scheuert-Produkte zu definieren und in eine argumentatorische Formel zu bringen, ist die Geschichte vom Schnitzel immer wieder präsent.

Mittags gibt es dann tatsächlich Schnitzel, denn wenn die Geschichte gut erzählt ist, bekommen die Teilnehmer, sofern sie nicht gerade Vegetarier sind, mächtig Appetit darauf. Ein Bild vom Schnitzel ist selbstverständlich auch auf der Lernkarte abgebildet. „Schnitzel" wird im Hause Scheuert fortan zum geflügelten Wort und repräsentiert den Kundennutzen.

PRAXISTEIL: DIE MVP-KETTE

In der Übung lernen die Teilnehmer eine Nutzenargumentationskette zunächst am Fallbeispiel eines fiktiven Produkts kennen. Dann übertragen sie das Modell auf die eigenen Produkte. Am Ende wird es zu jedem Produkt als neuen Standard drei sogenannte MVP-Ketten geben, die zentraler Bestandteil des Trainings für den Außendienst sind und genau in dieser Form an die Verkäufer im Handel weitergegeben werden. MVP steht für Merkmal, Vorteil und persönlicher Nutzen. Das Merkmal ist eine Produkteigenschaft, der Vorteil eine allgemein positive Wertung und der persönliche Nutzen ein individueller Mehrwert.

MVP AM BEISPIEL EINES MODERATIONSMARKERS FÜR FLIPCHARTS

 **Merkmal:**

Der Marker hat eine schräge Spitze.

 **Vorteil:**

So lässt sich viel einfacher ein sauberes Schriftbild erzielen.

 **Persönlicher Nutzen:**

Die Teilnehmer können die Überschriften auf den Charts gut lesen.

ABSCHLUSS UND TRANSFER

Sofern es das Budget erlaubt, bekommt jeder Teilnehmer ein kleines Plastikschnitzel mit nach Hause. Oder ein laminiertes Foto von einem Schnitzel, das er an seinen Bildschirm kleben kann. Auf einer Lernkarte wird der Inhalt kurz zusammengefasst. Im Onlinetraining und in der App gibt es ein Quiz, in dem richtige und falsche MVP-Ketten erkannt werden müssen. So können die Teilnehmer noch einmal überprüfen, ob sie das Prinzip verstanden haben.

NACH DEM TRAINING: ZEIT FÜR COACHING

Jetzt ist genug trainiert worden. Was nun zählt, sind die harten belastbaren Ergebnisse in der Praxis. Der Außendienst ist aufgefordert, die Gespräche ab sofort im neuen Format zu führen. Gemeinsam mit den Führungskräften werden die Ziele für das kommende Quartal festgelegt. Wie viele Termine macht jeder Außendienstmitarbeiter?

In einer perfekten Welt gäbe es bei Bedarf ein Coaching für die Außendienstmitarbeiter. Einzelcoaching ist immer noch die teuerste Form der Weiterbildung. Ein guter Kompromiss ist ein telefonisches Coaching. Auch hier sind die Sprachtrainings wieder einmal Vorreiter. Wenn ich einige Zeit kein Training auf Englisch durchgeführt habe, dann bereite ich mich gerne mit telefonischen Coachings vor, die ich im Internet buche.

Gegen einen kleinen Aufschlag geht das auch per Handy. Während ich also im Auto unterwegs bin, habe ich ein persönliches, individuell auf mich zugeschnittenes Live-Coaching mit einem Sprachcoach, der vielleicht am anderen Ende der Welt sitzt. Das Ganze ist günstig und extrem effektiv. Anschließend bekomme ich eine Mail mit einer kurzen Zusammenfassung, ein paar Vokabeltipps und Links zu Grammatikeinheiten, die meinem aktuellen Lernstand entsprechen.

Genau so können wir es auch für den Außendienst machen. Wer Bedarf hat, lässt sich noch einmal per Telefon coachen. Mit der Scheuert KG wird einfach ein Kontingent an Coachingstunden eingeplant, das nur bei Abruf berechnet wird. Gerade Coaching per Telefon ist ein Feld, das in Deutschland noch nicht in großem Stile genutzt wird. Hier bieten sich viele Möglichkeiten, Teilzeittrainer oder Trainer in Elternzeit in die Arbeitswelt zu integrieren.

DIE APP GEHT AN DEN START

In der Zwischenzeit hat das Marketing die Endkunden-App gelauncht, die in einer angepassten Version auch für die Händler zur Verfügung steht und hier mit einem Partnerprogramm verknüpft wird. Wer sich mit den Produkten von Scheuert beschäftigt, kann Punkte sammeln und diese in einem Partnerprogramm gegen Prämien eintauschen.

DIE SCHEUERT KG AUF NEUEM KURS

Das waren die Trainingsmaßnahmen für die Scheuert KG im Überblick. Natürlich konnte ich Ihnen nicht jedes Detail des Ablaufs ausführlich vorstellen. Doch ich denke, Sie haben einen guten Eindruck davon erhalten, wie sich Edutrainment auf der Praxisebene auswirkt. Wir sind nicht auf Teufel komm raus anders, sondern haben stets einen guten didaktischen Grund für die besonderen Wege, die wir gehen.

Unternehmen wie die Scheuert KG profitieren davon wirklich nachhaltig. Was einmal als Anfrage aus der Personalentwicklung begann, ist zu einem Gesamtprogramm geworden, das Marketing, Kundenkommunikation, Verkauf, Produktmanagement und Geschäftsführung miteinander verbindet und Schnittstellen geschaffen hat, die die Lernkultur im Unternehmen dauerhaft positiv beeinflussen. Anna Paulsen ist stolz auf ihr Konzept.

PHASE 4: AUSSTIEG
EINE BRÜCKE IN DEN ALLTAG BAUEN

Am Ende des Trainings ist es wichtig, dass die Teilnehmer sich ein paar Dinge vor Augen führen:

- die Lernziele
- die erreichten Leistungen
- das Gelernte sowie die Inhalte, die jeder Einzelne in seinen Alltag „mitnehmen" will

Jeder Teilnehmer sollte nicht nur lose Absichtserklärungen, sondern ganz konkrete Ziele und Maßnahmen formulieren.

Ideal hierfür ist ein kurzes Trainingsmodul zum Thema Definition von Lernzielen und Planung des Transfers. Die Teilnehmer halten ihre Ziele schriftlich fest, vereinbaren Lernpartnerschaften, führen wechselseitig ein Interview, schreiben einen 100-Tage-Brief etc. Es gibt viele Möglichkeiten. Die Schnittstelle zum Alltag muss sauber geplant sein und es sollte ausreichend Zeit dafür zur Verfügung stehen.

Für die obligatorische Feedbackrunde am Ende gibt es ein paar unterhaltsame Alternativen. Zum Beispiel den „Feedback-Bus": Alle Teilnehmer sitzen in Zweierreihen wie im Bus. Für die richtige Atmosphäre werden die passenden Hintergrundgeräusche eingespielt – wieder ein kleiner Edutrainment-Gag. Jeder plaudert mit seinem Nachbarn über das Training. Frisch und ungezwungen sammelt man so wertvolles Feedback.

UND WAS IST MIT DEN HAPPY SHEETS?

Die Feedbackbögen, die erste Stufe im Bildungscontrolling, sollten idealerweise erst nach dem Training ausgefüllt werden, vielleicht drei Tage nach dem Ende der Veranstaltung. Dann haben die Teilnehmer zum einen noch frische Erinnerungen, zum anderen ist die reine Trainingseuphorie verflogen. Nun sind sie in der Lage, die Veranstaltung sowohl wohlwollend als auch kritisch zu reflektieren. Auf diese Weise erhält die Personalentwicklung deutlich hochwertigeres Feedback.

Übrigens: Ganz am Ende des Trainings erzähle ich gerne noch eine Abschlussgeschichte, zum Beispiel ein Märchen.

Ein gutes Training geht nach dem offiziellen Ende noch weiter – mit der Nachbereitung. Zu ihr gehören Maßnahmen, die den Transfer in die Praxis unterstützen. Hier die wichtigsten:

DAS PROTOKOLL ZUM TRAINING

Fotos vom Training erinnern den Teilnehmer noch einmal auf emotionale Weise an die Trainingszeit und die Lerninhalte. Selbst wenn die meisten Teilnehmer nur einen flüchtigen Blick auf die Fotos werfen, darf diese Dokumentation nie fehlen. Wir kombinieren meistens eine Online-Fotogalerie, die den Download der Fotos in Druckqualität erlaubt, mit einer Fotoanimation, die sich mit Tools wie Animoto in wenigen Minuten erstellen lässt.

Vielleicht erhalten die Teilnehmer ein erstes Foto schon direkt aus dem Trainingsraum vom Trainer per Mail oder Link, kombiniert mit einer kurzen Audiozusammenfassung des Trainings, die er erstellen kann, noch bevor oder während er den Trainingsraum aufräumt. Hier kommt es nicht auf Perfektion, sondern auf Unmittelbarkeit und Authentizität an.

Videoausschnitte aus Rollenspielen mit dem Trainerkommentar können mit der richtigen Software während des Trainings oder direkt danach allen Teilnehmern zur Verfügung gestellt werden. Das schaut sich dann jeder gerne noch einmal an. Besonders die Positivbeispiele sind als Verstärker wichtig.

DIE 72-STUNDEN-MAIL

Wenn wir nicht innerhalb von 72 Stunden beginnen, unsere Ziele in die Tat umzusetzen, bleiben sie meist nur gute Vorsätze. Deshalb erhalten unsere Teilnehmer nach 72 Stunden eine Mail, die sie an ihre Trainingsziele erinnert. Die Mail kann bei Bedarf ein paar Tipps zur Umsetzung enthalten, einen Link zu einem Onlinekurs und vielleicht ein Foto aus dem Training. Auch der Vorgesetzte des Teilnehmers erhält eine solche Mail. Denn der wichtigste Umfeldfaktor bei der Transferunterstützung ist die Führungskraft.

DAS ONLINETRAINING

Nach drei oder vier Wochen folgt die Einladung zum Onlinetraining. Falls die Teilnehmer auch eine App zum Training haben, werden die relevanten Inhalte zugespielt. Jetzt geht es darum, die Inhalte im Onlinetraining zu wiederholen und zu vertiefen. Durch ein Quiz können die Teilnehmer selbst überprüfen, wie gut sie die kognitiven Inhalte verinnerlicht haben. Dem Trainer und der Personalentwicklung ermöglicht das Quiz, sich ein Bild vom Wissenszuwachs bei den Teilnehmern zu machen.

DER 100-TAGE-BRIEF

Nach 100 Tagen erhalten die Teilnehmer den sogenannten 100-Tage-Brief, den sie im Training formuliert und an sich selbst adressiert haben: eine sympathische Erinnerung an das Training und die selbst formulierten Ziele.

PROFESSIONELLES ASSESSMENT

Zum Abschluss erfolgt noch einmal eine Selbsteinschätzung, vielleicht sogar ein professionelles Assessment. Überprüft wird hierbei, ob und wie die Kompetenzen im Sinne der Lernziele entwickelt wurden. Führungskräfte und Personalentwicklung erhalten - wenn erlaubt und erwünscht - eine Zusammenfassung aus Feedbacks, dem Assessment und möglichen Interviews, die nach der Maßnahme mit Teilnehmern und Stakeholdern geführt wurden.

WEBINARE FÜR VERNETZTEN DIALOG

Webinare eignen sich wunderbar, um Teilnehmer und Trainer nach dem Training zu vernetzen und persönlich miteinander arbeiten zu lassen. In unserem Scheuert-Beispiel bekommen die Produktmanager im Training die Aufgabe, ihre Präsentationsdokumente neu zu erstellen. Diese werden dann in einem Webinar mit dem Trainer und den Kollegen besprochen. Es ist auch möglich, dass die Teilnehmer sogar Aufgaben im Webinar erledigen und der Trainer sofort Feedback gibt.

COACHING PER TELEFON

Eine noch komfortablere und sehr wirksame Methode der Transferunterstützung ist das Coaching per Telefon. Hier ruft der Trainer oder ein Telefoncoach die Teilnehmer an und hilft ihnen bei der Umsetzung. Telefoncoaching lässt sich teilweise an Telefoncoaches delegieren. Das senkt die Kosten, denn der Präsenztrainer ist als Telefoncoach für den einzelnen Teilnehmer meistens zu teuer.

PERSÖNLICHES COACHING

Das persönliche Coaching ist die High-End-Variante der Transferunterstützung. Der Trainer ist in der Regel einen ganzen Tag
beim Kunden und spricht dreißig bis sechzig Minuten mit jedem
Teilnehmer über seine Trainingsziele und die Erfahrungen bei der
Umsetzung. Durch das persönliche Coaching steigt das Commitment
bei den Mitarbeitern deutlich an, Unklarheiten können beseitigt
werden. Der Trainer erhält eine sehr realistische Rückmeldung zu den
Ergebnissen seines Trainings.

MOBILE LEARNING

Eine App kann das bisherige Web-based Training ersetzen, ergänzt auch
um Funktionen wie Forum und Wiki, also alle Funktionalitäten, die
auch aus den Learning-Management-Systemen bekannt sind. Gleichzeitig kann die App zur Transferunterstützung, hier Mobile Coaching
genannt, verwendet werden. Voraussetzung dafür ist, dass zu definierten Terminen einzelne Gruppen oder einzelne Personen per Push-
Nachricht mit Inhalten, Fragen und Aufgaben versorgt werden können.

DAS HÖRBUCH ALS LERNBEGLEITER

In der edutrainment company haben wir bei unseren skillboxx-Trainings jeden Lerninhalt auch als Hörbuch produziert, sodass die Teilnehmer nach dem Training genau die Inhalte auf dem Hörbuch haben,
die im Training vorkamen. Auf Wunsch können die Teilnehmer sich die
Dateien auch selbst neu mischen und zusammenstellen.

SUSANNE REDLING
BEREICHSLEITERIN VERTRIEB

**IM SPEISEWAGEN DES ICE MANNHEIM–BASEL.
BEREITS VORM ERSTEN KAFFEE IST SUSANNE REDLING HELLWACH …**

Rasch wischt sie die Croissantkrümel von ihrem iPad. Die neue Präsentation zum Thema Change-Management muss sie genau unter die Lupe nehmen. Ihr Unternehmen gibt ein Heidengeld für die Unternehmensberatung aus, da sollten diese Beratungsfuzzis schon eine saubere Leistung abliefern. In der letzten PowerPoint-Präsentation waren ihr mehrere dicke Rechtschreibfehler aufgefallen. Ein klares Indiz für nachlässiges Arbeiten! Deshalb will sie jetzt umso kritischer sein. Für ihre Akribie und Umsicht wird sie schließlich geschätzt. Hätte man ihr sonst eine so gewichtige Aufgabe wie die Vertriebsleitung bei MR. DONKEY, „der" Modekette für preisbewusste junge Familien, anvertraut?

Ihr Verantwortungsbereich wächst und wächst. Durch den Aufkauf eines Mitbewerbers legt MR. DONKEY um rund 60 Shops zu. Susanne Redling soll diese Shops nun samt Servicecenter in ihren Bereich integrieren. Auf einen Schlag betreut sie dadurch fast 250 Mitarbeiter mehr. Allein schon kulturell ist das eine Riesenaufgabe, herrschte doch zwischen dem Mitbewerber und MR. DONKEY ein harter Preiskampf, der vor wechselseitigen Anschuldigungen in den Branchenmedien nicht haltmachte. Die neuen Mitarbeiter mental in das Unternehmen zu integrieren, wird daher nicht einfach sein. Außerdem arbeitete das Shopsystem der übernommenen Läden mit einer anderen Software. Die Mitarbeiter müssen jetzt für die neuen Systeme geschult werden.

Um die Konzepte für Integration und Trainings braucht sich Susanne Redling nicht zu kümmern. Die liefert zum Glück die besagte Unternehmensberatung. Geplant sind Teamentwicklungsmaßnahmen für die Regionen und ein unterstützendes Trainingsprogramm für die Mitarbeiter und Leiter der Shops. Das Ganze verschlingt allerdings ein mittleres Vermögen. Die Beratungsfirma und die Trainer werden sich freuen, aber bringt das Programm auch dem Unternehmen etwas? Sollten die Ergebnisse nicht irgendwie messbar sein? Durch ihre Shopsysteme weiß sie, wie man Erfolg misst. Da spielen nicht nur die Zahlen eine Rolle, sondern auch die Kundenzufriedenheit und die Einhaltung von Standards, jeweils ermittelt durch Kundenbefragungen und Methoden wie etwa Mystery Shopping.

Doch wie misst man den Erfolg einer Teamentwicklungsmaßnahme? Zufriedene Teilnehmer als Kriterium sind Susanne Redling zu wenig. Sie weiß ja, wie das in diesen Trainings läuft. Die Teilnehmer machen sich einen schönen Tag, und der Trainer lobt jeden über den Klee, damit er gute Noten kriegt. Nur für Ringelpiez mit Anfassen sollte ihr Unternehmen kein Geld zum Fenster hinauswerfen. Sie greift zum iPad und googelt „Evaluierung Trainingsmaßnahme".

SO GEHT'S WEITER

Susanne Redling lässt die Frage nicht los, was Trainings wirklich bringen. In der Tat ist die Erfolgsmessung nicht einfach, man muss schon ein wenig Aufwand dafür treiben. Im folgenden Kapitel lernen Sie die Möglichkeiten und Grenzen der Evaluierung kennen.

5/

SCHÖNE GRÜSSE AN·DIE PRAXIS (UND·ANS CONTROLLING)

IN DIESEM KAPITEL ERFAHREN SIE,

— womit ein Meckerer die gesamte Weiterbildungsbranche aufgeschreckt hat,

— wie man bereits vor einer Weiterbildung den Transfererfolg bestimmen kann und

— warum weiche Themen und harte Zahlen sich nicht unbedingt vertragen.

MACHEN WIR UNS NICHTS VOR, BEIM GELD HÖRT NICHT NUR DIE FREUNDSCHAFT, SONDERN AUCH DER SPASS AUF.

INVESTITIONEN IN DIE PERSONALENTWICKLUNG

MÜSSEN SICH

BEZAHLT

MACHEN.

Eine kostspielige Trainingsmaßnahme sollte weit mehr bringen als einen kurzfristigen Gute-Laune-Effekt. Auch Edutrainment stellt sich deshalb laufend dem Praxistest: Was bringt unsere Arbeit dem Unternehmen? Zahlt sich der Mehraufwand, den wir bei Konzeption, Durchführung und Nachbereitung treiben, für unsere Kunden aus? In diesem Kapitel zeige ich Ihnen zum einen, wie der Transfer des Gelernten in die Praxis gelingen kann. Zum anderen werfen wir einen Blick auf die Möglichkeiten und Grenzen des Bildungscontrollings, also die Erfolgsmessung in mehr oder minder harten Zahlen.

TRANSFER: WAS KOMMT WIE IM ARBEITSALLTAG AN?

Ich gestehe, ich habe in meiner Karriere einige Trainings absolviert, die meinen Auftraggebern wenig oder gar nichts gebracht haben. Damit meine ich nicht nur Trainings, die ich wirklich in den Sand gesetzt habe, sondern auch solche, in denen intensiv gearbeitet wurde, die Teilnehmer glücklich und zufrieden waren und alle definierten Lernziele erreicht wurden. Trotzdem hieß das Ergebnis: viel gelernt und nichts umgesetzt.

Als ich noch als allein reisender Tagessatzoptimierer im Seminartourismusgeschäft unterwegs war, hat dieser traurige Umstand nicht wirklich gestört, zumindest nicht meinen geschäftlichen Erfolg. Doch es traf mich innerlich durchaus schmerzhaft, dass Teilnehmer, die ich drei Monate zuvor in einem Basistraining erfolgreich trainiert hatte, in ihrem zweiten Training erzählten, dass sie wenig bis nichts hatten umsetzen können.

Ich habe daraufhin noch größeren Aufwand im Trainingsraum betrieben, meine Konzeption noch weiter verfeinert, aber das konnte das Transferproblem nicht wirklich lösen – denn es liegt außerhalb des Trainingsraums. Selbst ein Teilnehmer, der viel gelernt hat, setzt davon nur wenig in der Praxis um. Mittlerweile hat sich ein eigener Forschungszweig entwickelt, der sich nur mit dem Lerntransfer beschäftigt und in Fachbegriffen austobt: lateraler und vertikaler Transfer, spezifischer und nicht spezifischer Transfer und Transferdistanz (vgl. Gnefkow 2008).

Dabei ist die Formel eigentlich ganz einfach: Umsetzen kann man nur, was man vorher gelernt hat. Die Umsetzung im Seminar ist schön, hilft dem Unternehmen aber nicht wirklich. Also entscheidet letztlich der Transfer in die betriebliche Praxis, am eigenen Arbeitsplatz, was dann gemeinhin als Transfererfolg bezeichnet wird.
Stellen Sie sich folgende Gleichung vor: 100 Prozent Lerninhalt werden zu 50 Prozent

gelernt, und von diesen 50 Prozent werden nur 10 bis 20 Prozent tatsächlich in die Praxis umgesetzt. Das klingt ziemlich frustrierend, zeigt aber gleichzeitig, wo der größte Hebel für eine bessere Wirksamkeit in der Personalentwicklung zu finden ist. Statt immer teurere Experten einzukaufen, die die immer gleichen Inhalte nur etwas schöner vermitteln, ist es sinnvoller, in Zukunft den einen oder anderen Euro in Konzepte für die Transferförderung zu investieren.

„BRINGT ALLES NICHTS!", SCHIMPFT EIN EXPERTE

Im Jahr 2008 sorgte ein Buch für Schlagzeilen in der deutschen Personalentwicklungsszene. Ein bis dahin unbekannter Autor namens Richard Gris bezichtigte die ganze Branche der Lüge. Die Grundthese lautete: Der ganze Weiterbildungsaufwand bringt relativ wenig, weil nichts wirklich umgesetzt wird, und die meisten der Akteure hätten auch gar kein Interesse daran, wirklich etwas zu ändern.

Hinter dem Pseudonym Richard Gris verbirgt sich Prof. Dr. Axel Koch. Er schimpft übrigens nicht nur, sondern bietet auch eine mögliche Lösung an: das Modell der sogenannten Transferstärke. Koch orientiert sich am bisherigen Forschungstand zum Thema Lerntransfer. Im Allgemeinen geht man von vier Haupteinflussfaktoren für den

Umsetzungserfolg nach einer Weiterbildungsmaßnahme aus:

- Eigenschaften und Motivation der Teilnehmer
- Design des Trainings
- Kompetenz des Trainers
- Lernklima im Unternehmen

Laut Koch ist diese Sichtweise zwar richtig, jedoch nicht ausreichend. Sein Modell (siehe Grafik rechts) geht davon aus, dass die Umsetzung in die Praxis nicht nur von Motivation und Wille des Lernenden abhängt, sondern von einer individuellen Fähigkeit, der sogenannten Transferstärke, die sich wiederum aus sechzehn verschiedenen Einstellungen und Fähigkeiten zusammensetzt. Diese sechzehn Faktoren werden über ein von Koch entwickeltes Selbsteinschätzungstool ermittelt und sind den vier Bereichen Offenheit, Umsetzungsinitiative, Veränderungskonsequenz und unterstützendes Umfeld zugeordnet.

Axel Koch ist der Überzeugung, dass er mit seinem Transferstärke-System bereits vor einer Maßnahme messen kann, ob sich der ganze Aufwand lohnt. Wahrscheinlich ist das der Grund, weshalb bisher nur wenige Unternehmen bereit sind, in das Modell zu investieren und vor einer Weiterbildung eine Transferstärke-Analyse durchzuführen. Nicht jeder möchte im Vorfeld wissen, wie aussichtslos seine Bemühungen sind ... Die Neigung zur Selbsttäuschung ist eine verbreitete menschliche Schwäche.

INTERVIEW MIT PROF. DR. AXEL KOCH

Als „Richard Gris" scheuchte er 2008 die Branche auf, seit 2012 lehrt er als Professor für Training und Coaching an der Hochschule für angewandtes Management in Erding. Ich habe ihn zu den Themen Transfer und Transferstärke befragt.

Wie wichtig ist den Unternehmen das Thema Transfer tatsächlich?

In den Firmen wird viel über die Themen nachhaltiges Lernen und Praxistransfer gesprochen. In der Praxis wünscht man sich dann aber Trainings, die möglichst wenig Zeitaufwand und Arbeit bedeuten. Die Folge: Der Transfer scheitert. Die wenigsten Führungskräfte begreifen sich als Personalentwickler, obwohl es ihre ureigenste Aufgabe ist. Ihnen fehlt angesichts zahlreicher operativer Aufgaben oftmals die Zeit.

OFFENHEIT 01

Offen sein für Lern- und Veränderungsimpulse, eine unvoreingenommene Einstellung haben, einen hohen persönlichen Nutzen in der Fortbildung erkennen. Lerninhalte aus dem Training authentisch in die eigene Persönlichkeit und das Verhaltensrepertoire integrieren. Bereit und in der Lage sein, das geänderte Verhalten gegenüber dem Umfeld, sowohl beruflich als auch privat, aktiv zu verteidigen.

UMSETZUNGSINITIATIVE 02

Selbst gesteuertes Lernen, die Fähigkeit, einen sinnvollen Plan zur Umsetzung zu erstellen und diesen Schritt für Schritt abzuarbeiten. Eine positive Einstellung zum aktiven Üben, Anwenden und Vertiefen sowohl im Training als auch außerhalb einnehmen. Eigenverantwortlich für Unterstützung und Einbindung anderer Menschen sorgen, um die eigenen Ziele der Veränderungsmaßnahme zu erreichen.

VERÄNDERUNGSKONSEQUENZ 03

Eine optimistische innere Einstellung, das gewünschte Ziel auch zu erreichen. Die Fähigkeit zur positiven Selbstinstruktion. Kleine Rückschritte nicht sofort als komplettes Versagen bewerten, einen konstruktiven inneren Dialog führen. Eine realistische Einschätzung des Zeitaufwands, der für die Veränderung wirklich notwendig ist, entwickeln. Eigene Rückschläge wahrnehmen und sie konstruktiv verarbeiten, ohne die Veränderung komplett über den Haufen zu werfen. Noch besser: die Gefahr des Rückfalls antizipieren und entsprechende Vorkehrungen treffen.

UNTERSTÜTZENDES UMFELD 04

Dieser Punkt betrifft das Verhalten und die Einstellung des Vorgesetzten, der Kollegen und die allgemeine Veränderungsatmosphäre und Lernkultur im Unternehmen.

Quelle: www.transferstaerke.com

Wie funktioniert die Arbeit mit dem Transferstärke-Modell?

Es macht für Führungskräfte, Personalentwickler, Trainer oder Coaches die erfolgskritischen Stellschrauben transparent. Für jede der vier Hauptkategorien Offenheit, Umsetzungsinitiative, Veränderungskonsequenz und unterstützendes Umfeld gibt es drei bis fünf Detailaspekte. In Summe sind es sechzehn Stellschrauben für den Entwicklungserfolg.

Als Trainer messe ich mit einem Fragebogen die Transferstärke der Teilnehmerinnen und Teilnehmer. So finde ich schnell heraus, wie diese hinsichtlich der erwähnten sechzehn Stellschrauben aufgestellt sind. Dann gehe ich zweigleisig vor: Auf der einen Seite werden Themen ermittelt, die viele Teilnehmer betreffen. Klassische Risiken sind: fehlende Umsetzungspriorisierung und -planung, keine Strategien, um den Rückfall in alte Gewohnheiten zu vermeiden, ein desinteressierter Chef, wenig Zeit für Neues. Ich richte dann gemeinsam mit dem Auftraggeber den Trainingsprozess darauf aus, diese Umsetzungsrisiken zu vermindern oder auszuschließen. Dazu gehört, den Teilnehmern die passenden Abhilfemaßnahmen zu vermitteln. Auf der anderen Seite geht es aber auch um den individuellen Lernprozess. Mithilfe des Trainers erarbeitet jeder Teilnehmer anhand seines Transferstärke-Profils, wie er den Praxistransfer erfolgreich gestalten kann.

Was raten Sie Teilnehmern, die ihre Transferstärke verbessern möchten?

Besonders wichtig ist die Offenheit und Bereitschaft, sich mit seinem Transferstärke-Profil zu befassen. Denn manchmal schockt das Profil den einen oder anderen. Das bringt aber den Anstoß für Veränderung. Die Teilnehmer erhalten einen klaren Blick auf sich selbst. Schwarz auf weiß. So erkennt der Einzelne genau, auf welche Bereiche er achten muss und wo er ansetzen kann, um Risiken für den Entwicklungserfolg abzubauen. Für eine Verbesserung muss er lernen, die Tools aus der Transferstärke-Toolbox sicher anzuwenden.

Und was empfehlen Sie Führungskräften und Personalentwicklern?

Das klassische Missverständnis ist die Annahme, dass alle Teilnehmer die erforderliche Selbstverantwortung haben und selbst ihren Lernprozess erfolgreich steuern. Wer hat wie viel Transferstärke, ist die Frage. Wie gut gelingt es dem Einzelnen, Impulse ins Handeln und in die Praxis zu bringen? Eine weitere Frage gilt dem Umfeld. Wird das Lernen gestützt oder behindert? Wenn der Mitarbeiter denkt, dass die Umsetzung niemanden interessiert, sinken die Erfolgschancen.

Kurzum: Führungskräfte und Personalentwickler sollten die sechzehn Stellschrauben des Transferstärke-Modells verinnerlichen und bei Entwicklungsprozessen im Blick behalten. Selbst das heißt nicht zwingend, dass am Ende immer ein Umsetzungserfolg steht. Es herrscht aber Klarheit, was machbar ist und was nicht. Auch das kann für alle Beteiligten wohltuend sein.

Wie kann man das Transferstärke-Modell testen?

Am besten durch Kontaktaufnahme über meine Website www.transferstaerke.com. Dort gibt es weitere Informationen zum Thema. Wer tiefer einsteigen möchte, schreibt mir einfach. Gerne kann jeder seine persönliche Transferstärke kostenfrei testen und sich so selbst ein Bild verschaffen, wie die Arbeit mit dem Modell abläuft.

www.transferstaerke.com

AUF DIESE TRANSFERMASSNAHMEN SETZEN WIR BEI EDUTRAINMENT

In der edutrainment company sind wir gerade dabei, die Transferstärke-Analyse in unsere Transfermaßnahmen zu integrieren. Dabei geht es sowohl um den Teilnehmer als auch um die Führungskräfte. Aus meiner Sicht sind die Führungskräfte die wichtigsten Personalentwickler. Wer den Transfer seiner Personalentwicklungsmaßnahmen erhöhen will, sollte den Führungskräften diese Rolle bewusst machen und sie dafür ausbilden.

Für unsere skillboxx-Trainings haben wir einen umfangreichen Katalog an Transfermaßnahmen entwickelt, aus denen sich jeder Kunde ein individuelles Transferpaket zusammenstellen kann. In der einfachen Variante gibt es ein Erinnerungssystem per Mail und Brief, eine Dokumentation, einen Onlinekursraum mit Tipps zum Thema Lernen und Zielerreichung und eine Selbsteinschätzung vor und nach dem Training. Im Luxuspaket sind nicht nur zusätzlich Hörbuch und App sowie Onlinetraining enthalten, sondern auch Webinare und ein persönliches Umsetzungscoaching am Telefon oder Face-to-Face.

Das größte Problem beim Thema Transfer besteht darin, dass die meisten Unternehmen kein Budget für die aktive Transferunterstützung einplanen. Sie merken: Diese Problematik begegnet uns überall. Es ist ähnlich wie bei der Konzeption des Trainings: Die Fokussierung auf Trainerpersönlichkeit und Tagessatz macht eine systematische Arbeit, die nicht nur kurzfristige Effekte, sondern langfristige Umsetzungserfolge anstrebt, schwierig oder verhindert sie oftmals sogar. Mein Tipp: Wenn Sie für Weiterbildung zuständig sind, planen Sie künftig dreißig bis fünfzig Prozent Ihres Budgets für die Transfermaßnahmen ein. Am Ende von Kapitel 4 habe ich Ihnen mehrere Transfermaßnahmen wie etwa das Protokoll zum Training, 72-Stunden-Mail, Webinar oder Telefoncoaching kurz vorgestellt.

WIE LASSEN SICH DIESE AUF UNSER BEISPIELPROJEKT VON DER SCHEUERT KG ANWENDEN?

SELBST GESTECKTE ZIELE IM BLICK BEHALTEN

Die Teilnehmer haben bereits im Training bzw. vorher eine kurze Selbsteinschätzung vorgenommen. Auch eine Selbsteinschätzung zur Transferstärke wurde durchgeführt. Im Transferbaustein am Ende des Trainings wird darauf Bezug genommen. Die Teilnehmer setzen sich Umsetzungsziele. Sie schreiben einen 100-Tage-Brief, der ihnen nach 100 Tagen zugestellt wird, und vereinbaren Lernpartnerschaften mit festen Terminen, zu denen sie sich gegenseitig per Telefon coachen. 72 Stunden nach dem Training erhalten sie per Mail eine Erinnerung an ihre kurzfristigen 72-Stunden-Ziele, zusätzlich noch ein paar Tipps zur Umsetzung und den Link zum Onlinekurs mit Lernstrategien und Tipps zur Zielerreichung.

FÜHRUNGSKRÄFTE EINBINDEN

Auch die Führungskraft wird per Mail informiert und erhält noch einmal eine kurze Zusammenfassung der Trainingsziele und -inhalte, verbunden mit der Aufforderung, ein erstes Transfergespräch mit dem Mitarbeiter durchzuführen. Damit verbunden ist ein Link zu einer Fünf-Minuten-Lerneinheit zum Thema Führen eines Transfergesprächs.

TRAININGSEINDRÜCKE WACHHALTEN

Kurz nach dem Training erhalten die Teilnehmer den Link zur Fotodokumentation. Diese besteht aus einem Onlinearchiv zum Download aller Charts, atmosphärischen Trainingsbilder und einer mit Musik unterlegten Fotoanimation, die als Erinnerung und Motivationsspritze dient.

NEUE PRÄSENTATIONEN ENTWICKELN

Im Training erhalten die Teilnehmer ein Hörbuch, in dem wichtige Trainingsinhalte zum Thema Präsentation und Train the Trainer unterhaltsam aufbereitet sind. Mit der 72-Stunden-Mail wird der Link zum Feedbackbogen versendet. Die Teilnehmer erhalten beim Training die Aufgabe, ihre eigene Präsentation zu bearbeiten. Sie müssen die PowerPoint-Präsentation anpassen und einen Leitfaden für die Präsentation vor dem Außendienst entwickeln. Beide Arbeiten gehen per Mail an den Trainer, der daraus ein Dokument macht. Er nutzt dieses für das Transfer-Webinar, das etwa vier Wochen nach dem Präsenztraining stattfindet.

Eine weitere Option: Die Teilnehmer treffen sich in kurzen Meetings, stimmen ihre neuen Präsentationsformate ab und holen Feedback von den Kollegen ein. Das Projekt ist ein fester Tagesordnungspunkt in den wöchentlichen Abteilungsrunden und den Telefonkonferenzen mit dem Außendienst.

ERNEUT WERTVOLLES FEEDBACK BEKOMMEN

Nach dem Webinar erfolgt die Vorbereitung auf den Transfertag. Hier haben die Teilnehmer in kleineren Gruppen die Möglichkeit, ihre vorgefertigten neuen Präsentationen vorzuführen und dazu Feedback zu erhalten. Anschließend können die Präsentationsdokumente noch einmal überarbeitet werden. Wer möchte, kann sich hierzu ein Feedback des Trainers einholen. Dazu wurde ein festes Kontingent für telefonisches Coaching mit dem Kunden vereinbart, das wir nur berechnen, wenn es tatsächlich abgerufen wird. Zu einem festen Termin werden alle fertigen Präsentationen in Rapid-Content-Formate überführt, sodass der Außendienst später alle Inhalte aus den Trainings noch einmal in kurzen Selbstlerneinheiten, die auch ein kleines Quiz enthalten, wiederholen kann.

ERKENNTNISSE MIT ANDEREN TEILEN

Für den Außendienst wurde ein neuer Evaluierungsbogen entwickelt, der ganz gezielt Fragen zu dem neuen Trainings- bzw. Präsentationsformat enthält. Das Feedback aus den Trainings wird gesammelt und positive Beispiele, Kommentare von Außendienstlern, Feedback der Produktmanager, besonders gelungene Präsentationen werden mit den Kollegen geteilt. Dies kann im Kursraum auf der Lernplattform passieren oder, da bei Scheuert jetzt zum ersten Mal auch eine Mobile App eingesetzt wird, über die mobile Lösung.

Das Beispiel zeigt, dass Transferunterstützung und Evaluierung Hand in Hand gehen. Das Feedback direkt nach dem Training, die Auswertung der Präsentation vor dem Außendienst sind ja bereits Maßnahmen zur Messung des Erfolgs. Womit wir beim Thema Bildungscontrolling angekommen wären.

BILDUNGSCONTROLLING: KANN MAN LERNEN IN EURO UND CENT UMRECHNEN?

Ehrlich gesagt interessierte mich Bildungscontrolling früher überhaupt nicht. Wie die meisten Präsenztrainer war ich zufrieden damit, eine gute Veranstaltung gemacht zu haben – und „gut" hieß vor allen Dingen: Es gab positives Feedback durch die Teilnehmer. Dies wurde an die Auftraggeber zurückgemeldet, die dann meistens auch extrem zufrieden waren. Das nächste Training verkaufte sich quasi von ganz allein.

Doch je mehr in der Personalentwicklung um Budgets gekämpft werden musste, umso dringender wurde es, nachzuweisen, was das Ganze bringt – vor allem wenn man mit ungewöhnlichen Methoden arbeitet, der Seminarraum eher an eine große Spielwiese erinnert und die Teilnehmer deutlich hörbar jede Menge Spaß haben.

Also begann ich mich mit dem Thema Bildungscontrolling zu beschäftigen, anfangs noch relativ ahnungslos. Ich ließ mich in den USA im sogenannten Value-of-Investment-System von Herbert Kellner zertifizieren, einem Qualitätsmanagementsystem, das über das herkömmliche Bildungscontrolling noch hinausgeht. Es erhebt den Anspruch, auch die qualitativen Faktoren messbar zu machen.

Bis zum heutigen Tage habe ich keinen Kunden dazu bewegen können, dieses umfassende und inhaltlich überzeugende Programm wirklich komplett zu implementieren. Warum? Der Aufwand ist für viele Kunden schlicht zu groß. Der zweite Grund: Ich bin kein Berater und kein Erbsenzähler. Ich weiß, dass Bildungscontrolling notwendig ist, doch an der wirklich harten betriebswirtschaftlichen Basisarbeit habe ich keine Freude.

Trotzdem empfehle ich jedem Kunden, ein professionelles Bildungscontrolling einzuführen und mit den entsprechenden Experten zusammenzuarbeiten. Ich glaube nämlich, dass die Branche in den nächsten Jahren ein einfaches und anerkanntes System implementieren muss, das die Ergebnisse unserer schönen, bunten Arbeit in den Trainings auf pragmatische Art und Weise in nüchterne Exceltabellen und Kennzahlen übersetzt.

Wie immer sind uns hier die Amerikaner einen Schritt (oder mehrere) voraus. Sie setzen auf mächtige Softwaretools, die Transferunterstützung und Controlling vereinen. Die Kosten für diese Tools liegen aber zwischen 1000 und 1500 Euro pro Maßnahme, weshalb viele Kunden diesen Aufwand bisher noch scheuen.

BILDUNGSCONTROLLING UMFASST MEHRERE DIMENSIONEN

Als Ahnherr aller Bildungscontroller gilt ebenfalls ein Amerikaner: Donald Kirkpatrick. 1975 erschien sein Buch *Evaluating Training Programs*. Er unterscheidet darin vier Ebenen des Bildungscontrollings, die noch heute in vielen Verfahren als Grundlage dienen:

- Erste Ebene: Teilnehmerzufriedenheit (mithilfe der berühmt-berüchtigten Happy Sheets)
- Zweite Ebene: Lernzuwachsmessung (Ist- und Sollzustand vergleichen)
- Dritte Ebene: Umsetzung am Arbeitsplatz (also der Transfererfolg)
- Vierte Ebene: Unternehmenserfolg (als Auswirkung des veränderten Verhaltens am Arbeitsplatz)

Jack Phillips, auch ein Amerikaner, hat quasi als fünfte Ebene den Return on Investment für Weiterbildungsmaßnahmen entwickelt, und Herbert Kellner hat als sechste Ebene das schon erwähnte Value-of-Investment-System eingeführt, mit dem er auch die nichtmonetären Aspekte der Personalentwicklung in harte Zahlen übersetzen will.

Auf Elwood Holton, den amerikanischen Pionier der Andragogik, geht das Modell des Lerntransfersysteminventars zurück. Mittlerweile wird es durch ein leistungsstarkes Softwaretool unterstützt und zwingt alle Beteiligten vor, während und nach Personalentwicklungsmaßnahmen dazu, Daten in das System einzupflegen. Aus ihnen kann abgelesen werden, wie effektiv die Maßnahmen waren und welche weiteren Maßnahmen notwendig sind, um den Transfer entsprechend zu unterstützen.

Wie bereits gesagt, momentan ist die Lösung für viele Unternehmen noch zu teuer, sie kostet zwischen 1000 und 1500 Euro pro Seminargruppe und Maßnahme. Mehr Anwender werden das System aber preisgünstiger machen. Das Problem dieser Lösung ist allerdings nicht nur der Preis, sondern auch die Sperrigkeit in der Handhabung. Dabei läuft die Personalentwicklung zudem Gefahr, wieder einmal als Fragebogen- und Interviewabteilung wahrgenommen zu werden.

SKILLCHECK, TRANSFERREPORT UND ROI-BERECHNUNG

Bei der edutrainment company haben wir unterschiedliche Lösungen pragmatisch miteinander kombiniert, sodass wir einen onlinegestützten Skillcheck vor und nach einer Maßnahme durchführen können, der entweder auf unserem eigenen Kompetenzmodell basiert oder an das Kompetenzmodell des Kunden angepasst werden kann. Teilnehmer und Führungskräfte werden per Mail automatisch immer wieder an ihre Ziele erinnert. Die Führungskräfte erhalten ein Reporting über die durchgeführten Trainings. Aus den Teilnehmerfeedbacks, den Ergebnissen der Transfergespräche zwischen Führungskräften und Mitarbeitern und den mehrfach durchgeführten Skillchecks wird ein Transferreport erstellt.

Ob das Ganze dann noch um eine harte ROI-Berechnung erweitert werden soll, kann jeder Kunde nach Belieben entscheiden. In der Regel ist den Kunden der Aufwand jedoch zu groß. In meiner zwanzigjährigen Praxis habe ich echte ROI-Berechnungen bei Kunden immer nur dann erlebt, wenn das Projekt unter einem besonderen politischen Fokus stand oder wir es gemeinsam mit dem Kunden bei einem Wettbewerb einreichen wollten.

BILDUNGSCONTROLLING IN FÜNF STUFEN
(ABER LASSEN SIE SICH NICHT IN DEN WAHNSINN TREIBEN!)

STUFE 5
Return on Investment

STUFE 4
Unternehmens-erfolg

STUFE 3
Umsetzung am Arbeitsplatz

STUFE 2
Lernzuwachs-messung

STUFE 1
Teilnehmer-zufriedenheit

Stufe 1: Die Zufriedenheitsanalyse nach dem Training. Sie ist schnell zu bekommen, hat aber nur einen geringen Nutzen. Es macht Sinn, ein Teilnehmerfeedback einzufordern, weil dieses die Grundlage für das Feedbackgespräch mit Teilnehmern selbst, dem Trainer, dem Veranstalter etc. liefert. Doch der Feed-backbogen alleine hat keinen Wert, außer das allgemeine Bedürfnis nach Statistiken zu erfüllen.

Stufe 2: Die Messung des Lernzuwachses. Ist schon deutlich aufwendiger. Einigermaßen einfach lässt sich das Erreichen kognitiver Lernziele messen. Hier bietet sich die gute alte Lernstandskontrolle an, entweder im Training oder außerhalb, gerne auch als Onlinetest. Das Problem dabei: Je softer das Thema, umso geringer die Akzeptanz von Lernzuwachskontrollen. Wer möchte nach dem Führungs-kräftetraining schon einen Test zu den Feedbackregeln und den unterschied-lichen Konfliktarten über sich ergehen lassen, womöglich um danach bei schlechtem Abschneiden vom Chef eine Strafarbeit aufgebrummt zu bekommen?

Ein weiteres Problem: Der Wissenszuwachs bei solchen Themen sagt noch nichts über die mögliche kontextadäquate Anwendung des neuen Verhaltens aus. Diese lässt sich beispielsweise mit aufwendigen Videosimulatoren testen. Hier werden auf Basis von Critical Incidents, das heißt kompetenzbezo-genen Anwendungsfeldern des gewünschten Verhaltens, Videobeispiele mit Gesprächssituationen gedreht, die dann vom Lernenden bewertet werden. Ein solcher Videosimulator kann auch komplett als Eingangs- und Ausgangsmessung verwendet werden und ist in der Tat sehr nützlich, allerdings auch entsprechend teuer. Dies lohnt sich nur bei großen Teilnehmergruppen und einer längeren Halbwertszeit der Trainingsinhalte.

Stufe 3: Die reale Anwendung am Arbeitsplatz. Ob der Simulator dies schon prüfen kann, ist umstritten, denn genau genommen zeigt er lediglich, ob ein Lernender in der Lage ist, das gewünschte Verhalten zu erkennen und zu reflektieren. Das verrät noch nichts über die Anwendung. Ich weiß zum Beispiel sehr gut, wie ich mich gesund zu ernähren hätte, und ich kann gesunde Nahrung von ungesunder unterscheiden, wenn man mir Bilder davon zeigt. Das heißt aber noch lange nicht, dass ich diese Regeln wirklich immer anwende.

Wenn Sie ein reales Assessment durchführen, kommen Sie der Wahrheit schon näher. Sie haben eine Eingangs- und Ausgangsmessung, beispielsweise mit einem Rollenspiel und geschulten Beobachtern. Natürlich ist das noch nicht die Realität, sondern wieder nur ein Versuch. Und um wissenschaftlich korrekt zu arbeiten, müssen Sie nicht nur dafür sorgen, dass alle Beobachter wirklich gleich bewerten, was eine eigene Schulung notwendig macht. Sie brauchen zudem eine Vergleichsgruppe, die an der Personalentwicklungsmaßnahme nicht teilgenommen hat. Sie merken schon: Der Aufwand wird immer größer.

Dummerweise verändert sich das Verhalten von Menschen, wenn sie wissen, dass sie beobachtet werden. In der Wissenschaft spricht man vom Hawthorne-Effekt. Um diesen Effekt auszuschließen, benötigen Sie eine zusätzliche Kontrollgruppe. Wenn Sie dann endlich herausgefunden haben, dass die Teilnehmer nicht nur etwas gelernt haben, sondern dies auch an ihrem Arbeitsplatz anwenden und dass diese Anwendung kausal mit dem Training zusammenhängt, dürfen Sie die Frage beantworten, welchen Nutzen dies für das Unternehmen hat und wie groß der Einfluss auf den Unternehmenserfolg ist.

Stufe 4: Hier geht es noch nicht um die reine Zahlenbetrachtung, sondern um die Erreichung von Unternehmenszielen. So wird versucht nachzuweisen, dass Führungskräftetrainings etwas mit dem Ziel der Mitarbeiterbindung zu tun haben oder Reklamationstrainings mit der Zufriedenheit der Kunden.

Stufe 5: Um das Ganze nun in harte Zahlen umzuwandeln, müssen Sie Kennzahlen definieren und eine Vorher-Nachher-Betrachtung machen. Das bedeutet wieder: Je weicher das Thema, umso größer die Herausforderung, die Wirksamkeit in harte Zahlen umzurechnen. So kann die ROI-Berechnung des Burn-out-Präventionsseminars für Führungskräfte den Personalentwickler leicht in den Wahnsinn treiben (siehe das Beispiel von Axel Koch in seinem Buch *Die Weiterbildungslüge*).

STIX ZEIGT AN, WIE DAS UNTERNEHMEN AKTUELL LERNT

Das Ziel der Branche sollte aus meiner Sicht sein, einen pragmatischen Index, ein pragmatisches Tool für die Kompetenzentwicklung und den Zuwachs der Kompetenzen im Unternehmen zu entwickeln. Unsere Lösung dafür heißt STIX, Skill-Transfer-Index. Der Wert setzt sich aus verschiedenen Einflussfaktoren zusammen und wird monatlich oder vierteljährlich errechnet.

Personalentwicklung, Führungskräfte und Unternehmensleitung können mit diesem Werkzeug quasi tagesaktuell überprüfen, wie es um das Lernklima im Unternehmen bestellt ist und ob die Kompetenzen im Unternehmen wachsen, gleich bleiben oder sinken. Die Zusammensetzung des Index wird mit Personalentwicklung und Führungskräften in einem kurzen Workshop abgestimmt. Das Ergebnis ist nicht richtig oder falsch, sondern lediglich ein Indikator, der helfen soll, die richtigen Entscheidungen zu treffen, genau wie der Geschäftsklimaindex oder der DAX.

Das Gute an der Einführung eines professionellen Bildungscontrollings besteht darin, dass die Personalentwicklung gezwungen wird, sich an den Unternehmenszielen und damit am Unternehmenserfolg zu orientieren. Das ist per se schon einmal richtig. Schwierig wird es nach meiner Erfahrung, wenn für jede einzelne Maßnahme wirklich ein Return on Investment in Prozent angegeben werden muss. Denn echtes Bildungscontrolling ist sehr aufwendig, oft deutlich teurer als die Maßnahme, die Gegenstand der betriebswirtschaftlichen Betrachtung ist – und am Ende immer noch subjektiv.

Die Mitarbeiter werden zu jedem der vier Bereiche befragt. Es gibt jeweils vier Fragen, die individuell für das Unternehmen entwickelt werden. Diese Fragen werden von den Mitarbeitern auf einer Skala von -5 bis +5 bewertet. Aus allen Bewertungen wird der Durchschnitt gebildet. Dieser Durchschnitt ist der STIX.

6/

IN DIESEM KAPITEL ERFAHREN SIE,

– wie aus Callcenter-Mitarbeitern stolze Markenbotschafter werden,

– warum lausiger Kaffee Geschmack auf wirklichen guten Service machen kann und

– welche Lernchancen das iPad wirklich bietet.

Sollte Ihnen die Scheuert KG mittlerweile ans Herz gewachsen sein, können Sie das schwäbische Unternehmen gerne selbst in Ihren Trainings als Praxisbeispiel verwenden. Es gibt eine Homepage des Unternehmens, Charakter- und Produktbeschreibungen, Projektstandards und vieles mehr.

WWW.SCHEUERT-KG.DE

Stellen Sie sich vor, Sie möchten Ihre Vertriebsmitarbeiter praxisnah trainieren. Dann ist die Scheuert KG vielleicht der fiktive Kunde. Wichtige Ansprechpartner des Beispielunternehmens werden von Seminarschauspielern dargestellt, am Telefon und real im Training. Daten zur Scheuert KG können in das CRM-System des Auftraggebers eingepflegt werden, sodass Mitarbeiter tatsächlich dort Informationen über das Unternehmen finden. Sie können im Internet recherchieren und ganz gezielt zum Beispiel eine Vertriebspräsentation vorbereiten, die später im Training live durchgespielt und analysiert wird.

Ein solches Vorgehen ist deutlich effektiver als ein herkömmliches Training. Manchmal entwickeln wir auch eine Simulation, in der die Teilnehmer eine fiktive Coffeeshop-Kette führen müssen und dafür in die entsprechenden Rollen schlüpfen – so illustrieren wir das Thema Beschwerdemanagement. Hier ist die Idee, dass die Teilnehmer das gewohnte Terrain verlassen, um sich beim Erlernen von Kompetenzen in den Bereichen Kommunikation, Führung und Service nicht zu sehr von den eigenen Inhalten bestimmen zu lassen. Gleichzeitig bewegen sie sich in einem Lernfeld, das von den geforderten Kompetenzen her vergleichbar mit dem eigenen Arbeitsumfeld ist.

Kennen Sie den Film The Game mit Michael Douglas und Sean Penn? Michael Douglas spielt darin mal wieder einen nicht unbedingt sympathischen Manager aus der Finanzbranche. Sein Bruder, dargestellt von Sean Penn, inszeniert mithilfe einer Firma, die jede Menge Schauspieler zur Verfügung stellt, ein fiktives Szenario für ihn. Das Spiel wird allerdings im Laufe des Films immer realer. Und der von Michael Douglas dargestellte Manager weiß gar nicht mehr, was Spiel ist und was nicht. Er wird in extreme Situationen katapultiert und durchläuft einen Veränderungsprozess, an dessen Ende die Läuterung steht. Jetzt erst erfährt er, dass das Ganze nur eine Inszenierung war – nicht ganz günstig für knapp zwei Millionen Dollar, die er auch noch selbst bezahlen muss.

Das ist für mich eine herrlich aufwendige Coachingmaßnahme, und ich träume davon, irgendwann einen Kunden zu haben, der bereit ist, ähnlich viel Geld in eine wirklich gelungene Simulation zu investieren. Bis es so weit ist, versuchen wir auch mit kleinen Mitteln und viel Kreativität und Engagement das Bestmögliche zu schaffen.

Die folgenden Praxisbeispiele habe ich ausgewählt, um Ihnen eine breite Palette unserer Lösungen vorzustellen. Ich beschreibe jeweils kurz die Aufgabenstellung, unsere Herangehensweise samt Umsetzung und das Ergebnis.

GUTE
UNTERHALTUNG
!

BOOKING OFFICE AGENT SHOW

AUS JOBBERN WERDEN MARKENBOTSCHAFTER

DER KUNDE: **NH HOTELES** IST EINE DER GRÖSSTEN HOTELKETTEN. JEDES HOTEL HAT MEETING- UND KONFERENZRÄUME, DEREN BUCHUNG IN DEUTSCHLAND SEIT 2012 ÜBER EIN ZENTRALES BOOKING-OFFICE LÄUFT. DIE ZAHL DER BOOKING-AGENTS ERHÖHTE SICH VON DREISSIG AUF HUNDERTFÜNFZIG. ZIEL DER ZENTRALISIERUNG IST ES, DIE AUSLASTUNG DER RÄUME UND DEREN UMSATZ DEUTLICH ZU STEIGERN.

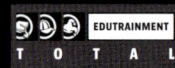

www.edutrainment.com

DIE AUFGABE

In einer mehrtägigen Großgruppenveranstaltung sollen wir die neuen Booking-Agents optimal auf ihre neue Tätigkeit, das Arbeitsumfeld und die Hotelbranche vorbereiten. Die fachliche Ausbildung erfolgt durch Trainings der hoteleigenen NH University. Eine sinnvolle Abstimmung beider Trainingsteile ist ausdrücklich gefordert. NH Hoteles legt großen Wert auf eine positive Lernatmosphäre, Teamarbeit, unterschiedliche Lernmethoden und starken Praxisbezug – ideale Voraussetzungen für Edutrainment also. Eine hohe Identifikation mit der eigenen Arbeit und dem Unternehmen ist das Ziel. Die Teilnehmer sollen erleben, dass sie wichtig und wertvoll sind. Aus einer Gruppe soll ein Team werden.

DAS KONZEPT

Bei der „Booking Office Agent Show" (Teambuildung and Customer Care) stehen Wertschätzung und Motivation der Mitarbeiter im Mittelpunkt. Wir begreifen den neuen Mitarbeiter nicht einfach als „Telefonjobber", sondern als künftigen Markenbotschafter. Um ihm die Marke NH Hoteles und die Hotelbranche näherzubringen, lassen wir erfahrene Markenbotschafter, nämlich Topführungskräfte von NH, auftreten. Praktische Übungen bereiten die Teilnehmer auf ihre zukünftigen Aufgaben vor. Dabei wechseln sich spielerische Übungen mit Konzentrationsphasen ab. Die „Booking Office Agent Show" findet jeweils zu Beginn und als Abschluss der vierwöchigen Fachtrainings der NH University statt. So werden die Teilnehmer erst ideal auf den Neustart eingestimmt und dann feierlich in ihre neue Tätigkeit entlassen. Für eine anregende, wertschätzende Lernatmosphäre wählen wir besondere Orte wie das „nhow"-Musik- und Lifestyle-Hotel.

DIE UMSETZUNG

Vor, während und nach dem Training sorgen Transfermaßnahmen für eine nachhaltige Verankerung der Inhalte.

- Aufgabe „Urlaubssouvenir mitbringen": Das Souvenir steht für ein positives Verkaufs- erlebnis und dient als Impuls, aus Kundensicht zu denken.

- „Speeddating" als Kennenlernübung: Die Teilnehmer malen und interviewen sich gegenseitig.

- „Expertenrunde": Die Teilnehmer sammeln Fragen zur Tätigkeit im Booking-Office und stellen sie erfahrenen Mitarbeitern.

- „Booking-Office-Spiel": Auf Basis realer Kundenanfragen werden gemeinsam Lösungsvorschläge erarbeitet. Die Ergebnisse werden von allen diskutiert.

- Aktivierende Sequenzen zwischen den Übungen wie leichte Gymnastik zu Popmusik oder Jonglieren lernen: Die Trainer zeigen, wie man Verspannungen bei der Bild- schirmarbeit vermeidet.

- „Booking-Office-Quizshow": Teams treten mit selbst erarbeiteten Fragen und Ant- worten gegeneinander an. Aus Kundenperspektive spüren sie „Fehler im System" auf.

- „Logo entwerfen" als letzte Übung: Aus den Entwürfen aller Teilnehmer wird das offizielle Logo für „BOB", das Booking-Office Berlin, gekürt.

DIE ERGEBNISSE

Das Feedback der Teilnehmer nach den Trainings ist durchweg positiv. Die Durchschnittspunktzahl liegt bei 4 (auf einer Skala von 1 = ungenügend bis 5 = hervorragend). Bei Tests in den Bereichen Verkaufstraining und Systemtraining schneiden die Teilnehmer gut bis sehr gut ab. Beim Kommunikationstest (Verkaufstraining) erzielt jeder mindestens sieben von zehn möglichen Punkten. Im Bereich Systemtraining, bei dem der Fokus auf der Umsetzung des Gelernten in die Praxis liegt, beträgt die Erfolgsquote 85 Prozent. Auch in betriebswirtschaftlicher Sicht zeigen die Maßnahmen Wirkung. Im Jahr 2012 steigerte sich die Effektivität um fast 20 Prozent.

Kommunikationstest (Verkaufstraining)

alle Teilnehmer

jeder Teilnehmer erzielt mindestens 7 von 10 Punkten

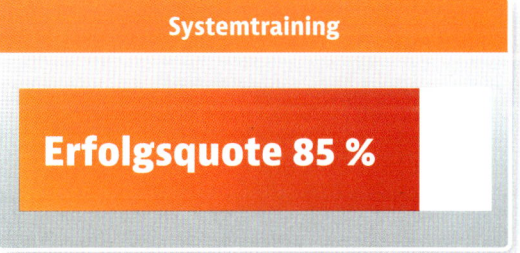

Systemtraining

Erfolgsquote 85 %

Effektivität

+20 %

2011   2012
nach dem Training

172

DIE AUFGABE

Die vier Fokusziele höhere Belegung, mehr Servicequalität, Quick Wins und Brand-Awareness sollen an Führungskräfte und Mitarbeiter vermittelt werden. In Zukunft soll jeder Mitarbeiter noch mehr Unternehmergeist beweisen, mit offenen Augen durch das Hotel gehen und Verbesserungsmöglichkeiten und neue Geschäftsideen entdecken.

Was zu beachten ist: Das Unternehmen hat gerade seine Organisation für Zentraleuropa umstrukturiert. Geplant ist eine Führungskräftekonferenz mit mehr als 150 General Managern, dem Topmanagement und weiteren Führungskräften.

Die Vorbereitungszeit ist extrem knapp. Zwischen Anfrage und Durchführung liegen gerade einmal vier Wochen.

DAS KONZEPT

Wir kombinieren das schon bestehende interne Wake-up-Motto mit dem Wunsch nach Stärkung des unternehmerischen Denkens. Statt des geplanten klassischen Konferenzformats setzen wir auf ein TV-Format mit allem, was zu einer richtigen TV-Show dazugehört: Logo, Trailer, Jingle, Moderator, Bühne, Live-Übertragung, Kamerateam, Studiogäste, Wettbewerbe, Preisgewinner.

Diese Wake-up-Show ergänzen wir durch Trainings für die Führungskräfte und Multiplikatoren-Workshops mit den Mitarbeitern. Alle inhaltlichen Elemente wie die Präsentation des Managements, die Vorstellung der neuen Führungsstruktur und die Erarbeitung von Zielen und Maßnahmen sind in das Show-Format eingebettet. Die Ideen für die Erreichung der vier Fokusziele sollen nach einem vorher festgelegten Format unter Verwendung eines Templates in Gruppen erarbeitet und präsentiert werden. Ein Profifotograf und ein Visualisierer werden den Verlauf und die Ergebnisse des zweitägigen Events festhalten.

Die General Manager erhalten zudem eine Einladung zu einem zweitägigen Training zu Entrepreneurship und Innovation. Daran anschließend finden Workshops mit den Mitarbeitern statt, die eigene Ideen für die vier Fokusziele entwickeln werden. Als Belohnung der Wake-up-Challenge, die mit einem Video des Europachefs medial unterstützt wird, winkt ein Preis für das Team mit der erfolgreichsten Idee.

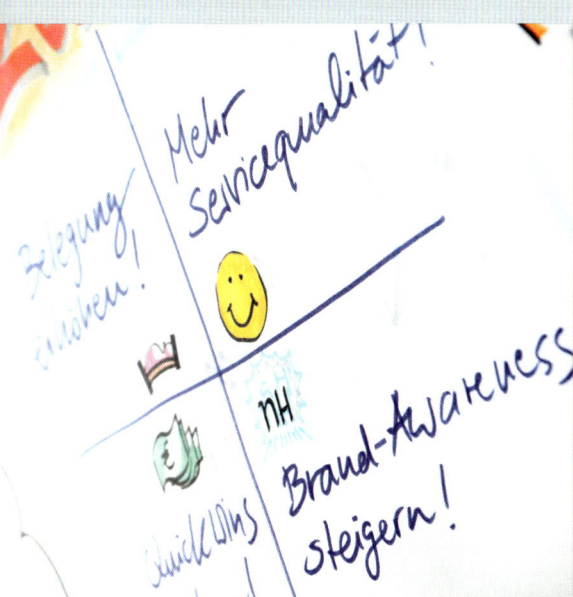

Aus einer „stinknormalen" Führungskräftetagung wird ein anspornender, das gesamte Unternehmen umfassender Wettbewerb für neue Ideen und Innovationen, die das tägliche Geschäft beflügeln:

- Show-Element Unternehmercoaching mit fiktiven Kleinunternehmern, die von den Hotelmanagern bei der Entwicklung ihres Unternehmens unterstützt werden. Trainer aus dem edutrainment-Team verkörpern die Unternehmer. In Videos und live in der Show stellen sie ihre Unternehmen vor.

- Mithilfe vorbereiteter Templates werden Ideen zu den vier Fokuszielen gesammelt.

- Ein visuelles Protokoll der Veranstaltung dient als visueller Anker.

- Produktion von VoxPops mit kurzen Statements von Kunden zu Fragen rund um die Themen Hotel, Unternehmertum und Innovation

- Präsentationen für das Management, die inhaltlich und visuell an das Showkonzept angepasst sind, werden entwickelt.

- Entwicklung von Workshop-Leitfäden für die Führungskräfte, die bei Brainstorming-Sessions mit den Mitarbeitern zum Einsatz kommen

- Cross-Innovation-Spiel mit speziellem Bezug zur Hotelbranche und geeigneten Impulsbranchen

- „Marshmallow-Challenge" als Illustrationsübung für die Themen Unternehmertum und Erfolg durch Prototyping

- Promotion-Wettbewerb für die beste Idee mit Preisverleihung

Alle Ideen werden zentral gesammelt, die durchgeführten Maßnahmen und deren monetärer Erfolg werden während der Kampagne an alle Hotelmanager kommuniziert. Das Topmanagement ist ebenfalls einbezogen, durch Newsletter, Videos und Live-Auftritte in der Großveranstaltung und in den Videobotschaften.

Ein echter Wake-up-Call für alle Beteiligten, auch innerhalb des edutrainment-Teams. Viele neue kreative Ideen, mehr Umsatz, Einsparungen, neue Abläufe und reichlich mehr Engagement auf allen Ebenen sind der Lohn.

BESCHWERDE-MANAGEMENT
MIT MILCH UND ZUCKER

DER KUNDE: DIE HOTELGRUPPE **ACCOR** IST EUROPAS GRÖSSTER BETTENANBIETER. ALLEIN IN DEUTSCHLAND BETREIBT SIE MEHR ALS 330 HOTELS. EIN PROFESSIONELLES BESCHWERDEMANAGEMENT, IN DAS ALLE MITARBEITER EINGEBUNDEN SIND, IST FÜR EINEN SOLCHEN KONZERN UNABDINGBAR. ES GILT, VERLÄSSLICHE STANDARDPROZEDUREN ZU ETABLIEREN UND VERSCHIEDENE BESCHWERDESITUATIONEN SCHNELL ZU BEARBEITEN. DIE EDUTRAINMENT COMPANY ARBEITET SEIT 2007 MIT DER ACADÉMIE ACCOR IM BEREICH „HOSPITALITY" ZUSAMMEN.

www.edutrainment.com

DIE AUFGABE

Zielgruppe der neuen Maßnahme sind alle Hotelmitarbeiter mit Führungsverantwortung, vom Abteilungsleiter bis zum Direktor. Accor legt wie immer hohen Wert auf innovative Konzepte in der Methodik und zur Transfersicherung. Die Teilnehmer sollen lernen, Beschwerden einzuschätzen und möglichst frühzeitig zu agieren. Ihre Konflikt- und Entscheidungsfähigkeit sowie ihre Kompetenz im Umgang mit Beschwerden sollen gestärkt werden.

DAS KONZEPT

In Vorab-Interviews und einem Pilottraining erfassen wir den Bedarf und setzen ihn konzeptionell um. Wir wollen das heikle Thema Beschwerdemanagement durch eine Unternehmenssimulation erlebbar machen: mit der virtuellen Coffeeshop-kette „Moonpenny AG", deren lausige Kaffeequalität für Sodbrennen und andere Beschwerden sorgt. Für den Transfer setzen wir mit großem Aufwand verschiedene Mittel und Medien ein, zum Beispiel eine eigene Homepage und Cartoons. Durch das ungewöhnliche Trainingsszenario verankert sich der professionelle Umgang mit Beschwerden leichter im Bewusstsein der Teilnehmer. Sie erlernen einen definierten Ablauf für die Bearbeitung von Beschwerden und werden für ihre Vorbildfunktion in der internen Kommunikation sensibilisiert.

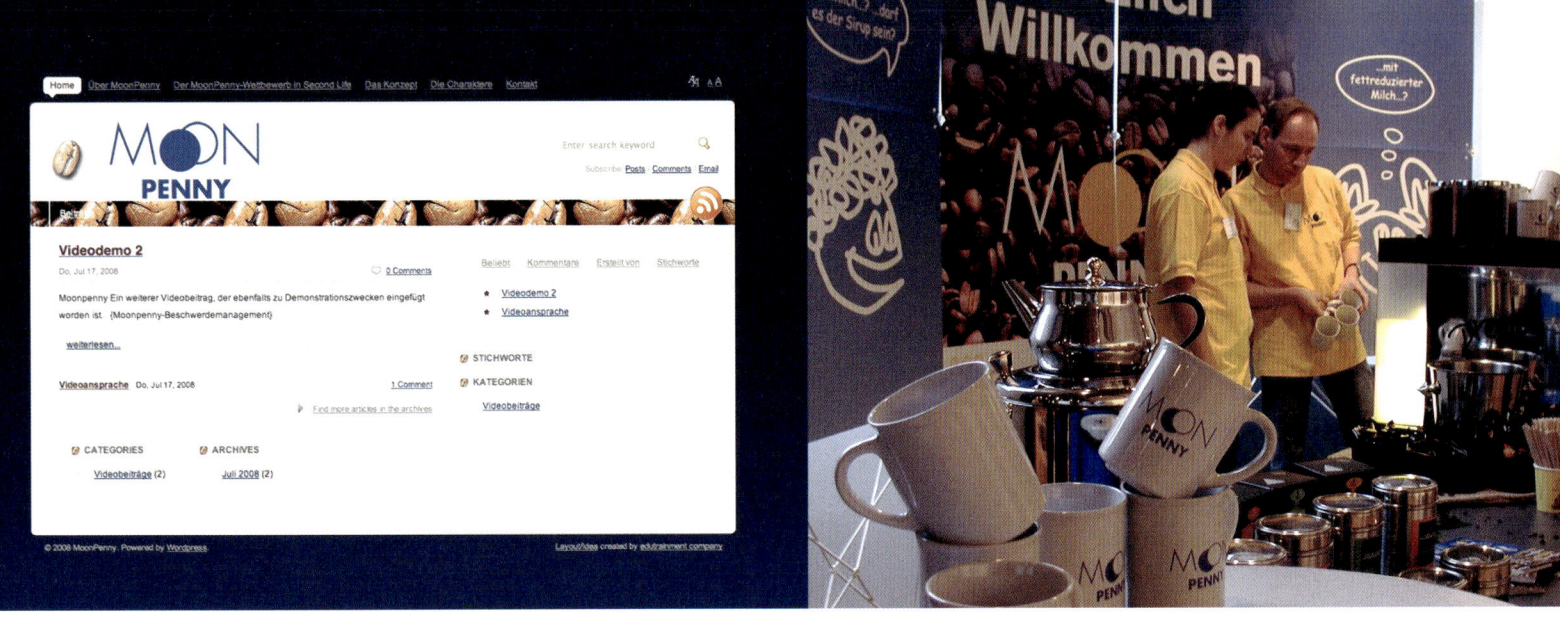

DIE UMSETZUNG

Das zweitägige Training findet an mehreren Standorten in Hotels mit mindestens drei Sternen statt. Am ersten Tag tauchen die Teilnehmer in das Szenario der Moonpenny AG ein. Der zweite Tag dient dem Transfer der Arbeitsergebnisse in die Praxis.

- Zu Beginn stimmt ein Video des CEO von Moonpenny die Teilnehmer ein. Er weist auf die steigende Zahl von Beschwerden hin.

- In vier Regionalgruppen werden Aktionspläne zur Behebung von Beschwerden entwickelt. Den Beschwerden liegen reale Reklamationen von Hotelgästen zugrunde, vor dem Training haben wir aus ihnen Beschwerdebriefe und -E-Mails der Moonpenny AG kreiert.

- Die Gruppe mit den besten Verbesserungsvorschlägen gewinnt den Moonpenny Award.

- Beschwerdeannahmen werden analysiert und bewertet, besonders im Hinblick auf die weitere Bearbeitung durch die Führungskraft und deren Kommunikation mit den Mitarbeitern.

- Transfer: Lösungen für aktuelle, reale Beschwerden werden anhand der erarbeiteten Prozeduren entwickelt, ein persönlicher Aktionsplan unterstützt die Teilnehmer.

- Die Transfersicherung geschieht unter anderem über eine eigens erstellte Moonpenny-Homepage mit Blog. Auf Accor-Mitarbeiterevents wird eine Moonpenny-Filiale mit Schauspielern eingesetzt.

DIE ERGEBNISSE

Das Moonpenny-Trainingsformat erhält begeisterte Rückmeldungen der Teilnehmer, die Reklamationsquote sinkt, das Beschwerdemanagement verbessert sich. Moonpenny-Mitarbeiter Heinz Schäumig genießt bei Accor fast schon Kultstatus. Das innovative Format wird 2009 mit dem Internationalen Deutschen Trainingspreis in Gold ausgezeichnet.

Gold-Preisträger
Internationaler
Deutscher
Trainings-
Preis 2009
BDVT

Ein iPad-Training im Vertrieb:

Tausend Lösungen

IN DER HAND HABEN

UNSER KUNDE IST EIN INTERNATIONAL TÄTIGER **PHARMAKONZERN,** DER BISLANG EHER NEGATIVE ERFAHRUNGEN MIT DEM IPAD-EINSATZ IM VERTRIEB GESAMMELT HAT. IM OKTOBER 2012 ERHÄLT DER AUSSENDIENST DER BUSINESSUNIT NEUROLOGIE NEUE IPADS. EINE NEUE IPAD-APP SOLL DIE PRODUKTPRÄSENTATION UNTERSTÜTZEN. DIE MEISTEN MITARBEITER HABEN NOCH NIE EIN IPAD IM VERTRIEBSGESPRÄCH EINGESETZT. AUCH FÜR DIE FACHÄRZTE, IHRE ZIELGRUPPE, IST DIESER EINSATZ WEITGEHEND NEU.

www.edutrainment.com

EDUTRAINMENT
T O T A L

DIE AUFGABE

Die Außendienstmitarbeiter sollen den souveränen Umgang mit dem iPad und der App erlernen. Dazu gehört, dass sie die Botschaften der App im Kundengespräch platzieren können. Direkt nach dem Training sollen sie fit für den iPad-Einsatz sein. Dabei kommt es auf das souveräne Handling der App im Gespräch mit dem Arzt an.

DAS KONZEPT

Wir wollen, dass die Teilnehmer das iPad als Hilfsmittel zum Lösen von Aufgaben und nicht als technische Wunderwaffe begreifen. Sie sollen das Gerät und ausgewählte Apps spielerisch und intuitiv kennenlernen. Dafür setzen wir auf die Methode „Many to many" (viele Nutzer kommunizieren miteinander), bei der die Teilnehmer alles selbst ausprobieren und einzeln oder als Gruppe vom Trainer Feedback erhalten. Unser Konzept hebt sich von anderen Angeboten im Markt ab, weil es den Teilnehmern genug Raum gibt, iPad und Apps selbst zu entdecken und Technik wie auch Inhalte kritisch zu hinterfragen.

Um den Einsatz im Gespräch mit dem Arzt zu simulieren, setzen wir im Training Seminarschauspieler ein. Sie werden zuvor auf die Besonderheiten typischer Gesprächssituationen im Pharma-Außendienst in einem sensiblen Segment gebrieft.

DIE UMSETZUNG

Das zweieinhalbtägige Training besteht aus vier Blöcken: Techniktraining, Rallye, Workshops zur iPad-Technik, zum Handling und auch zu Einwänden, Rollenspiele.

- Am ersten Vormittag werden Führungskräfte und Mitarbeiter der Fachabteilungen Medizin und Marketing eingebunden.

- Die Raumgestaltung und der gezielte Einsatz auch von analogen Visualisierungen (Cartoons, Erklärposter, Wegweiser im Hotel) geben Orientierung, sorgen für angenehme Atmosphäre und schaffen eine umfassende Lernwelt.

- Das Trainer-iPad wird per Beamer gespiegelt. Ein Trainer demonstriert, zwei weitere Trainer helfen den Teilnehmern individuell.

- Rallye-Teams aus Teilnehmern mit unterschiedlicher iPad-Vorerfahrung lösen verschiedene Aufgaben mit dem Tablet.

- Gruppenaufgaben forcieren den Erfahrungsaustausch untereinander.

- Seminarschauspieler treten in den Rollenspielen als Gegenüber auf und können gezielt auf das Handeln und die individuellen Herausforderungen der Teilnehmer reagieren.

- Die Trainer sprechen Probleme und Sorgen (mangelndes Technikwissen, Bedienfehler) an und bauen diese ab.

- Am Ende des Trainings erhalten die Teilnehmer eine motivierende iPad-Videobotschaft der Außendienstleiterin.

DIE ERGEBNISSE

Alle Lernziele werden erreicht, wie Abschluss- und Teilnehmerbefragung zeigen. Sechzig Prozent der Teilnehmer beurteilen den iPad-Einsatz im Vertriebsgespräch als sehr positiv, vierzig Prozent als positiv. Das iPad kann sofort nach dem Training in Arztgesprächen eingesetzt werden. Die iPad-Nutzung im Vertriebsalltag wird regelmäßig bei den regionalen Meetings reflektiert. Ein Folgetraining fand im März 2013 statt.

Fit & Wash

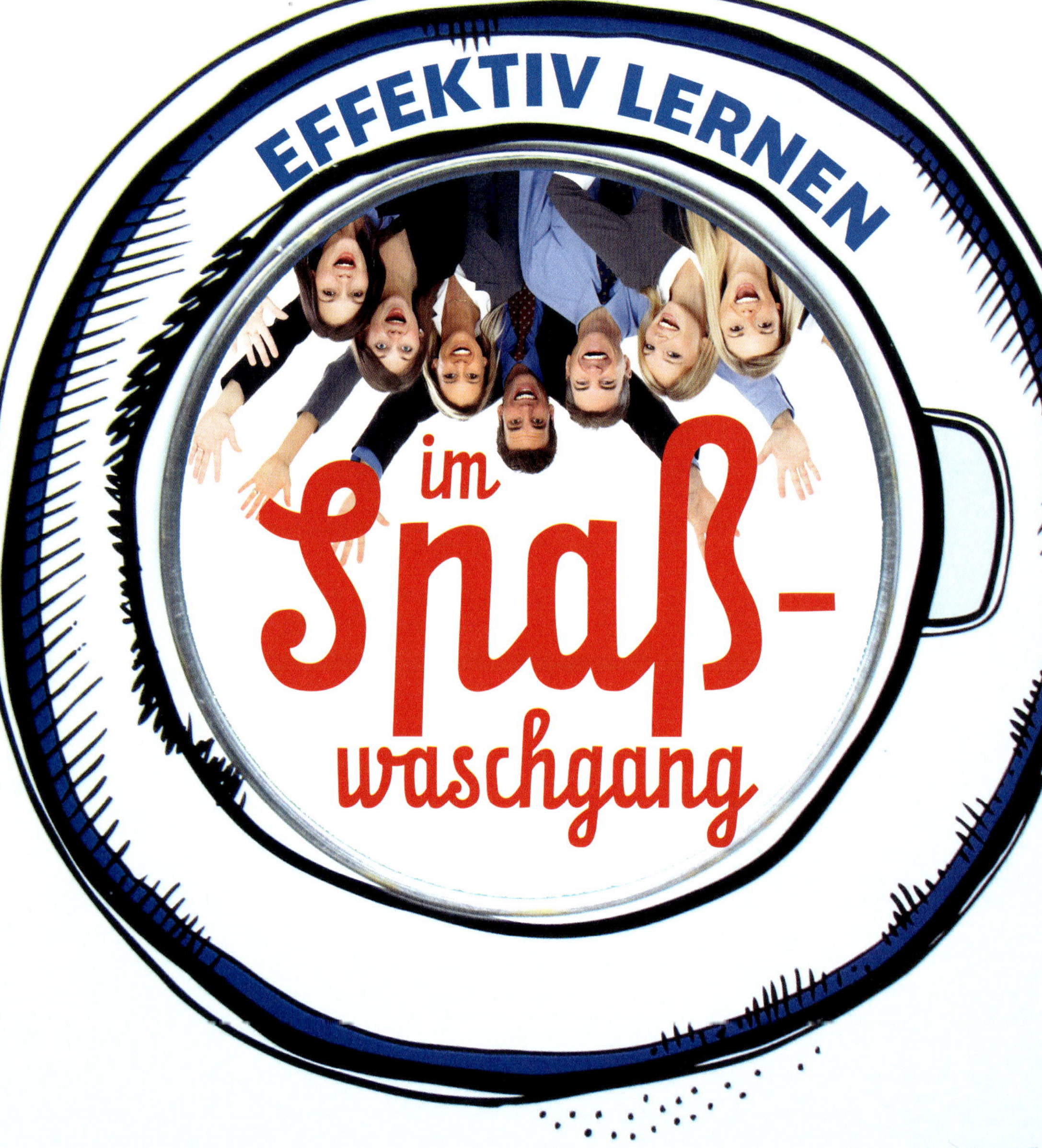

EFFEKTIV LERNEN

im Spaß-waschgang

DER KUNDE: DIE **MIELE CIE. KG** IST EIN GROSSER DEUTSCHER HERSTELLER VON HAUSHALTSGERÄTEN, DER BESONDERS FÜR SEINE WASCHMASCHINEN BERÜHMT IST. WELTWEIT BESCHÄFTIGT MIELE RUND 17.000 MITARBEITER. UM IM GLOBALEN WETTBEWERB BESTEHEN ZU KÖNNEN, SETZT DAS UNTERNEHMEN NICHT NUR AUF MODERNSTE TECHNIK, SONDERN AUCH AUF INNOVATIVE METHODEN IN DER WEITERBILDUNG SEINES PERSONALS. DIE EDUTRAINMENT COMPANY UNTERSTÜTZT MIELE SEIT 2008.

TOTAL

www.edutrainment.com

DIE AUFGABE

Gewünscht ist ein Trainingsprogramm zur Verbesserung von Kommunikation, Rhetorik und Gesprächsführung der Mitarbeiter in Meetings, Präsentationen und Kundengesprächen. Die Auswahl der edutrainment company für diese Aufgabe geschieht sehr bewusst, weil man sich neue Impulse für die Personalentwicklung erhofft. Ein hoher Praxisbezug ist ausdrücklich gefordert.

DAS KONZEPT

Wir entwickeln ein umfassendes Blended-Learning-Planspiel, das Online- und Offlinemaßnahmen vereint: Miele Fit & Wash. Dieses Szenario ermöglicht es uns, die tatsächlichen Arbeitsabläufe bei Miele realitätsnah widerzuspiegeln. Typische Situationen in Meetings und Präsentationen sind in einen Kontext eingebettet, der den realen Prozessen im Unternehmen nachempfunden ist. Im Mittelpunkt des Planspiels stehen die Produktion und Vermarktung von „Fit & Wash", einer fiktiven skurrilen Produktinnovation aus dem Hause Miele.

DIE UMSETZUNG

Das Planspiel gliedert sich in drei Phasen. Die Teilnehmer erhalten in zwei Onlinephasen und beim Präsenztraining Aufgaben, die sich direkt auf das Szenario beziehen.

ONLINEVORBEREITUNG

- Webinar als Einstieg in die Selbstlernphase: Die Teilnehmer lernen die Onlinelernmittel kennen.
- Es folgt ein Web-based Training auf der Lernplattform mit anschließendem Test.
- Das Szenario wird vorgestellt.
- Die Teilnehmer erhalten eine Vorbereitungsaufgabe für das Präsenztraining.

PRÄSENZTRAINING

- Hier starten wir mit drei verschiedenen Trainings: „Der Kommunikationsprofi", „Effektiv moderieren" oder „Präsentation und Visualisierung".
- Die Vorbereitung der Teilnehmer lässt viel Zeit für interaktive Übungen und individuelle Reflexion.
- Es gibt ein Training in Rollenspielen mit Szenariobezug, die Auswertung erfolgt durch Videofeedback.

ONLINENACHBEREITUNG

- Nach den Präsenztrainings absolvieren die Teilnehmer den zweiten Teil des Web-based Trainings.

DIE ERGEBNISSE

Die einheitliche Qualität der Seminare und ein hoher Praxistransfer sind gesichert, weil wir die verschiedenen Inhalte konsequent auf das Planspiel ausgerichtet haben. Damit gibt es einen übergeordneten Rahmen für ansonsten getrennte Themen im Weiterbildungsangebot. Redundante Inhalte werden vermieden, das spart Zeit und Geld. Die unterhaltsame Skurrilität des Szenarios erleichtert den Einstieg und die Kontaktaufnahme. Das erhöht sowohl die Lernzeiten als auch den Transfer. Von anderen Anbietern durchgeführte Themen wurden ebenfalls in das Szenario integriert. Auf Happy Sheets nach dem Training verzichtet Miele inzwischen, dafür gibt es neben dem Trainerbericht einen 100-Tage-Brief, eine schriftliche Umsetzungsvereinbarung und eine Befragung zur Umsetzung der Lerninhalte als weitere Transfermaßnahmen.

DIE AUFGABE

Das Ziel war daher die Entwicklung eines Mobile-Learning-Tools, das eine professionelle, motivierende Lernumgebung bereitstellt, die einfach und intuitiv zu bedienen ist. Die Lerneinheiten sollen kurz sein, damit man sie problemlos in den Alltag integrieren kann.

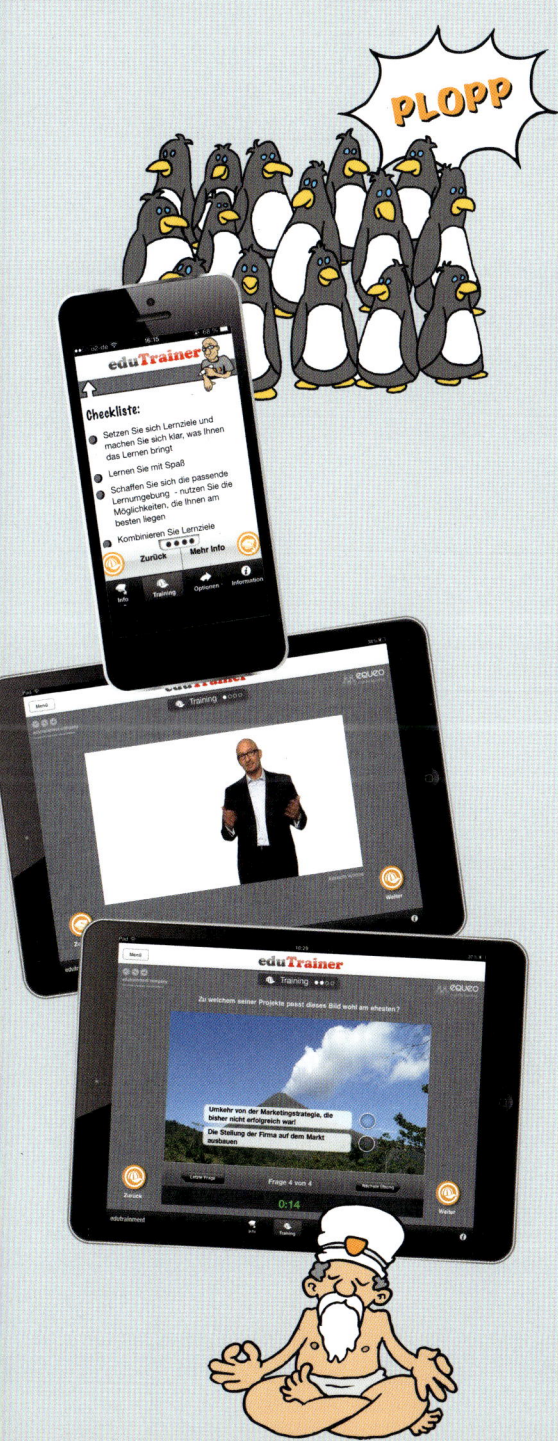

DAS KONZEPT

Wir kombinieren spielerisches Lernen und kompetente Inhaltsvermittlung in einer Smartphone-Anwendung, die sinnvolle Inhalte didaktisch stimmig aufbereitet und ansprechend verpackt. So wird spielerisches Lernen in kurzer Zeit möglich. Für den Endkunden muss die Lösung so attraktiv sein, dass er gewillt ist, privates Geld für arbeitsplatzbezogenes Lernen zu investieren.

DIE UMSETZUNG

Der eduTrainer folgt einem einheitlichen didaktischen Standard (Lernloop), bestehend aus:

- Lernzielen
- Einstiegsvideo
- Übungen
- Vertiefungsvideo inkl. Checkliste und weiterführenden Hintergrundtexten

Um die Inhalte zu entwickeln und zusammenzustellen, setzen wir das Autorenwerkzeug Mobile Author® der equeo GmbH ein. Mit Mobile Author können Infotexte, Bilder, Übungen, Checklisten, Videos und weitere Materialien online editiert und für unterschiedliche Endgeräte bereitgestellt werden – große technische Kenntnisse braucht man dafür nicht. Die Inhalte lassen sich automatisiert in das vorgesehene Application-Frameset importieren und im App Store von Apple zum Download anbieten.

Dank des Autoren-Tools kann man zum Beispiel Lern- und Trainingseinheiten zu Standardkompetenzen oder Produktinformationen schnell und kostengünstig entwickeln. Der eduTrainer ist nicht nur für iPhone, iPad und Android geeignet, sondern kann auch – nach kleineren Anpassungen – in vorhandene Lernplattformen der Unternehmen integriert werden.

DIE ERGEBNISSE

Bereits in den ersten vier Wochen gab es mehr als 4000 Downloads, in den ersten drei Monaten mehr als 60.000. Eine Woche lang standen die drei Apps in der Abteilung Bildung und Wissenschaft des App Stores auf Platz 1, 2 und 3. Zudem erhielten wir viele begeisterte Rückmeldungen von Kunden.

BOOTHTRAINER WBT:

DER BESTE MIX FÜRS LERNEN

DER KUNDE: BEIM KUNDEN HANDELT ES SICH UM EIN GROSSES INTERNATIONALES **PHARMAUNTERNEHMEN**, DAS AUF ALLEN BEDEUTENDEN MESSEN UND KONGRESSEN DER BRANCHE PRÄSENT IST. DIE EDUTRAINMENT COMPANY WURDE 2011 MIT EINEM UMFANGREICHEN KOMMUNIKATIONSPROGRAMM BEAUFTRAGT.

EDUTRAINMENT
T O T A L

www.edutrainment.com

DIE AUFGABE

Ziel ist es, ein Messeteam aus mehreren Ländern auf die besonderen kommunikativen, sprachlichen, technischen und fachlichen Herausforderungen der internationalen Messe „European Congress of Radiology" vorzubereiten. Bei den Teammitgliedern handelt es sich um Produktspezialisten im pharmazeutischen Bereich Diagnostik. Die bisherigen Präsenztrainings sind sehr zeit- und kostenintensiv, da die Teilnehmer aus ganz Europa eingeflogen werden müssen. Eine kostengünstigere und effiziente Alternative wird gesucht. E-Learning bietet sich also an.

DAS KONZEPT

Die edutrainment company setzt auf Blended Learning, das Web-based Training (WBT) mit Präsenztraining und Coaching verbindet. Besonderes Augenmerk findet die gezielte Vorbereitung des Messeteams auf den erstmaligen Einsatz des iPads am Kongressstand. Das iPad wird in allen Phasen des Messegesprächs benutzt, von der Ansprache bis zur Verabschiedung. Das erfordert eine spezielle Schulung derjenigen Mitarbeiter, die mit dem Gerät nicht vertraut sind bzw. es noch nie im Gespräch eingesetzt haben. Ein weiteres Kernelement des Konzepts ist der Edutrainment-Lernloop für Lernprogramme mit digitalen Medien. Der Lernloop umfasst Elemente für alle Sinneskanäle. So können die Teilnehmer je nach Lerntyp effektiv angesprochen werden und besser lernen. Das WBT kombiniert Inhalte aus dem Bereich Kommunikation und Verkauf mit den Fachthemen, die für die Messe relevant sind.

DIE UMSETZUNG

Das WBT beinhaltet alle kognitiven Inhalte eines zweitägigen Präsenztrainings in komprimierter Form und wird innerhalb von eineinhalb Stunden absolviert. Die Lernumgebung besteht aus Grafiken, Tonaufnahmen und Animationen.

Beispiele für Inhalte:

- Trainervideos zu den verschiedenen Themen
- Messespezifische Hintergrundinformationen
- Tipps zur Anbahnung eines Gesprächs
- Frage- und Argumentationstechniken

Die Lernziele werden am Anfang jeden Moduls angezeigt, jedes Thema hat eine Videoeinführung und eine kognitive Quizphase. Die Quizformate sind klassisch, visuell oder interaktiv. Jedes Mal erhält der Teilnehmer einen neuen Anreiz zum Lernen. Das Gelernte wird in einem zweiten Video verankert und vertieft. Am Ende des Moduls gibt es Texte zum Nach- und Weiterlesen sowie eine kurze Checkliste zu den Hauptinhalten.

DIE ERGEBNISSE

Die Kombination von digitalen Medien und klassischen Trainingsphasen ermöglicht eine optimale Vorbereitung des internationalen Messeteams – in kurzer Zeit und zu überschaubaren Kosten. Aufgrund der positiven Rückmeldungen gab es für den Kongress 2012 einen Folgeauftrag. Besonders haben wir uns über die Auszeichnung mit dem eLearning Award 2011 gefreut.

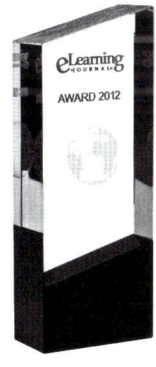

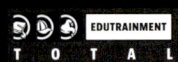

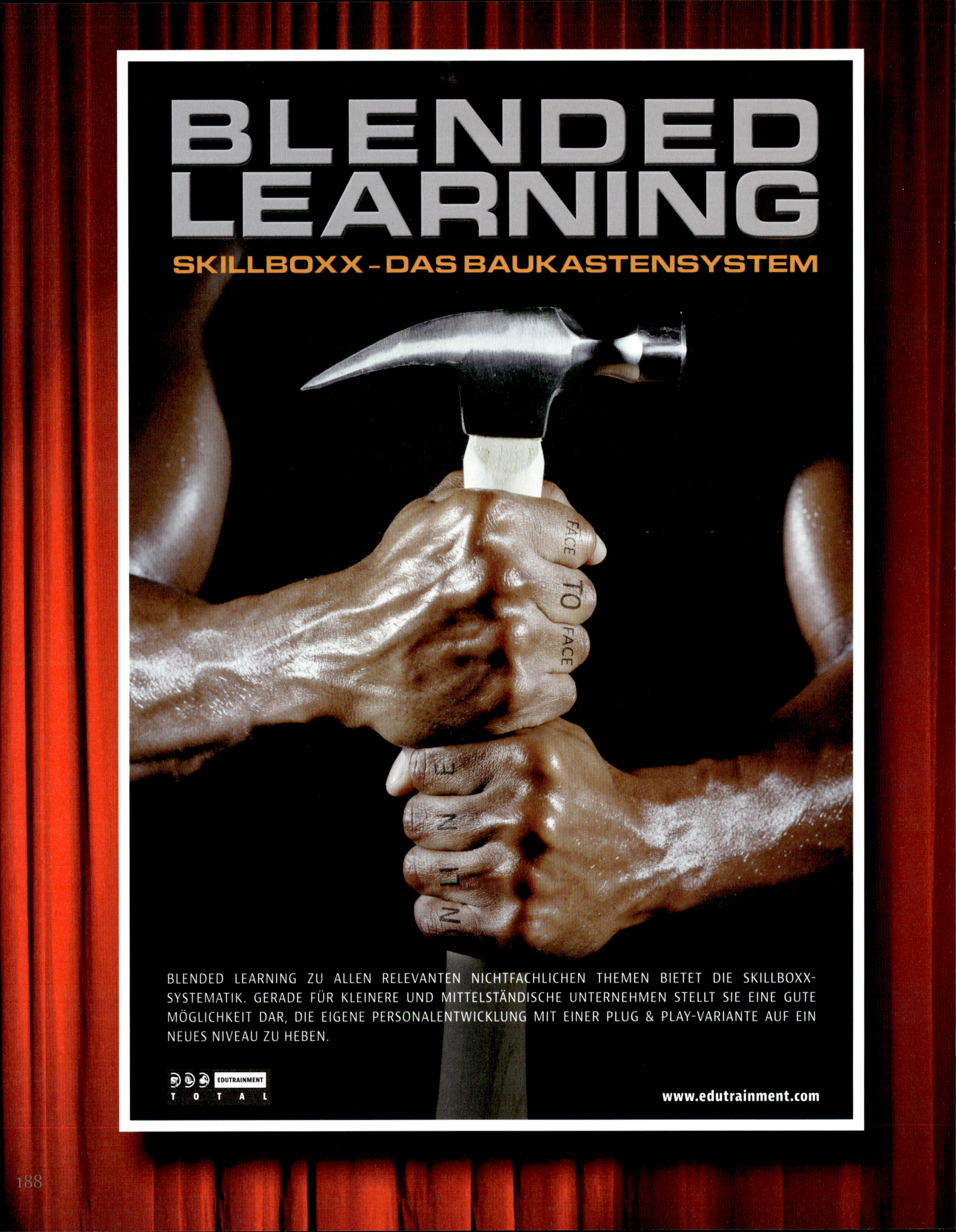
BLENDED LEARNING
SKILLBOXX - DAS BAUKASTENSYSTEM
FACE TO FACE
ONLINE
BLENDED LEARNING ZU ALLEN RELEVANTEN NICHTFACHLICHEN THEMEN BIETET DIE SKILLBOXX-SYSTEMATIK. GERADE FÜR KLEINERE UND MITTELSTÄNDISCHE UNTERNEHMEN STELLT SIE EINE GUTE MÖGLICHKEIT DAR, DIE EIGENE PERSONALENTWICKLUNG MIT EINER PLUG & PLAY-VARIANTE AUF EIN NEUES NIVEAU ZU HEBEN.
EDUTRAINMENT
TOTAL
www.edutrainment.com

DIE AUFGABE

Wir entwickeln ein Gesamtkonzept, das Folgendes verbindet: ein Kompetenzmodell, passgenaue Präsenztrainings nach den edutrainment-Prinzipien, eine Unterstützung fürs Selbstlernen und die tatsächliche Umsetzung des Gelernten am Arbeitsplatz sowie ein pragmatisches Bildungscontrolling. Übrigens geht es in diesem Buch um nichts anderes.

DAS KONZEPT

Die skillboxx ist eine Komplettlösung zur gezielten Kompetenzentwicklung: Kompetenzmessung, Training, E-Learning, Transferunterstützung und Controlling aus einer Hand. Innovative Präsenztrainings kombinieren wir mit gezielten Maßnahmen zur Transferunterstützung: Onlineangebote, Mobile Learning, Coaching am Telefon. Der Name skillboxx spiegelt die Zielsetzung wider: Es geht darum, die persönlichen Kompetenzen durch effektives Lernen zu entwickeln. Wann, wie und wo immer man will. Natürlich folgt die Lösung den Ihnen inzwischen vertrauten Edutrainment-Prinzipien.

Greifbar wird die skillboxx durch die orangefarbene Box mit den Lernkarten.

Blended Learning mit Lernkarten, App, Hörbuch, Webinar und mehr

KOMPETENZEN ENTWICKELN MIT SYSTEM

So könnte die Ideallösung der Personalentwicklung aussehen: Aus den Unternehmenszielen werden die zur Erreichung notwendigen Kompetenzen abgeleitet und in einem Kompetenzpool gesammelt. Dann werden sie den jeweiligen Aufgabenprofilen zugeordnet und priorisiert. Parallel definiert man die Sollausprägungen. Daraufhin misst man bei den Mitarbeitern die Istausprägungen, gleicht Letztere mit den Sollausprägungen ab und entwickelt die Kompetenzen bei einer Abweichung in die gewünschte Richtung.

DIE UMSETZUNG

Die derzeit sechsundvierzig skillboxx-Kompetenzen sind detailliert beschrieben und mit jeweils drei Verhaltensindikatoren zu Wissen, Einstellung sowie Fähigkeiten und Fertigkeiten beobachtbar und damit messbar gemacht.

Die Auswahl der für eine Aufgabe notwendigen Kompetenzen, zum Beispiel im Vertrieb oder für Projektmanager, erfolgt idealerweise gemeinsam mit Personalentwicklung und Führungskräften. Die Selbsteinschätzung vor dem Training kann – wenn gewünscht und erlaubt – durch eine Fremdeinschätzung ergänzt werden. Der sogenannte skillcheck steht offline und online zur Verfügung.

Zu jeder Kompetenz gibt es definierte Inhalte, für die bestimmte Trainingsmodule und Selbstlernmaterialien vorliegen. Hohe Transparenz und eine didaktisch sinnvolle Systematik in jeder Phase der Entwicklungsmaßnahme zeichnen die skillboxx aus.

Das gesamte Material aus Lernkarten, Hörbüchern, Web-based Trainings und mobiler App ist ansprechend, hochwertig und leicht verständlich gestaltet. Sie ahnen es bereits: pures Edutrainment eben.

Das Herzstück bildet die skillboxx mit den Lernkarten. Sie bietet ein praxiserprobtes Portfolio aus den sechsundvierzig wichtigsten Kompetenzen für den persönlichen Erfolg: Angebot erstellen, Probleme lösen, zielgerichtet lernen und mehr. Diese Kompetenzen sind zwölf Themen zugeordnet:

Der Lernende erhält immer die Karten für die Skills, die er gerade trainiert. Auf jeder Karte stehen kurz, prägnant und unterhaltsam alle wichtigen Infos. Die Lernkarten sind dabei nur ein Teil des skillboxx-Systems. Je nach Lerntyp kann jeder das Medium nutzen, das ihm am besten hilft, das Gelernte im Alltag präsent zu halten und zu vertiefen: Hörbuch, App für Smartphone und Tablet, Coaching-Hotline, Webinar. So wird zum Beispiel per E-Learning das durch Lernkarten erworbene Wissen getestet und erweitert.

DIE ERGEBNISSE

Beim Innovationspreis IT 2013 der Initiative Mittelstand haben wir uns in der Kategorie Human Resources gegenüber 4900 eingereichten Bewerbungen durchgesetzt.

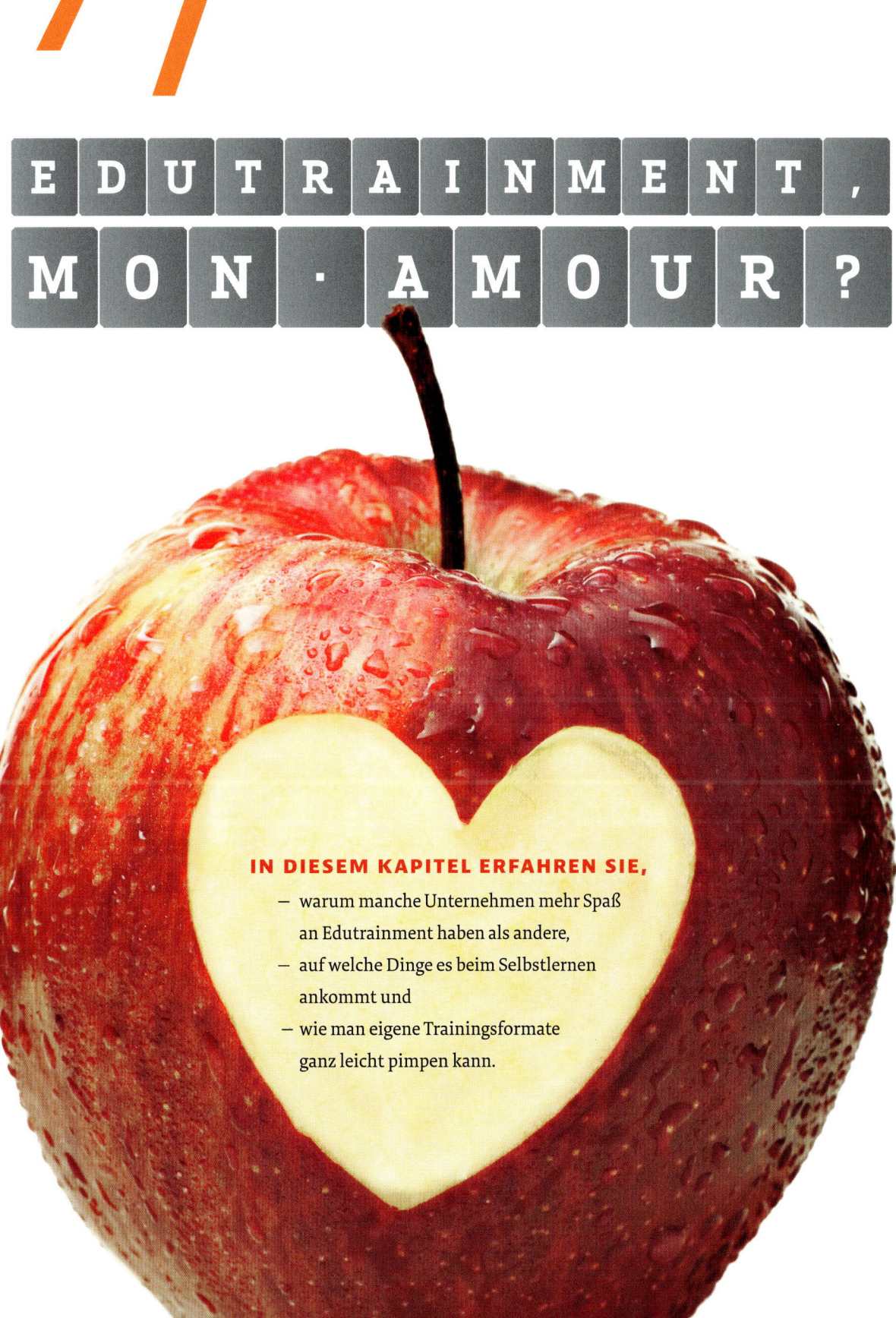

7/

EDUTRAINMENT, MON·AMOUR?

IN DIESEM KAPITEL ERFAHREN SIE,

— warum manche Unternehmen mehr Spaß
an Edutrainment haben als andere,

— auf welche Dinge es beim Selbstlernen
ankommt und

— wie man eigene Trainingsformate
ganz leicht pimpen kann.

Nachdem ich Ihnen hoffentlich Geschmack auf die Edutrainment-Philosophie machen konnte und Sie einen Überblick bekommen haben, wie Edutrainment-Lösungen in der Theorie und in der praktischen Umsetzung aussehen, stellt sich die Frage: Was bedeutet das für Sie?

Mein deutsch-amerikanischer Kollege Julian Kea würde jetzt für einen Call to Action plädieren. Sie kennen das von Diätratgebern. Wie gute Ernährung funktioniert, begreift man recht schnell. Sie lesen motivierende Beispiele, die Bilder machen Lust auf Obst und Gemüse. Jetzt gilt es, diesen Schwung zu nutzen und beim nächsten Einkauf Wasser, Gurken und Tomaten in den Einkaufskorb zu packen statt Nudeln, Gorgonzola und Sahne.

Genauso ist es mit Edutrainment. Man muss es umsetzen! Auf den nächsten Seiten folgen deshalb ganz pragmatische Tipps für die Praxis. Dabei tauchen erneut die vier fiktiven Personen auf, die Sie im Laufe dieses Buches kennengelernt haben. Anna Paulsen, Florian Müller, Lutz Freiberg und Susanne Redling stehen stellvertretend für die vier Zielgruppen dieses Buches; insofern müssten Sie unter den vier Perspektiven auch die Ihre wiederfinden.

EDUTRAINMENT FÜR PERSONAL-ENTWICKLER: LERNEN UND DIDAKTIK WERDEN CHEFSACHE

Als Personalentwicklerin setzt Anna Paulsen auf Edutrainment – und nicht nur ihr Unternehmen, auch sie selbst profitiert davon. Sie hat sich durch das Projekt deutlich enger mit wichtigen Entscheidungsträgern in anderen Bereichen des Unternehmens vernetzt. Vor allem die Verknüpfung mit Maßnahmen aus Marketing und Vertrieb verschaffte dem ursprünglich nur als Trainingsmaßnahme geplanten Programm einen deutlich größeren Hebel. Bei diesem Projekt ging es um Lernen und Veränderung in direkter Verbindung

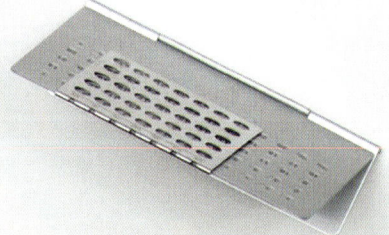

mit aktuellen Unternehmenszielen für das laufende Geschäftsjahr und darüber hinaus. Genau genommen ist Anna Paulsen mit dem Projekt viel näher an die eigentliche DNA der Scheuert KG herangerückt, an die Produkte und den Kunden. Die Scheuert KG verfügt jetzt über einen didaktischen Standard für die Erstellung und Vermittlung fachlicher Inhalte. Den gilt es jetzt auch für die übrigen Kompetenzen im Unternehmen zu entwickeln.

ÜBERPRÜFEN SIE IHREN AKTUELLEN STATUS

Beantworten Sie zunächst die folgenden Fragen:

Haben Sie bereits einen didaktischen Standard entwickelt?

Nutzen Sie eine Entscheidungsmatrix, die Ihnen hilft zu entscheiden, welche Inhalte und welche Kompetenzen zu welchem Zeitpunkt mit welchem Aufwand vermittelt werden?

Arbeiten Ihre Trainer, Coaches und Berater nach der gleichen Philosophie, den gleichen didaktischen und pädagogischen Prinzipien, und passen diese zu Ihrer Unternehmenskultur?

In den zwanzig Jahren meiner Tätigkeit habe ich bisher nur einen einzigen Kunden gehabt, der mir vor der Zusammenarbeit seine didaktischen Prinzipien schriftlich mitteilte und mich zwang, nach seinen Vorgaben einen Ablaufplan für das Training zu erstellen. Ich musste die Methoden beschreiben und begründen, warum ich wann welche Methode in dem Präsenztraining einsetze. Genau so sollte es sein.

In anderen Bereichen Ihres Unternehmens haben Sie auch feste Standards, an denen sich die Dienstleister orientieren müssen. Diese müssen nachweisen, dass sie die Standards erfüllen. Das ist meistens Bestandteil der Ausschreibung.

In den USA ist das Instrument des Personalentwicklungsaudits schon verbreiteter. Zum Beispiel hat Herbert Kellner ein komplettes Qualitätsmanagementsystem für alle Phasen der Personalentwicklung entwickelt. Dazu gibt es ein valides Verfahren für ein Personalentwicklungsaudit auf der Basis von zehn Erfolgsfaktoren.

Wenn Sie nicht ganz so aufwendig vorgehen wollen, hilft Ihnen das folgende Edutrainment-Barometer, zu überprüfen, ob Ihre aktuellen Trainingsprojekte den vorgestellten Standards und Edutrainment-Prinzipien entsprechen.

EDUTRAINMENT-BAROMETER FÜR DIE PERSONALENTWICKLUNG

Ganz schön niedrig oder erstaunlich hoch? Wie stark ist das Edutrainment-Konzept in Ihrer Arbeit ausgeprägt?

Einfach ankreuzen, in welchem Maße die folgenden Aussagen auf Ihre Maßnahme zutreffen. steht für „Trifft nicht zu", (4) für „Trifft voll zu".

EDUTRAINMENT-PRINZIP EDUCATION

Die Zielgruppe wurde genau erfasst und analysiert.	① ② ③ ④ **1.1**
Eine Beschreibung der Kompetenzen inklusive Verhaltensindikatoren liegt vor.	① ② ③ ④ **1.2**
Die Lernziele wurden schriftlich definiert.	① ② ③ ④ **1.3**
Aus den Lernzielen wurden Kompetenzen abgeleitet.	① ② ③ ④ **1.4**
Die Lücke zwischen Istzustand und Sollzustand wurde ermittelt.	① ② ③ ④ **1.5**
Den Trainings und anderen Maßnahmen liegt ein didaktischer Standard zugrunde, der auf die Unternehmens- und Lernkultur abgestimmt ist.	① ② ③ ④ **1.6**
Die Lernmenge ist im Verhältnis zur Lernzeit realistisch.	① ② ③ ④ **1.7**
Die Lerninhalte sind optimal kombiniert und strukturiert.	① ② ③ ④ **1.8**
Es gibt Ablaufpläne, wann welche Inhalte mit welchen Methoden und welchem Zeitaufwand trainiert werden.	① ② ③ ④ **1.9**
Ein Maßnahmenplan für den Transfer in den Arbeitsalltag wurde erstellt.	① ② ③ ④ **1.10**
Für ein effektives Bildungscontrolling findet eine Erfolgsmessung statt.	① ② ③ ④ **1.11**
Alle relevanten Stakeholder wie Führungskräfte, wichtige Entscheider und „graue Eminenzen" wurden informiert und eingebunden.	① ② ③ ④ **1.12**

EDUTRAINMENT-PRINZIP TRAINING

Die Lerneinheiten und -module sind klar definiert.	①	②	③	④	**2.1**
Zu jedem Lerninhalt gibt es eine Übung.	①	②	③	④	**2.2**
Für jeden Lerninhalt steht ausreichend Übungszeit zur Verfügung.	①	②	③	④	**2.3**
Die Lernenden sind mindestens sechzig Prozent der Zeit im Training aktiv.	①	②	③	④	**2.4**
Es gibt ausreichend fachlich und methodisch versiertes Feedback.	①	②	③	④	**2.5**
Der individuelle Lernstil der Mitarbeiter wird berücksichtigt und unterstützt.	①	②	③	④	**2.6**
Die Mitarbeiter trainieren sich gegenseitig.	①	②	③	④	**2.7**
Die Mitarbeiter können selbst Inhalte entwickeln.	①	②	③	④	**2.8**
Es wird spielerisch gelernt, etwa durch Rollenspiele, Planspiele oder Simulationen.	①	②	③	④	**2.9**
Es gibt ein System zur Transferunterstützung während und nach einer Maßnahme.	①	②	③	④	**2.10**
Im Arbeitsalltag ist ausreichend Übungszeit vorgesehen.	①	②	③	④	**2.11**
Die Führungskräfte unterstützen die Lernenden beim Trainieren und Anwenden am Arbeitsplatz.	①	②	③	④	**2.12**

EDUTRAINMENT-PRINZIP ENTERTAINMENT

Die Lernumgebung ist großzügig und angenehm ausgestattet.	1	2	3	4	**3.1**
Der gesamte Lernprozess ist positiv emotionalisiert.	1	2	3	4	**3.2**
Jeder Lerninhalt wird ansprechend visualisiert.	1	2	3	4	**3.3**
Die Lernenden haben während der Lerneinheit immer wieder Gelegenheit, sich zu bewegen.	1	2	3	4	**3.4**
Übungen wie Jonglieren lernen lockern die Maßnahme auf.	1	2	3	4	**3.5**
Es werden alle Sinne angesprochen.	1	2	3	4	**3.6**
Musik und andere akustische Effekte unterstützen die Dramaturgie.	1	2	3	4	**3.7**
Dramaturgische Mittel wie Überraschung und Provokation sorgen für Spannung.	1	2	3	4	**3.8**
Geschichten und Anekdoten tragen zum Verständnis von Problemen und Lösungswegen bei.	1	2	3	4	**3.9**
Es gibt eine haptische Unterstützung (Symbole zum Anfassen) für die Lerninhalte.	1	2	3	4	**3.10**
Der Einsatz von Humor spielt eine zentrale Rolle.	1	2	3	4	**3.11**
Insgesamt ist ein hoher Erlebniswert vorhanden.	1	2	3	4	**3.12**

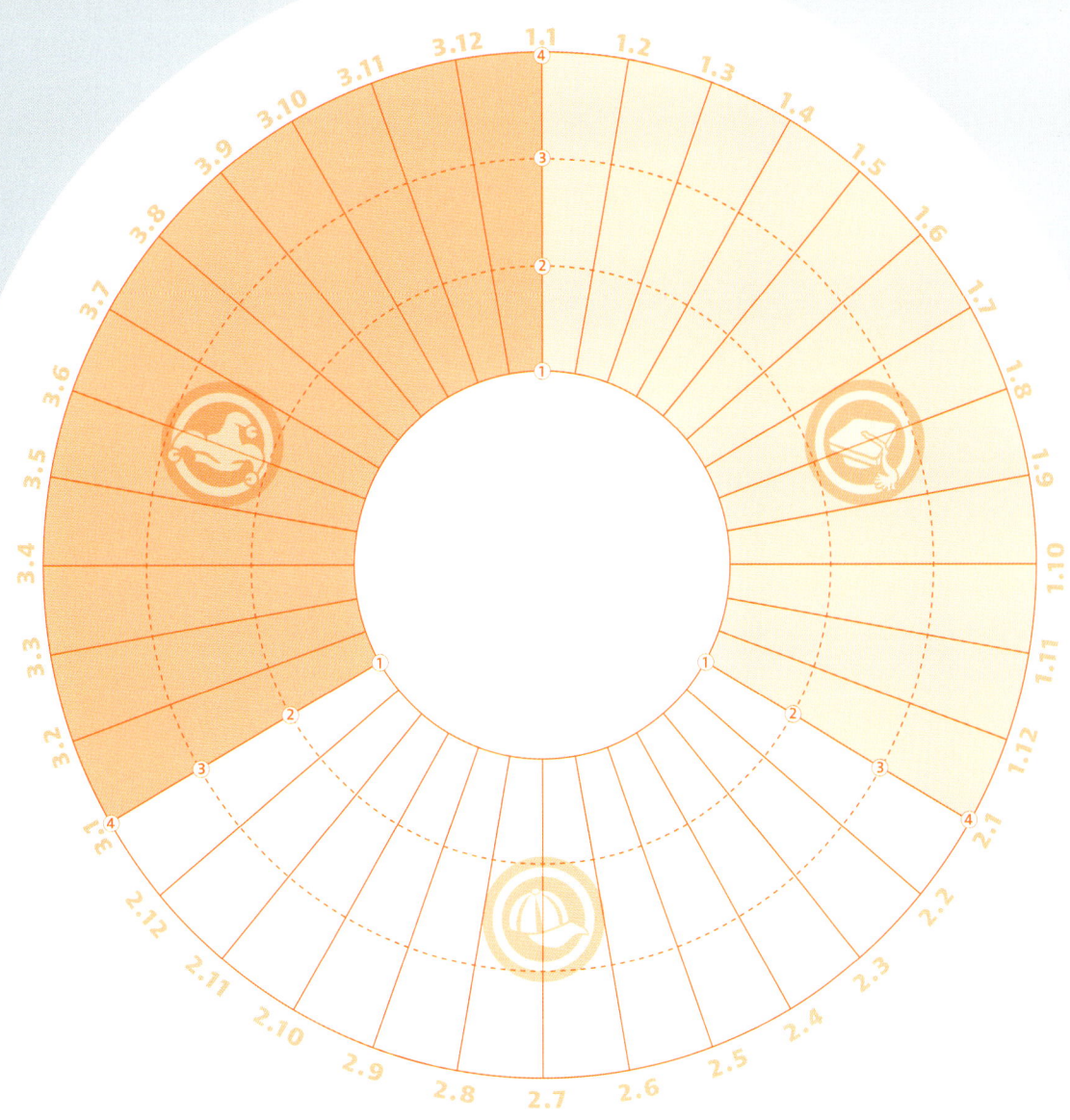

IHR ERGEBNIS VISUELL UMGESETZT

Jeder Frage ist eine Linie mit vier Schnittpunkten zugeordnet. Bei vier Punkten („trifft voll zu") markieren Sie den Schnittpunkt am Außenrand des Kreises. Bei drei Punkten machen Sie Ihr Kreuz beim Schnittpunkt 3 usw. Verbinden Sie dann alle markierten Punkte. Je weiter die entstandene Form am Außenrand des Kreises liegt, desto höher Ihr „Edutrainment-Faktor".

IHR ERGEBNIS IM KLARTEXT

Zählen Sie alle Punkte zusammen und erfahren Sie ganz unverblümt, wo Sie stehen.

36 BIS 72 PUNKTE

Hoppla! Ihre Maßnahmen sind noch weit von der Edutrainment-Philosophie entfernt. Sie wissen ja jetzt, worauf es ankommt. Es gibt viel zu tun.

73 BIS 108 PUNKTE

Nicht schlecht! Sie sind auf einem guten Weg, gehen Sie ihn einfach mutig weiter. An den vielen guten Ansätzen sollten Sie jetzt konsequent feilen. Nur zu!

109 BIS 144 PUNKTE

Glückwunsch! Sie sind in der Spitzengruppe, vielleicht noch kein absoluter Meister, aber die fallen bekanntlich nicht vom Himmel. Sie kennen die Erfolgsformel: Üben, üben, üben.

DIE GROSSE FRAGE: PASST EDUTRAINMENT ZU IHREM UNTERNEHMEN?

Ich bin ein großer Fan des Neuromarketings, besonders das Modell von Hans-Georg Häusel mit den sogenannten limbischen Instruktionen hat es mir angetan (vgl. Häusel 2005). Häusel geht davon aus, dass das menschliche Antriebssystem von drei Basiswerten gesteuert wird, die unterschiedlich stark ausgeprägt sind. Er nennt sie Balance, Dominanz und Stimulanz. Diese limbischen Instruktionen prägen unsere Persönlichkeit, unser Verhalten. Das Modell differenziert zwischen unterschiedlichen Persönlichkeitstypen und ähnelt anderen Modellen, die schon lange am Markt etabliert sind, zum Beispiel dem DISC-Modell.

Spannend bei dem Ansatz von Häusel ist, dass er das Modell nicht nur auf Personen, sondern auch auf Marken und Unternehmen anwendet. Er hat eine sogenannte Limbic Map entwickelt, auf der die Werte und Emotionen dargestellt sind. Die Idee dahinter: Ein Unternehmen ist dann am erfolgreichsten, wenn das limbische Profil von Mitarbeitern, Marken und Unternehmen übereinstimmt. Ich selbst habe im Laufe meiner Arbeit eine ganze Menge von Unternehmen kennengelernt, deren eigenes limbisches Profil, um in der Sprache Häusels zu bleiben, mit den aktuellen Anforderungen nicht mehr übereinstimmte.

Ich gebe Ihnen ein Beispiel. Ein öffentlicher Verkehrsbetrieb hat über vierzig Jahre lang Mitarbeiter eingestellt, die einen hohen Wert auf Sicherheit legen, also auf Balance. Deshalb haben sie zum Teil auf besser dotierte Jobs in der Privatwirtschaft verzichtet. Der Rationalisierungsdruck, dem auch der öffentliche Betrieb ausgesetzt ist, verlangt nun ein Verhalten, das eigentlich eine viel höhere Stimulanz- oder Dominanzausprägung erfordert: Wettbewerb nach außen und gleichzeitig ein hohes Innovationspotenzial nach innen. Aber dafür hat das Unternehmen gar nicht die Mitarbeiter. Was passiert, wenn nun von außen Topmanager geholt werden, die eine hohe Dominanzausprägung haben, können Sie sich leicht vorstellen. Die Kluft zwischen Management und Mitarbeitern wird immer größer.

DIE LIMBIC MAP ZEIGT, WIE UNTERNEHMEN UND MENSCHEN LERNEN

Spannend ist, dass auch die Lernkultur mit der Limbic Map dargestellt werden kann. Und für die einzelnen Persönlichkeiten im Unternehmen gilt ebenfalls: Je nachdem, wie Balance, Dominanz und Stimulanz bei ihnen ausgeprägt sind, haben sie auch andere Vorlieben beim Lernen.

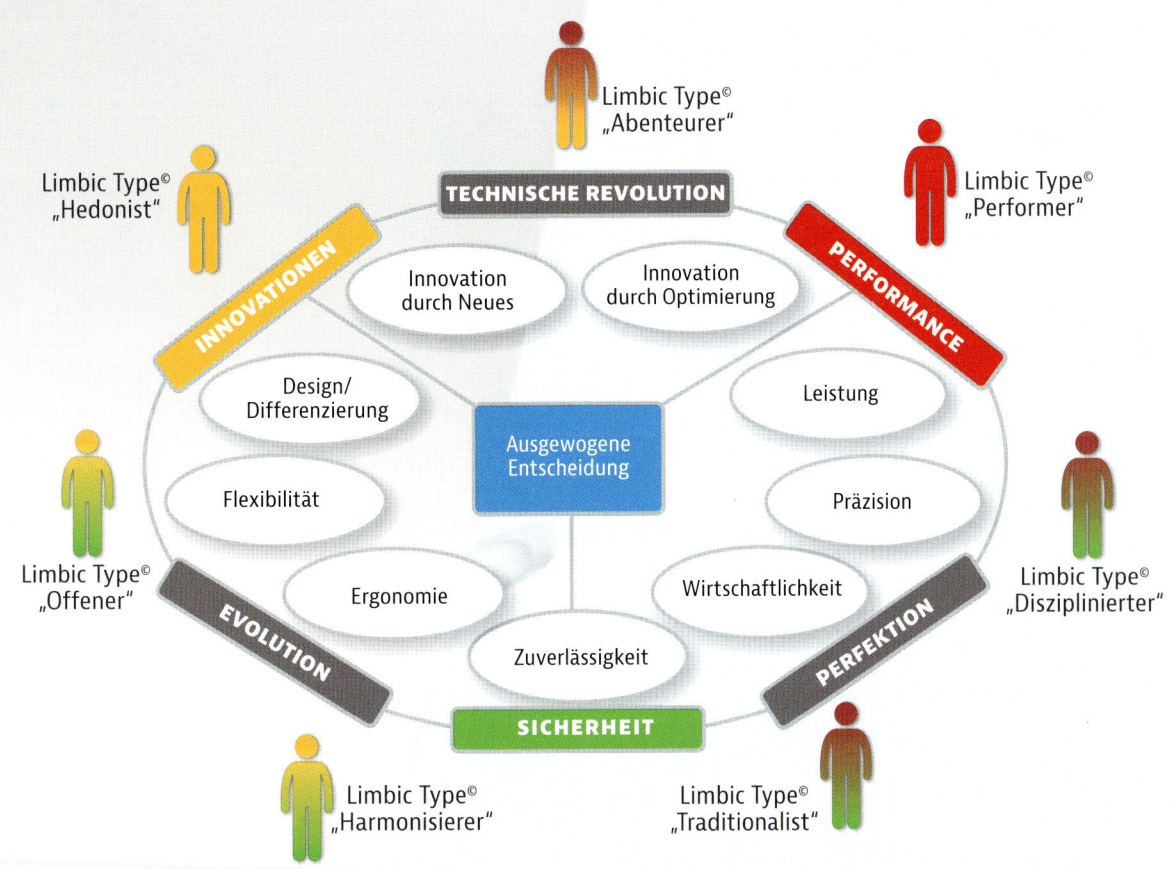

Quelle: Limbic Map® für den B2B-Bereich nach Hans-Georg Häusel, „Brain View: Warum Kunden kaufen",
3. Auflage, 2012 – www.bizboost.de

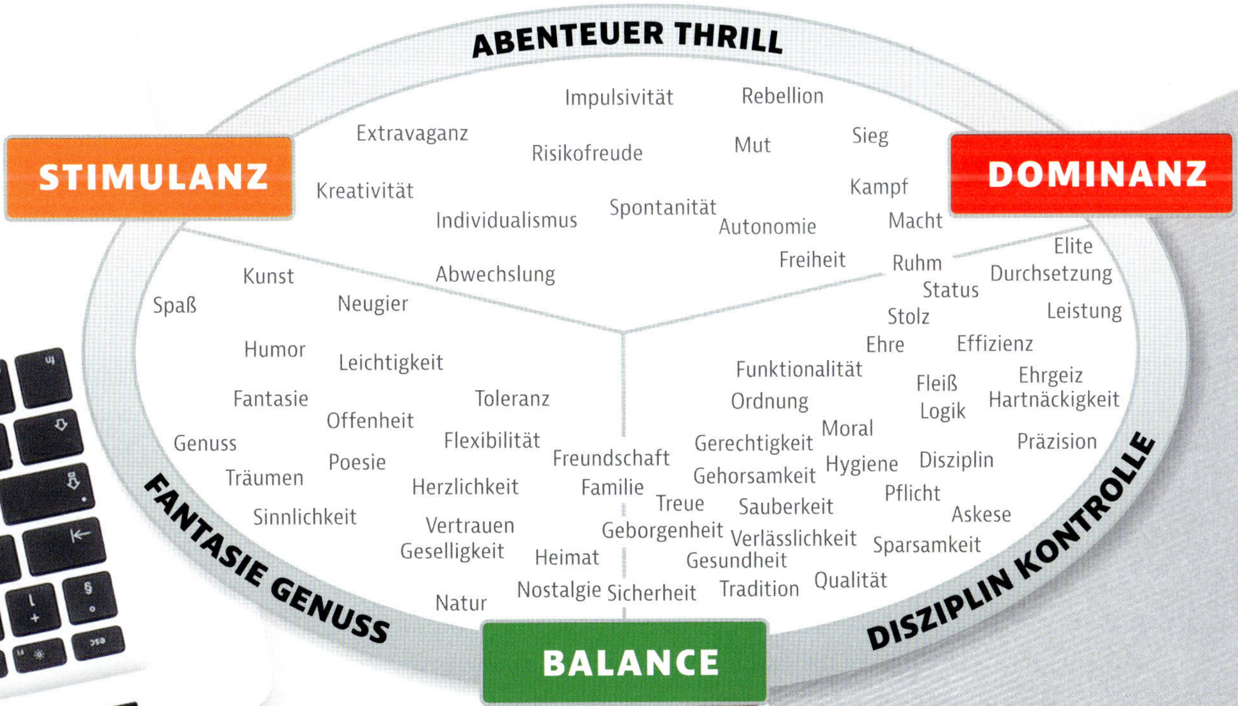

ABENTEUER THRILL

Impulsivität
Rebellion
Extravaganz
Risikofreude
Mut
Sieg

STIMULANZ
Kreativität
Spontanität
Kampf
DOMINANZ
Individualismus
Autonomie
Macht
Elite
Freiheit
Ruhm
Durchsetzung
Kunst
Abwechslung
Status
Leistung
Spaß
Neugier
Stolz
Humor
Ehre
Effizienz
Fantasie
Leichtigkeit
Funktionalität
Fleiß
Ehrgeiz
Logik
Hartnäckigkeit
Offenheit
Toleranz
Ordnung
Genuss
Flexibilität
Gerechtigkeit
Moral
Präzision
Träumen
Poesie
Freundschaft
Gehorsamkeit
Hygiene
Disziplin
Familie
Sinnlichkeit
Herzlichkeit
Treue
Sauberkeit
Pflicht
Askese
Vertrauen
Geborgenheit
Verlässlichkeit
Sparsamkeit
Gesellschaft
Heimat
Gesundheit
Natur
Nostalgie
Sicherheit
Tradition
Qualität

FANTASIE GENUSS

DISZIPLIN KONTROLLE

BALANCE

©Gruppe Nymphenburg Consult AG

Ich habe über die Jahre festgestellt, wie wichtig es ist, Trainingsformate und -konzepte an die jeweilige Lernkultur des Unternehmens anzupassen. Das Modell der Limbic Map und der limbischen Instruktionen hilft mir einzuschätzen, welche Lernkultur ein Unternehmen hat, ob Edutrainment überhaupt passt und auf welche Art und Weise wir es adaptieren müssen. Das betrifft vor allen Dingen die Art der Emotionalisierung. In Organisationen, die auf Leistung und Disziplin setzen, verzichte ich zum Beispiel auf manches Spielzeug oder bunte Kreide bei den Charts. Expertenbelege zu den Inhalten und dezente Kolorierung kommen dort besser an.

Nicht jede Form von Unterhaltung passt zu jeder Zielgruppe. Ich habe früher manchmal Aufträge angenommen, bei denen mich ein Personalentwickler ganz toll fand und meine Konzepte schätzte. Dann musste ich aber realisieren, dass meine Art zu trainieren und die grundlegende Philosophie des Konzepts, die ich Ihnen im zweiten Kapitel erläutert habe, gar nicht zum Unternehmen passten. Manchmal bin ich auch einfach zu weit gegangen und habe die Teilnehmer überfordert. So sagte einmal ein Personalentwickler zu mir, rückblickend betrachtet wäre eine Evolution wahrscheinlich besser gewesen als eine Revolution.

GEHT ES BEI IHNEN HÖCHST INNOVATIV ZU?

SIND ABTEILUNGSGRENZ⟨EN⟩ KEINE HÜRDEN?

WO WÜRDEN SIE

IHR UNTERNEHMEN

AUF DER LIMBIC MAP VERORTEN?

WIRD IN IHREM UNTERNEHMEN LEISTUNG GROSSGESCHRIEBEN?

HERRSCHT EINE FAKTENBASIERTE, CONTROLLINGORIENTIERTE UNTERNEHMENSKULTUR VOR?

SPIELEN FAKTEN UND CONTROLLING [D]IE ERSTE GEIGE?

KANN MAN SICH IN IHREM UNTERNEHMEN PUDELWOHL FÜHLEN?

Wenn Sie die Lern- und Trainingskultur ändern wollen, ist in jedem Fall ein sensibles Change-Management gefragt. Aus leidvoller Erfahrung kann ich sagen: U-Boot-Programme, mit denen die Personalentwicklung versucht, die „richtige" Führungskultur ohne Mandat des Topmanagements einzuführen, sind zum Scheitern verurteilt. Seien Sie realistisch. Was passt wirklich zu Ihrem Unternehmen?

EDUTRAINMENT FÜR FÜHRUNGS-KRÄFTE: DIE BESTE ART, MITARBEITER ZU FÖRDERN

Als Führungskraft sind Sie der wichtigste Personalentwickler im Unternehmen. Meine Branche lebt zwar gut davon, dass Auswahl und Entwicklung der Mitarbeiter an Experten delegiert wird. Doch wenn die Führungs-kräfte nicht wirklich an der Veränderung interessiert sind und die Trainings- und Lernziele nicht aktiv unterstützen, ist es mit dem Transfer nicht weit her.

In Zukunft sollten Sie wie Susanne Redling noch größeres Interesse dafür zeigen, wie es um die Kompetenzen Ihrer Mitarbeiter bestellt ist. Die anfangs skeptische Vertriebsleiterin hat sich zu einer vorbildlichen Personalentwicklerin für ihre Mitarbeiter entwickelt. Wie das kam? Sie hat erkannt, dass das Ergebnis im Wesentlichen von der Konzeption abhängt. Wenn die Zahlen am Ende stimmen sollen, muss das didaktische Konzept passen. Gegen innovative Methoden hat sie nichts, solange sich der ganze Aufwand betriebswirtschaftlich rechnet. Das macht aus ihr keine Traumkundin für Trainingsunternehmen, doch durch entsprechende Überzeugungsarbeit lässt auch sie sich für neue, ungewöhnliche Wege in der Weiterbildung gewinnen.

Wenn Sie den Trainern vertrauen,
lassen Sie diese ihre Arbeit tun und ersparen
Sie ihnen spontane Besuche im Seminarraum und
weihevolle Ansprachen bei Trainingsbeginn. Sinnvoll ist es,
vielleicht an der Feedbackrunde teilzunehmen sowie vor und nach dem
Training direkt mit den Mitarbeitern zu sprechen. Vorher, um die Maßnahme
vorzubereiten, anzukündigen und in Absprache mit Personalentwicklung und Trainern auch zu verkaufen. Nachher, um mit einzelnen Mitarbeitern oder dem ganzen
Team Pläne für die Umsetzung zu machen.

Das wichtigste Führungsinstrument ist Feedback. Das gilt auch nach einer Weiter-
bildung. Viele Personalentwicklungsmaßnahmen scheitern, weil es für den
Lernenden keinen Unterschied macht, ob er sich der mühevollen Veränderungs-
arbeit unterzieht oder nicht. Die Veränderung wird nicht belohnt, das
Beharrungsvermögen nicht sanktioniert. Warum sollten Ihre
Mitarbeiter sich dann verändern?

SIE MÖCHTEN IHRE MITARBEITER BEIM LERNEN UNTERSTÜTZEN?

Sie als Führungskraft können Folgendes tun:

- Finden Sie heraus, wie die Personalentwicklung bei Ihnen im Unternehmen funktioniert.

- Lassen Sie sich von der Personalentwicklung unterstützen. Diese freut sich über engagierte, interessierte Führungskräfte.

- Schicken Sie Ihre Mitarbeiter nicht einfach auf irgendwelche Weiterbildungen, sondern überprüfen Sie das didaktische Konzept.

- Sprechen Sie persönlich mit Veranstaltern und Trainern. Fragen Sie, was Sie tun können, um die Mitarbeiter nach dem Training bei der Umsetzung zu unterstützen.

- Erkundigen Sie sich nach Transfermaßnahmen, die vom Veranstalter bzw. Trainer angeboten werden.

- Schaffen Sie in Ihrem Umfeld ein positives Lernklima. Sorgen Sie für eine Fehlerkultur. Gehen Sie mit gutem Beispiel voran, indem Sie Weiterbildungen absolvieren und darüber reden, was Sie gerade selbst dazulernen.

EDUTRAINMENT FÜR TRAINER: TUNING FÜRS TRAINING (UND DIE KARRIERE!)

Ich denke, dass dieses Buch eine Menge Anregungen für Trainer enthält. Es ist zunächst ein Plädoyer für eine umfangreiche Konzeption und die Entwicklung von Komplettlösungen, die individuell auf den Kunden zugeschnitten werden. Wenn Sie selbst Trainingskonzepte entwickeln, werden Sie meine Forderung, die Konzeptionsleistung mehr zu würdigen, sicher teilen. Gehören Sie zum großen Feld der Einzelkämpfer im deutschen Trainingsmarkt, so wie Lutz Freiberg, der nachdenkliche Trainer-Desperado aus diesem Buch? Dann ist mein Plädoyer vielleicht eine Anregung für Sie, sich nicht nur mit anderen Trainern zu vernetzen, sondern auch mit Hochschulen, Medienexperten, E-Learning-Experten sowie kreativen Geistern aus anderen Branchen wie Grafikern und Textern.

Wenn Sie bereits erfolgreiche Trainingsformate haben, sollten Sie überlegen, wie Sie diese mit Edutrainment-Methoden tunen können. Dafür habe ich das Konzept „Pimp my Training" entwickelt. Bei Edutrainment betreiben wir einen hohen, oftmals fast schon übertrieben erscheinenden Aufwand, um zu emotionalisieren. Wir erzählen eine Geschichte, es gibt ein Symbol dazu, vielleicht auch die passende Musik und eine entsprechende Visualisierung. Genau hier setzt „Pimp my Training" an.

Sollten Sie Verhaltenstrainings durchführen, setzen Sie wahrscheinlich Rollenspiele ein. Wie wäre es, wenn Sie dafür die passende Kulisse aufbauen? Zum Beispiel, indem Sie Roll-ups mit den passenden Hintergründen erstellen und produzieren lassen. Auf diese Weise können Sie mit wenigen Handgriffen einen sonst normalen Seminarraum realitätsnah verändern und Ihre Teilnehmer positiv überraschen.

Mit dem bereits in Kapitel 3 vorgestellten Pimp-my-Training-Board können Sie auf einfache Art und Weise gemeinsam mit Kollegen beim nächsten Trainertreffen oder auch alleine Ideen entwickeln, um Ihre vorhandenen Trainings zu pimpen.

Oder Sie gehen noch einen Schritt weiter, so wie Lutz Freiberg. Frustriert von seinem Arbeitsalltag als freier Trainer, der mit sinkenden Tagessätzen und steigenden Ansprüchen seiner Auftraggeber zu kämpfen hat, suchte er nach neuen Perspektiven. Der Tipp einer guten Kollegin brachte ihn auf die edutrainment company und ihr Ausbildungsprogramm für Trainer – das natürlich auch Ihnen offensteht. In unserer Edutrainment-Ausbildung lernen Sie, komplett eigene Formate nach den Edutrainment-Prinzipien zu entwickeln.

Wenn Sie bereits vorhandene Formate nutzen wollen, setzen Sie sich einfach mit mir in Verbindung. Die Scheuert KG freut sich darauf, als Übungsunternehmen in Trainings und Simulationen zum Leben erweckt zu werden.

PIMP MY TRAINING

Auf den folgenden Seiten stelle ich Ihnen unsere Pimp-Methoden beispielhaft vor. Weitere Inspirationen finden Sie vor allem in den Kapiteln 3 und 4.

SCHWEIN, KROKODIL UND AFFE

Die Geschichte vom Gehirn prägt sich viel besser ein, wenn die Entwicklungsgeschichte mit den passenden Stofftieren illustriert wird.

PAUSENHAHN

Mal nervtötend, mal heiß ersehnt. Den lustigen Hahn habe ich schon erwähnt. Sein Schrei kündigt den Beginn der Trainingspausen an.

SCHNITZEL

Dieses Symbol kennen Sie bereits aus Kapitel 3. Weil aus Plastik, sind Fettfinger ausgeschlossen. Mit ihm bleiben Geschichten und Demos noch besser im Gedächtnis.

VIER-OHREN-MODELL

Die vier Seiten einer Nachricht, symbolisch umgesetzt. Wir haben uns dieses Modell extra bauen lassen. Ein einprägsames Instrument, das im Training Eindruck macht.

SPIEGEL

Der Trainer ist ein moderner Hofnarr, der den Teilnehmern den Spiegel vorhält. Die Rollenklärung am Anfang des Trainings gelingt leichter mit Narrenkappe und Spiegel.

TISCHTENNIS-BÄLLE

Werfen Sie Hunderte Bälle in den Trainingsraum. Einige wenige sind als „wichtige Kunden" gekennzeichnet. Das wissen aber nur Sie. Alle Teilnehmer sammeln Bälle, nur einige haben die richtigen. Ein Durcheinander mit Aha-Effekt!

KNETMASSE

Kneten lockert Übungseinheiten auf, macht Spaß und schafft haptische Lernanker.

OSCAR

Großartige Auszeichnung für Teilnehmer, die gerade etwas Tolles geleistet haben. Leider, leider müssen sie ihn am Ende des Trainings an die Akademie, sprich den Trainer, zurückgeben.

GEPIMPT

TRANSPORT

... und wie kommt das alles zum Training? Schluss mit billigen Plastikkisten! Material sollte professionell verstaut werden. Das macht einen guten Eindruck und ist äußerst praktisch.

KLAMMERAFFE

Der Klammeraffe ist eine beliebte Metapher beim Thema Zeitmanagement. Als Giveaway am Ende des Trainings sorgt er für Nachhaltigkeit im Alltag.

AUFSTELLER

Wir lassen unsere Aufsteller aufwendig gestalten, um eine möglichst realistische Bühne für unsere Rollenspiele zu haben.

Wir haben alles

Berlin   New York   Sydney

DAU AG
DEUTSCHE AUTOMOBILBAU UNION AG

DER SPEZIALIST FÜR AUTOTEILE

Was ist Ihr Traumziel?

Jürgen Schulze-Seeger ist ein guter Freund und Trainerkollege, der die Schattenseiten unserer Branche gerne aufs Korn nimmt. Zum Beispiel als Autor des Buches Schwarzer Gürtel für Trainer *und Herausgeber der umfangreichen Fallsammlung* Abenteuer aus der Trainerhölle.

Kaum ein Trainer widmet sich so sehr der „dunklen Seite" des Trainingsgeschäfts wie du. Bist du Masochist?

Ich weiß, worauf du anspielst. Viele Kollegen glauben, dass man sich durch eine vertiefte Auseinandersetzung mit den großen und kleinen Seminarkatastrophen zu sehr negativ programmiert. Frei nach Nietzsches Ausspruch: „Wenn du lange in einen Abgrund blickst, blickt der Abgrund auch in dich hinein."

Aber wir Trainer sollten diesen Aspekt unserer Arbeit nicht verdrängen. Es gibt sie, die schwierigen und schwersten Seminarsituationen. Sie werden gerne im Nachhinein ausgeblendet oder allein im stillen Kämmerlein verdaut. Wir versagen uns damit jedoch die Möglichkeit, mit unseren Trainerkollegen über diese Situationen zu sprechen und aus ihnen zu lernen. Das Thema des Scheiterns wird in unserer Trainerwelt zu sehr tabuisiert.

Hast du ein Beispiel?

Wenn ein Kollege beispielsweise im schriftlichen Feedback liest: „Der Trainer war inkompetent und vermochte es nicht, die Gruppe für sich und das Thema zu gewinnen" oder „Das Seminar war insgesamt reine Zeit- und Geldverschwendung", dann ist es wichtig, sich mit anderen darüber auseinanderzusetzen, wie es dazu kommen konnte. Was wurde im Vorfeld versäumt? Weshalb wurde die Relevanz des Themas nicht klar? Warum hat das Ganze keinen Spaß gemacht?

Was bedeutet das aus deiner Sicht für den Edutrainment-Ansatz?

Dass man sich diesem Thema in der Vorbereitung und im Gespräch mit den Auftraggebern offen zuwendet. Und dass man als Trainer eine Sensibilität für Vorboten schwieriger Situationen entwickelt. Die meisten schwierigen Situationen sind in der Tat vorhersagbar, wenn man in der Auftragsanamnese gründlich gearbeitet hat. In jeder guten Ausbildung – und dazu zähle ich die Edutrainment-Ausbildung – findet man Methoden zum Umgang mit Gefahren. Beim Klettern lernt man, wie man in Notsituationen ins Seil fällt. Beim Segeln lernt man zu kentern. Beim Fahrtraining zu schleudern. Ich finde, die Auseinandersetzung mit Lernwiderständen und „toxischen" Verhaltensmustern gehört deshalb auch in unsere berufliche Ausbildung. Der Edutrainment-Ansatz berücksichtigt das.

Du selbst arbeitest seit vielen Jahren als Trainer. Ab wann steht man einigermaßen souverän über diesen Dingen?

Souveränität ist ein gefährliches Konzept. Sobald wir glauben, über den Dingen zu stehen, fangen wir an, nachlässig zu werden. Beim Bergsteigen prüft man tausendmal den Knoten seines Kletterpartners, ohne etwas zu bemerken. Beim eintausendersten Mal entdeckt man einen falsch geknüpften Knoten, der ein oder mehrere Leben gekostet hätte. Deshalb macht man den Partnercheck immer.

Willst du sagen, es gibt niemals ein Gefühl der Sicherheit?

Natürlich fühlt man sich sicherer, wenn man einen riesigen Werkzeugkasten an wirksamen Interventionen parat hat. Ich glaube aber nicht, dass es irgendwann keine Störungen mehr in Seminaren gibt. Souveränität ist in meinen Augen deshalb kein Ziel, sondern ein Weg. Souveräne Trainerinnen und Trainer erkenne ich an der Art der Zuwendung und dem Interesse an den Menschen in solchen Situationen. Es ist die Haltung hinter den Interventionen, die darüber entscheidet, ob aus einer kniffligen Situation eine großartige Lernleistung erwächst.

Hast du ein Credo?

Einfache Seminare kann ja jeder. Und: Wer schon mal auf dem Meeresboden war, fürchtet sich nicht vor Pfützen.

www.bridgehouse.de

EDUTRAINMENT FÜR DEN LERNENDEN: SELBSTMACHER SIND IM KOMMEN

Wenn Sie selbst etwas lernen wollen oder müssen, können Sie die Edutrainment-Formel ebenfalls für sich nutzen. So wie Florian Müller, dem wir ja in diesem Buch schon mehrmals begegnet sind.

Education heißt dann, dass Sie einen richtigen Ausbildungsplan für sich machen, mit allem, was dazugehört:

Die Narrenkappe, also das Entertainment, weist Ihnen den Weg zu den Lernstrategien, die Ihnen Spaß bringen und zu Ihrem persönlichen Lernstil passen:

DEFINIEREN SIE, WAS SIE LERNEN WOLLEN.

DENKEN SIE AN DIE REGELMÄSSIGE ÜBERPRÜFUNG DES LERNFORTSCHRITTS.

BESCHREIBEN SIE EXAKT DAS ZIEL.

ERSTELLEN SIE EINEN PLAN, WIE SIE AN DIESES ZIEL GELANGEN.

WISSEN SIE NOCH, WANN SIE FRÜHER GUT GELERNT HABEN?

UND WANN DAS LERNEN NICHT SO GUT FUNKTIONIERT HAT?

FINDEN SIE HERAUS, WAS SIE MOTIVIERT.

Training bedeutet, Sie müssen wirklich Anwendungsfelder schaffen:

Wenn Sie früher vor allem in der Zusammenarbeit mit anderen gute Leistungen gebracht haben, ist das Büffeln mit dicken Büchern am heimischen Schreibtisch nach Feierabend für Sie wahrscheinlich nicht das Richtige, um sich im Projektmanagement fortzubilden. Gehen Sie die Sache mal ganz anders an: Machen Sie aus Ihrem nächsten Abiturtreffen ein Projekt, das Sie mit ein paar alten Schulkameraden gemeinsam organisieren, und wenden Sie dabei alles an, was zu einem guten Projektmanagement gehört.

Verbinden Sie das Lernen mit Dingen, die Sie sowieso tun und die Ihnen Spaß machen. Wenn Sie gerne Filme gucken, schauen Sie sich Filme und Videos an, YouTube ist voll davon, auch mit Videos, in denen Projektmanagement erklärt wird. Nutzen Sie Facebook, XING und andere soziale Netzwerke, um sich mit Menschen zu vernetzen, die Ähnliches lernen wollen oder sollen.

Lernen Sie besonders gerne von Experten? Vernetzen Sie sich auch mit diesen, folgen Sie ihnen auf Twitter, abonnieren Sie deren Blogs, nehmen Sie auf Konferenzen und Seminaren persönlichen Kontakt auf.

THEMA LERNSTIL: WELCHER LERNTYP SIND SIE?

Ob es wirklich unterschiedliche Lernstile gibt und ob jeder Mensch einen individuellen Lernstil hat, ist umstritten. Probieren Sie die Tests aus und urteilen Sie selbst. Eine Auswahl an kostenlosen Lerntypentests finden Sie auf www.myedutrainment.com.

Nehmen wir uns ein Beispiel an Florian Müller. Er hat dank der Lerntypentests den richtigen Dreh gefunden, wie er am besten lernen kann. Mittlerweile hat er auf seinem Smartphone jede Menge Spiele zu Themen wie Projektmanagement, Vokabeln lernen oder Verkauf. Immer wenn er zwischendurch Zeit hat, lernt er spielerisch etwas dazu.

Weil er ein visueller Lerntyp ist, hat er sich für sein iPad ein Tool besorgt, mit dem er Daten und Grafiken leicht und ansprechend gestalten kann. Diese Visualisierungen schmücken jetzt seine Präsentationen. Sein Chef ist ganz begeistert. Bücher und Filme liest und schaut er bevorzugt im englischen Original. Welche Titel gerade angesagt sind, erfährt er von seinen neuen Facebook-Freunden aus „UK and USA".

Außerdem nutzt er jetzt den neuesten Trend der Massive Open Online Courses (MOOC) und verfolgt Marketingvorlesungen amerikanischer Eliteuniversitäten. Vielleicht wird er dort sogar einen Abschluss erwerben. Dafür muss er keinen Cent investieren, und er kann die MOOC-Vorlesung „besuchen", wann immer er Zeit und Lust hat.

Florian hat seine Lernstrategie gefunden und für alle Lernthemen klare Lernziele definiert. Besonders clever ist, dass er unbewusstes Lernen nutzt, um seine bewussten Lernziele zu erreichen. Seine Karriere bekommt einen kräftigen Schub. Verdient hat er es sich.

SCHATZKARTE DES LERNENS

Selbstlernen ist ein Abenteuer voller Entdeckungen und Erkenntnisse. Überall gibt es etwas zu lernen, und mit dem richtigen Plan findet jeder Lerntyp seinen Weg.

WERDEN SIE AKTIV, DISKUTIEREN SIE MIT

Entdecken Sie das Motto „Willst du etwas lernen, beginne es zu lehren" für sich selbst. Dazu bietet Ihnen das Social Web wunderbare Möglichkeiten. Sie können einen eigenen Blog starten, sich in Foren an Diskussionen beteiligen, Wiki-Einträge schreiben. Genau das meine ich, wenn ich vom Proticipant spreche. Der Lernende wird selbst zum Content-Produzenten.

Erstellen Sie doch einfach zu Ihrem Thema eine gute Präsentation, die Sie auf SlideShare (www.slideshare.net) mit der Welt teilen können. Seien Sie gespannt darauf, wie viele Menschen sich für Ihr Thema interessieren.

Ein russischer Student hat dort vor einigen Jahren eine Präsentation zum falschen und richtigen Umgang mit PowerPoint eingestellt, sie hat den schönen Titel „Death by PowerPoint". Er lebt inzwischen davon, professionelle Vorträge zu genau diesem Thema zu halten. Letztlich können Sie alles lernen, wenn Sie die sieben Prinzipien berücksichtigen, die auch Florian Müller beherzigt:

WIR LERNEN ERFOLGREICH, WENN WIR

1. EIN NÜTZLICHES ZIEL VOR AUGEN HABEN,

2. EINEM STRUKTURIERTEN LERNPROZESS FOLGEN,

3. AUS FEHLERN LERNEN KÖNNEN,

4. FEEDBACK VON PROFIS ERHALTEN,

5. ERFOLGSERLEBNISSE GENIESSEN,

6. SPASS HABEN,

7. ALLE SINNE NUTZEN.

Wenn Sie die nächste Weiterbildungsveranstaltung in Form eines Seminars oder Trainings besuchen, achten Sie darauf, dass zumindest einige der Edutrainment-Prinzipien berücksichtigt werden. Trauen Sie sich, mischen Sie sich ein, und sorgen Sie für eine lebendige Lernatmosphäre, die Sie vom Teilnehmer zum aktiven Mit- und Selbstlerner macht. Viel Spaß dabei.

8/

HOPPLA, HIER KOMMT · DIE ZUKUNFT · DES LERNENS

IN DIESEM KAPITEL ERFAHREN SIE,

— warum Personalentwickler sich als interne Dienstleister begreifen sollten,

— wie der sich selbst entwickelnde Mitarbeiter die Hierarchien auf den Kopf stellt und

— was Training on Demand zum Zukunftsansatz schlechthin macht.

Die Personalentwicklung in den Unternehmen wie auch die Trainingsbranche haben sich in den letzten Jahren mächtig verändert. Der Wandel wurde zum Teil selbst angestoßen, es gab aber auch Einflüsse von außen, die Personalentwickler und Trainer unter Zugzwang setzten.

Jede Veränderung in der Umwelt der Unternehmen, jede Anpassungsmaßnahme an neue Marktbedingungen wirkt sich früher oder später auch auf die Personalentwicklung aus. Denken wir nur an Stichwörter wie Outsourcing, Compliance und Globalisierung.

Ich bezeichne die Personalentwicklung dabei gerne als den Unternehmensbereich, der zu spät gekommen ist. Dementsprechend wurden Entwicklungen nachgeholt, die sich in anderen Bereichen wie beispielsweise der Logistik schon viel früher vollzogen haben. Immerhin bewegt sich nun vieles, und der Wandel wird in ähnlichem oder sogar rasanterem Tempo weitergehen.

Für mich sind mehrere starke Trends erkennbar, die in den kommenden Jahren das Lernen im und für das Unternehmen bestimmen werden. Wichtige Erkenntnisse hierfür liefern mir regelmäßig die Delphi-Studie, der „State of the Industry"-Report der ASTD, die Blogs und Artikel von namhaften Experten aus der Branche, die Vorträge und Diskussionen bei Kongressen und natürlich der Austausch mit unseren Kunden.

ZEHN EDUTRENDS,

DIE SIE UNBEDINGT

IM AUGE BEHALTEN SOLLTEN

1.

INTERNATIONALISIERUNG:

LERNEN KENNT KEINE GRENZEN MEHR

Die Globalisierung macht wirklich vor nichts halt. Nicht nur die Produktion und der Vertrieb von Waren, auch die Personalentwicklung ist inzwischen international. Und so kommt es, dass Unternehmen plötzlich Lösungen anfragen, die in Deutschland und an allen Standorten weltweit einsetzbar sind. Man möchte nicht nur den einen Führungskräftetrainer, der die Manager in Deutschland seit Jahren gut betreut, sondern ein System, das auch für das Training der Führungskräfte in Südamerika oder Asien geeignet ist.

Deutsche Unternehmen wollen, dass alle wichtigen Standortvorteile, ihre Werte und ihre Unternehmenskultur, an andere Standorte transportiert werden – zwar angepasst an die dortige Kultur, aber eben doch mit klarem Bezug zur Konzernzentrale. Dies erfordert ein vollkommen anderes Arbeiten. Übrigens nicht nur von den externen Anbietern, sondern ebenso von der Personalentwicklung selbst.

Aus dem Bereich Personal wird nun auch im mittelständischen Unternehmen der Bereich Human Relations. Und der gute alte Personalentwickler nennt sich von jetzt an „Manager for Learning and Development" oder sogar „Chief Learning Officer".

Alle Trainer müssen sich fragen, ob ihre Leistungen international übertragbar sind. Englisch als Trainingssprache wird für Trainer und Coaches zunehmend Pflicht. Wer die Leistungen nicht selbst international und in Englisch anbieten will oder kann, sollte zumindest zertifizierte Kooperationspartner haben. Diese müssen garantieren – und das am besten schriftlich –, dass sie das betreffende System in anderen Märkten sowie anderen Sprachen durchführen können.

Ausschreibungen zu größeren Projekten verlangen inzwischen mindestens zweisprachige Trainer, selbst bei Standardthemen. Noch richten sich diese Ausschreibungen vornehmlich an Anbieter mit Hauptsitz in Deutschland. In Zukunft wird auch die Trainerauswahl für Trainings in Deutschland internationaler. Was spricht dagegen, das Verhandlungstraining für Mitarbeiter, die ohnehin mehr und mehr in Englisch arbeiten, von einem Trainer aus Estland durchführen zu lassen?

Momentan reisen Trainer aus Deutschland noch um die halbe Welt, um nach den Vorgaben der deutschen Zentrale die ausländischen Niederlassungen zu beglücken. Dieser Prozess wird sich umkehren und den Druck auf die Preise in Deutschland weiter erhöhen. Keine guten Nachrichten für den deutschen Trainermarkt.

2.

PROFESSIONALISIERUNG:

FEIERABEND FÜR DÜNNBRETTBOHRER

Professionalisierung ist inzwischen kein Trend mehr, sondern eher ein Fakt. Die Personalentwicklung passt sich auch hier den anderen Unternehmensbereichen an, weg vom punktuellen Training auf Verdacht, hin zur systematischen Kompetenzentwicklung.

Wer nicht nachweisen kann, dass seine Maßnahmen direkt zum Unternehmenserfolg und zur Erreichung der Unternehmensziele beitragen, hat ein dickes Problem. Ganz gleich, ob er intern als Personalentwickler tätig ist oder extern als Trainer. Eine Personalentwicklung, die zeitgemäß aufgestellt ist, arbeitet strategisch statt aktionistisch.

Für die Trainer bedeutet dies, dass sie sich anders als in der Vergangenheit mit Prozessen und Abläufen im Unternehmen auseinandersetzen müssen. Der sichere Umgang mit Begriffen und Verfahren im unternehmerischen Kontext zählt zu den Basiskompetenzen eines guten Trainers. Exoten, die keine Ahnung haben, wie es in den Unternehmen wirklich aussieht, bietet sich vielleicht noch eine Chance als Keynote Speaker, aber nicht als Trainer, die ein Unternehmen dauerhaft begleiten.

Zur Professionalisierung gehört ebenso eine wichtige Erkenntnis, die man nicht oft genug betonen kann: Personalentwicklung ist eine interne Dienstleistung. Die Fachabteilungen sind die Kunden, sie haben entsprechende Forderungen und sollten auch wie Kunden behandelt werden. Und natürlich sollte eine hochwertige Leistung vom Kunden angemessen honoriert werden. Als Trainer sage ich das nicht ohne Eigeninteresse.

Ein weiteres wichtiges Erkennungsmerkmal der Professionalisierung im Bereich Personalentwicklung ist der Einsatz von Software. Die Personalakte ist mittlerweile elektronisch. Für das Thema Lernen und Training gibt es ein Learning-Management-System. Und auch die Auswahl und die Entwicklung von Talenten und Potenzialträgern erfolgt softwaregestützt.

Gefragt sind jetzt Systeme, die all diese Leistungen in einem System, auf einer Plattform bündeln. Konvergenz heißt das Stichwort. Niemand hat Lust, sich ständig auf neuen Plattformen anzumelden und dann festzustellen, dass die Daten untereinander nicht austauschbar sind.

Die Vision ist eine allumfassende Softwarelösung, die Führungskräften, Personalentwicklern und auch dem einzelnen Lerner ein jeweils individuelles Cockpit bietet. Auf einen Blick sollte erkennbar sein, wie die eigenen Talente, Kompetenzen, Potenziale sich entwickeln bzw. entwickeln müssen, um die persönlichen Ziele oder die Unternehmensziele zu erreichen.

Kleineren Anbietern, die bis vor Kurzem noch mit ihren Lösungen erfolgreich am Markt agierten, fällt es zunehmend schwerer, dem hohen Anpassungsdruck der eigenen Softwareentwicklung zu folgen. Es kommt zu Aufkäufen und Konzentrationen. Der Trend geht klar zu großen Anbietern mit Komplettlösungen. Die kleinen, oft besseren Insellösungen werden verschwinden, so bitter das sein mag.

Outsourcing ist ebenfalls ein Trend, der die Personalentwicklung und die Personalabteilungen erfasst hat. Inzwischen wird nicht nur das Recruiting ausgelagert, sondern auch der Einkauf von Trainern, die Verwaltung von Zeugnissen, die Abrechnung und der Betrieb der kompletten Weiterbildung und ganzer Akademien. Genau wie in anderen Unternehmensbereichen wird es hier aber auch den Gegentrend geben. Und so dürften wir bald schon Wellenbewegungen beobachten: Outsourcing und Insourcing wechseln sich fröhlich ab.

INTERVIEW MIT PROF. DR. GUNTER DUECK

Gunter Dueck ist von Hause aus Mathematiker und Technologieexperte. Den Ruf als Vor- und Querdenker der digitalen Szene hat er sich durch satirisch-philosophische Bücher und zahlreiche Vorträge erworben. Ich sprach mit ihm über das Thema Innovation.

Welche Kompetenzen sind für die Zukunftsfähigkeit von Unternehmen entscheidend?

Auf ständige „Neuerfindung" kommt es an. Wir sehen ja das Schicksal von Kodak, Sony, Nokia und vielen anderen. Unternehmen müssen die Kompetenz haben, ihr Immunsystem nur gegen Unregelmäßigkeiten und Störungen, nicht aber gegen Innovationen zu mobilisieren.

Sie sprechen von Professionals. Was genau meinen Sie damit?

Menschen, deren Projekte einfach normal gelingen. Dazu braucht man Talente im Managen, Führen, Verkaufen, Kommunizieren, Metakommunizieren, Verführen und Erzeugen von Begeisterung. Jeder muss sich – wenigstens halbgebildet – in die technischen, juristischen, finanziellen, vertrieblichen und ablaufproblematischen Welten einfühlen können. Im Grunde geht es bei professioneller Arbeit darum, dass es klappt. Fertig.

Wie kann man diese Kompetenzen trainieren?

Vorbedingung ist eine professionelle Einstellung, nämlich die Generalverantwortung in sich zu tragen, dass alles zu klappen hat. Dann lernt man aus dem Tun und dem Feedback von echten Professionals („Mentoren"). Am besten lässt man jüngere Leute von Älteren immer an die Grenzen führen und dort lernen. Man kann auch selbst nach den Sternen greifen, aber mit einem Sternenkundler oder „Personal Development Angel" geht es schneller. Irgendwann muss man dann loslassen und selbst Meister sein.

Ich bin nicht sicher, ob man Kompetenzen isoliert als solche trainieren soll. Das bringt nicht die wirklichen Meister hervor. Man kann zum Beispiel Kompetenzen en masse haben und es gelingt einem trotzdem nichts.

Sie betonen die Notwendigkeit von Innovationen. Kann man Innovationsfähigkeit trainieren?

Man darf sie nicht abtrainieren! Das tun aber viele große Unternehmen, die früher innovationsfähig waren. Wenn sie viel Geld verdienen und die Kosten optimieren, verlieren sie die frühere Flexibilität. Wieder antrainieren? Das geht bei Einzelnen schon. Aber Innovation geht mehr vom ganzen Unternehmen aus. Kann man das Unternehmen noch als Ganzes zurücktrainieren? Ich bin nicht sicher.

Welche Empfehlungen geben Sie der Personalentwicklung?

IBM ist den Weg gegangen, etwa ein halbes Prozent der Mitarbeiter als wirkliche technologische Führungskräfte zu entwickeln. Ihnen werden persönliche Freiheiten gegeben und sie verkörpern sichtbar als Community oder als Ganzes „das technologische Gewissen" des Unternehmens. Dieses halbe Prozent bildet so etwas wie eine kritische Masse im höheren Management und kümmert sich wirksam um die Innovationsfähigkeit des Unternehmens. Damit wird die Falle umgangen, dass man einzelne „Intrapreneure" trainiert, die aber isoliert oder vereinzelt nicht das Ganze bewegen können. Dieser Ansatz klappt, ich war dabei.

www.omnisophie.com

3.

ROLLEN IM WANDEL:
SPEZIALISIERUNG, WOHIN MAN SCHAUT

Die zunehmende Professionalisierung der Branche bringt veränderte Rollen und ganz neue Jobs mit sich. Es wird Experten geben, die quasi Content-Owner sind. Zum Teil sind sie in Personalunion als Trainer, Speaker und Autor tätig. Professionelle Konzeptioner entwickeln aus dem Experten-Content Formate für Präsenztrainings, multimediale Lösungen und soziale Medien. Und der Trainer? Er wird mehr und mehr zum Lernbegleiter und ist kein Experte für einen Inhalt, sondern sticht als Didaktik-, Pädagogik- und Facilitating-Profi hervor.

Telefon- und Onlinecoaches helfen bei der Umsetzung im Alltag. Vorreiter sind hier die Sprachtrainings. Schon lange kann man auf Portalen einen Sprachcoach, der irgendwo am anderen Ende der Welt sitzt, kurzfristig für wenig Geld buchen. Der Online- oder E-Learning-Tutor hingegen betreut und unterstützt die Lernenden auf Lernplattformen und in Webinaren.

Den Face-to-Face-Coach wird es natürlich nach wie vor als Luxusvariante der persönlichen Weiterbildung und Persönlichkeitsentwicklung geben. Auch zwischen den Experten und den Präsenztrainern werden die Rollen neu verteilt. Der Experte ist zunehmend als Autor und Speaker unterwegs, das Präsenztraining wird vom lizenzierten Spezialisten für interaktive Trainings durchgeführt. Der Experte erscheint nur noch im Video.

Für den fragmentierten Markt der Weiterbildung in Deutschland bedeutet dies: Gefragt werden Spezialisten sein, die es gewohnt sind, gemeinsam in Teams zu arbeiten, die weit mehr als lose Netzwerke darstellen. Auch die großen Anbieter von Trainingsleistungen, die oft nur in der Administration „Weltklasse" sind, brauchen hier ein neues Denken. Es reicht nicht, Ausschreibungen zu gewinnen und dann die Einzelkämpfer nach Verfügbarkeit in große Projekte „einzuterminieren".

Notwendig sind eine klare Rollenverteilung und der Aufbau von konzeptioneller Kompetenz bei den großen Anbietern. Momentan wird im Vergabeprozess viel versprochen, was in der Praxis nicht eingehalten wird. Hier sind es wieder die Trainer selbst, die vor Ort entscheiden, wie sie konkret arbeiten. Das Projektmanagement von Trainingsprogrammen verlangt deutlich mehr als nur die Organisation von Trainerverfügbarkeiten.

4.

PERSONALENTWICKLUNG 2.0:
DIE LERNKULTUR WIRD DEMOKRATISCHER

Unter dem Begriff „2.0" versteht man im Internetkontext das aktive Mitwirken des Users, der somit zum Prosumer wird. In der Personalentwicklung ist dieser Begriff ebenfalls modern geworden. Man redet hier seit geraumer Zeit von Personalentwicklung 2.0. Es geht also darum, wie E-Learning, Social Media und Mobile Learning die Arbeit von Personalentwicklern und Trainern revolutionieren.

E-Learning ist endlich in den Unternehmen angekommen. Blended Learning bildet einen Standard. Die Frage ist nicht mehr, ob, sondern nur noch, wie eine Blended-Learning-Strategie umgesetzt wird.

Insgesamt sind beim E-Learning wieder die Sprachtrainings der Vorreiter. Sprachtrainingsanbieter wie Rosetta Stone, Babbel oder Papagei machen vor, wie modernes intuitives E-Learning aussieht. Gefragt sind Lösungen, die diese Form intuitiver Kompetenzaneignung auch für Soft Skills und Business-Skills ermöglichen. Videos lassen sich mittlerweile im Volltext erfassen, per Volltextsuchfunktion können gewünschte Begriffe und Passagen gefunden werden. Diese Möglichkeiten revolutionieren bereits das Softwaretraining und werden sich auch auf andere E-Learning-Bereiche auswirken. Notwendig ist dann nicht mehr ein perfekt designter Lernpfad. Mit Experten können problemlos viele Stunden Videomaterial produziert werden, denn der Nutzer findet anschließend selbstständig die Lerneinheit zu der Frage, die ihn wirklich interessiert.

Lernen auf Vorrat ist damit immer weiter auf dem Rückzug. Das ist eine gute Nachricht. Schließlich ist Lernen auf Vorrat eine sehr theoretische Idee und hat praktisch noch nie funktioniert.

Die Social Media erobern das Lernen im Unternehmen. Doch auch hier verändern sich die Dinge manchmal schneller, als es für die Personalentwicklung gut ist. Als die ersten Foren und Wikis endlich eingerichtet waren, war die Karawane der netzaffinen Lern- und Kollaborationsaktivisten bereits weitergezogen. Nach ihrer Meinung waren die üblichen Foren schon wieder out. Ebenso beim Thema Twitter. Eben war der Kurznachrichtendienst noch total angesagt und sollte in die Unternehmen verlagert werden, da entschieden einige, dass er doch eher von gestern sei, weil er nun als Geschäftsmodell Verwendung finde.

Es ist also gar nicht so leicht, mit den Trends mitzuhalten. Wer wirklich in die Personalentwicklung 2.0 einsteigen will, startet eine politische Revolution im Unternehmen. Das ist ungefähr so, als würde sich die CDU die Piratenpartei ins Konrad-Adenauer-Haus holen. Nun sind die Piraten auch fast schon wieder Geschichte. Aber man kann sich die Unruhe, die dadurch entstünde, leicht vorstellen.

Eben waren die Unternehmen noch dabei, den Mitarbeiter exakt zu vermessen, um ihn dann mit Allmachts- und Allwissenheitsanspruch in die gewünschte Richtung entwickeln und verändern zu können – gezielt aus Sicht des Unternehmens, damit er ein optimaler Unterstützer der Unternehmensstrategie werden kann.

Und nun soll plötzlich alles anders sein. Der Mitarbeiter wird aufgefordert, selbst zu entscheiden, was er tun will, welchen Beitrag er leisten möchte, gemeinsam mit seinen Kollegen, für diese und vielleicht sogar für die Führungskräfte. Er fragt nicht mehr höflich nach, wohin man ihn entwickeln will, sondern entwickelt selbst – nicht nur sich, sondern womöglich auch andere. Nicht in jedem Fall hat er dafür die Zustimmung des eigenen Chefs oder der Personalabteilung.

In der Personalentwicklung 2.0 stecken große Chancen, die all die Mühen wert sind. Im Web hat der User-generated Content seinen Siegeszug schon vor Jahren begonnen. In der Personalentwicklung steht uns das erst bevor. Aus dem passiven Lerner, so das Credo dieses Buches, soll der aktive Mitgestalter werden. Bislang dreht es sich hierbei meist um die Rolle im Präsenztraining. Nun besteht die Chance, diesen Anspruch auf die Welt jenseits des Präsenztrainings zu übertragen. Aus dem Mitlerner wird ein Selbstgestalter oder, wie es sich englisch leichter ausdrücken lässt: aus dem Participant wird ein Proticipant, der selbst proaktiv Content entwickelt und zur Verfügung stellt.

Die Herausforderung für die Unternehmen besteht darin, genau jene Leistungsträger und Experten zum Mitmachen zu gewinnen, die wirklich substanzielle Beiträge für andere Mitarbeiter liefern können. Es ist also nicht nur eine Frage der technischen Möglichkeiten, sondern vor allen Dingen eine der formellen und informellen Anreize. Auch hier sind wir wieder beim Thema Lernkultur. Zeige mir, welche Lernkultur du hast, und ich sage dir, wie deine Unternehmenskultur aussieht. Dieser Spruch gilt ebenfalls für dieses Thema: Zeige mir deine Lernkultur, und ich sage dir, ob deine Strategie für die Personalentwicklung 2.0 funktionieren wird.

Wo E-Learning Standard ist, wird Mobile Learning mindestens zur Standardergänzung, eventuell sogar zum neuen Trend. Es geht darum, formelles und informelles Lernen miteinander zu verknüpfen und freie Zeiten für das berufs- und arbeitsbezogene Lernen zu nutzen. Statt auf der Lerninsel am teuren PC, den das Unternehmen bezahlen und alle paar Jahre erneuern muss, lernt der Nutzer am eigenen Smartphone. Vielleicht verwendet er sogar das aktuelle Modell, das er gar nicht vom Unternehmen finanziert bekommen würde.

So einfach könnte es aussehen, wäre es nicht oft aus juristischen Gründen kompliziert. Beim Mobile Learning lauern ähnliche Einschränkungen wie im Bereich des E-Learnings. Dort gibt es teilweise immer noch sehr traurige Programme aus der technischen Mottenkiste. Nicht weil die Anbieter so innovationsfeindlich und fantasielos wären, sondern weil der Betriebsrat die Nutzung von Videos verbietet, solange nicht alle Rechner im Unternehmen mit Grafikkarten und Lautsprechern ausgerüstet sind.

Eines ist klar: An Mobile Learning kommt niemand mehr vorbei. Es gilt nun, die Entwicklungen beim E-Learning schneller voranzutreiben. Das heißt, es sollten rasch verbindliche Standards entwickelt werden. Teure Insellösungen lassen sich dadurch frühzeitiger abschaffen, noch besser wäre es natürlich, sie gar nicht erst entstehen zu lassen.

INTERVIEW MIT PROF. DR. ARMIN TROST

Bei SAP war Armin Trost jahrelang für das Recruitment zuständig. Heute lehrt und forscht er an der Business School der Hochschule Furtwangen. Seit 2006 berät Prof. Dr. Trost als Partner und Mitgesellschafter der Promerit AG Unternehmen in strategischen Fragen des Human-Resource-Managements.

Was sind die wesentlichen Merkmale der Personalentwicklung 2.0?

Personalentwicklung 2.0 bedeutet, dass Lerner zu Lehrern werden. Alle Mitarbeiter und User sind heute in der Lage, ihr Wissen anzubieten und auf ihre Expertise aufmerksam zu machen. Dies geschieht in erster Linie über moderne Medien im Internet oder Intranet. Daraus resultiert, dass Mitarbeiter und User im Sinne eines Social Learning selbst gesteuert voneinander lernen, und zwar immer dann, wenn sie einen Lernbedarf haben. Wir beobachten hier eine klare Entwicklung weg vom Vorratslernen oder „Learning just in case" hin zu einem bedarfsorientierten Lernen. Bei Letzterem spricht man auch von „Learning on Demand".

Welche Rolle haben Führungskräfte bei der neuen Personalentwicklung? Worauf müssen sie achten?

Führungskräfte müssen die aktive Nutzung von Web 2.0 und Social Media vor allem zulassen. Manchen Führungskräften alter Schule fällt dies offenbar noch schwer, weil sie den Sinn, die Funktionsweise und den Nutzen dieser Medien unterschätzen. YouTube beispielsweise betrachte ich mittlerweile als die weltweite größte Lernplattform. Führungskräfte hingegen sehen die Nutzung von YouTube häufig eher als Zeitverschwendung. Wenn es gut läuft, motivieren sie die Mitarbeiter, ihr Wissen zu teilen, und bieten entsprechende Anreize an. Sie sollten mit gutem Beispiel vorangehen, selbst twittern, bloggen und sich als Experten im Unternehmen präsentieren.

Was unterscheidet die Generation Y beim Thema Weiterbildung von früheren Generationen?

Sie lebt in der Überzeugung, im Internet auf jede Frage eine Antwort zu finden oder zumindest jemanden, der die Antwort kennt. Ihre Lernumgebung ist ein weltweites Netzwerk, auf das sie jederzeit zugreifen kann. Sie erlebt das Internet als einen hierarchiefreien Raum, in dem man jeden, der dort präsent ist, ansprechen darf. Als Professor werde ich täglich von Studenten angesprochen, zum Teil mit sehr lapidaren Fragen. Sich mühsam etwas selbst zu erarbeiten, ist dieser Generation fremd. Ich begrüße diese Entwicklung aber, auch wenn man aus pädagogischer Sicht Nachteile beobachten kann.

Welche Instrumente sollten Unternehmen einführen?

Das hängt vor allem von der Unternehmenskultur und der Affinität der Mitarbeiter für Social Media und Web 2.0 ab. Beginnen würde ich mit sogenannten Yellow Pages, wo Mitarbeiter auf ihre Expertise aufmerksam machen können. Das ist sehr einfach und wirksam. Etwas fortgeschrittener ist die Nutzung von Yammer. Dieses Instrument entspricht im Grunde Twitter, nur eben intern begrenzt auf das Unternehmen. Danach kann man über Foren und interne Formen von Facebook oder Ähnliches nachdenken.

Wichtig ist immer, digitale Medien mit echten sozialen Events zu flankieren. Ich kenne Unternehmen, bei denen Mitarbeiter auf Konferenzen ihr spezielles Wissen präsentieren. Das funktioniert sehr gut.

Was sind die drei größten Fehler bei der Personalentwicklung 2.0?

1. Mit der technischen Implementation einer Plattform ist es nicht getan. Man muss ein Instrument intern auch vermarkten und mit echten, sozialen Events ergänzen, damit die Ernsthaftigkeit des Vorhabens erkennbar wird.
2. Man kann nicht PE 2.0 wollen und gleichzeitig als Geschäftsführung eine vorwiegend kritische Haltung gegenüber Social Media und Web 2.0 verbreiten.
3. Man darf nicht erwarten, dass Mitarbeiter im Rahmen von PE 2.0 anfangen, umfassende Dokumente zu erstellen. Sogenannte „Collect-Ansätze", bei denen Wissen in Datenbanken gehortet wird, funktionieren nicht. PE 2.0 fördert vielmehr einen „Connect-Ansatz", der versucht, Lerner und Lehrer zusammenzubringen.

Ihr wichtigster Tipp für die Personalentwickler?

Die meisten Unternehmen sind noch weit von PE 2.0 entfernt, weil sie Angst vor Kontrollverlust und Zeitverschwendung haben. Zugleich unterschätzen sie den Nutzen von PE 2.0, weil sie über keine oder nur wenig Erfahrung verfügen. Als Personalentwickler würde ich klein anfangen und als Vorbild vorangehen. Personaler sind ja Experten für HR-Themen und können hier als Lehrer im Unternehmen auftreten.

www.armintrost.de

5

GAME-BASED LEARNING:

SPIELEN MACHT DOCH SCHLAUER

Game-based Learning ist ein altes Schlagwort, bei dem Pädagogen bis heute gerne die Nase rümpfen. Zu Unrecht, wie ich meine. In vielen Kinderzimmern und Wohnzimmern stehen keine reinen Spielekonsolen mehr, sondern Hybridlösungen, die Spielen, Fernsehen, Internet interaktiv miteinander kombinieren. Und klassische Spielekonsolen enthalten längst Angebote für die ganze Familie. „Brain-Gym" für die Oma ist kein exotisches Weihnachtsgeschenk mehr und im ICE vertreiben sich sogar Anzugträger die Zeit mit einem Spiel auf dem Smartphone oder Tablet. Warum nicht mit einem App-Game zum Thema Führung?

Da liegt es nahe, auch für die Unternehmen intelligente Wissensspiellösungen zu entwickeln. Im Gegensatz zu früher treffen diese nun auf eine deutlich breitere Akzeptanz, da selbst Menschen, die sich nicht für Ballerspiele interessieren oder diese sogar ablehnen, offen für andere, „intelligentere" Computerspiele sind.

Gut gemachte Lernspiele sind deshalb so effektiv, weil sie den Lernenden in hohem Maße involvieren. Aber Achtung! Der Unterhaltungsaspekt, sprich: der Fun, ist anders als bei „normalen" Games nicht das alleinige Ziel. Was den Lernenden einbindet, fesselt und ihn lernen lässt, ist das Interaktive, der attraktive Kontext, die Herausforderung, die es zu lösen gilt, und nicht zuletzt die Story. Innerhalb einer sicheren Lernumgebung kann man auf Entdeckungstour gehen, Dinge ausprobieren, Fehler machen – und einfach auf Neustart drücken, falls etwas schiefgegangen ist (vgl. Kapp 2012).

„Spielen erlaubt" heißt es also zukünftig im Bereich Personalentwicklung. Und die nächste Revolution steht dann vor der Tür, wenn E-Learning-Messe und Games Convention zur gleichen Zeit am gleichen Ort stattfinden.

INTERVIEW MIT PROF. DR. ROLAND BÖTTCHER

Roland Böttcher lehrt Allgemeine Betriebswirtschaftslehre an der Hochschule Bochum. Als Geschäftsführer von BuGaSi Labs entwickelt und vertreibt er computerunterstützte Planspiele.

Warum haben Sie sich auf die Entwicklung von Simulationen spezialisiert?

Heute gilt es, Wissen möglichst einprägsam und unterhaltsam zu vermitteln. Simulationen bieten die Möglichkeit, das eigene Urteilsvermögen durch das Erleben der Konsequenzen des eigenen Handelns zu schärfen. Die Teilnehmer durchleben in einem als realistisch empfundenen Szenario Situationen, die Bezüge zu ihrem Alltag aufweisen, und haben die Chance, den Umgang mit diesen Situationen ohne reale Konsequenzen zu üben. Weil unsere Simulationen immer auch eine spielerische Wettbewerbskomponente beinhalten, steigt die Motivation zum Mitmachen.

Wie ist die Akzeptanz von Game-based Learning in Deutschland?

In den Unternehmen setzt sich die Erkenntnis durch, dass die klassischen, vortragsorientierten Weiterbildungsformate selten nachhaltige Lernfortschritte gewährleisten, weil das vermittelte Wissen nicht aktiv erprobt und angewendet wird. Simulationen verstärken den Transfer des Erlernten und das erhöht spürbar den Nutzwert von Weiterbildung.

Allerdings wird das spielerische Lernen in den vielen Unternehmen noch als unprofessionell abqualifiziert. Es ist offenbar noch ein Stück Wegstrecke zu bewältigen, bis Game-based Learning sich auch in Deutschland aus der Spielecke heraus zum ernsthaften Ausbildungsstandard entwickelt, aber die Richtung stimmt auf jeden Fall.

Was ist das Besondere an den Produkten von BuGaSi Labs?

Wir haben mit Fort Fantastic und Resort Paradiso bisher zwei Simulationskonzepte realisiert. Zwei weitere stehen kurz vor der Pilotierung. Resort Paradiso ist eine IT-Servicemanagement-Simulation, die speziell auf den Standard ITIL ausgerichtet ist. Fort Fantastic dagegen ist eine Teamsimulation, die sich sehr flexibel in diverse Weiterbildungskonzepte integrieren lässt.

Für welche Themen eignet sich Fort Fantastic?

Fort Fantastic ist eine Plattform, die sich nach konkreten Bedürfnissen und Anlässen sehr stark konfigurieren lässt. Bisher standen folgende Anwendungen im Vordergrund:

- in Fachabteilungen für die Themenkomplexe Kommunikation, Teambuilding, Prozessmanagement und Führung
- in Projekten als Ergänzung zum Kick-off oder als Umsetzungsbegleitung
- in der Personalabteilung bei der Kandidatenauswahl

Sie setzen Simulationen international ein? Wo bisher?

Außer in Europa sind wir im englischsprachigen Ausland und in Asien im Einsatz. Konkret wären die USA, Indien, Malaysia und Singapur zu nennen. Aktuell sind die französische, spanische und holländische Sprachversion in Arbeit.

www.bugasi-labs.com

Bin im *NETZ!*

Euer Prof

6.

WISSEN ONLINE:

KOSTENLOSE ANGEBOTE
FORDERN DIE BRANCHE HERAUS

Wikipedia war der Totengräber für den Brockhaus. Nun sind die Khan-Academy, Serlo oder der neue Trend zu Massive Open Online Courses (MOOCs) dabei, die Bildungslandschaft in ihren Grundfesten zu erschüttern. Jüngst entstandene Bezahlangebote für Lernen im Netz sehen sich durch soziale Entrepreneure mit ihren nicht profitorientierten Projekten bedroht, und die Universitäten müssen sich der Herausforderung durch die MOOCs stellen.

Technisch gesehen ist an diesen Angeboten nichts neu, doch ihre Umsetzung wird immer attraktiver. So gibt es Videos in guter Qualität, die zum Teil mit Animationen aufgelockert sind. Immer höhere Bandbreiten bei der Datenübertragung machen die Videos unkompliziert verfügbar. Und das Ganze auch noch kostenlos. Wer will, findet auf Plattformen wie YouTube oder Vimeo viel mehr als Kätzchenfilme und Musikclips. Nämlich Videos zu fast allen Themen der betrieblichen Weiterbildung.

Die Trainings- und Kongressanbieter sehen sich herausgefordert. Wenn es so viel Gutes kostenlos im Netz gibt, warum soll man dann für den gleichen Inhalt noch einmal Geld zahlen? Das Thema Urheberschutz und Lizenzrechte kommt gerade erst in der Personalentwicklung und Trainingsbranche an. In den meisten Standardverträgen der Akademien tritt der Trainer alle Rechte an seinen Inhalten zur weiteren Verwendung ab. Wann wohl der erste Zentraleinkäufer beschließt, alle Trainings aufzeichnen zu lassen, zumindest den Input des Trainers?

Für den Content wird bald kaum noch jemand Geld bezahlen, weder Unternehmen noch Endkunden. Der entscheidende Mehrwert sind die didaktische Aufbereitung und die Zusatzangebote drumherum. Kommt Ihnen das von anderen Branchen bekannt vor? Ich kann mich noch gut erinnern, wie Anfang der 1990er-Jahre ein Telekom-Manager während eines Trainings prophezeite, dass das Telefonieren bald kostenlos sein würde. Voice over iP war damals nur Insidern bekannt und meine Mobilfunkrechnung betrug über 1000 DM im Monat.

7.

ACTION LEARNING:
LIVE IN DER PRAXIS TRAINIEREN

Mit „Action Learning" sind Trainings gemeint, in denen in der Praxis gearbeitet wird. Das Ende des klassischen Classroom-Trainings also. Man könnte es so sehen: Trainings sind besser als Seminare, Simulationen besser als Trainings und Action Learning ist besser als Simulationen. Etwas schwammig bleibt der Begriff „Action Learning" aber. Niemand hat ihn bislang gründlich definiert. Als Action Learning gilt zum Beispiel, wenn kein Projektmanagement-Training stattfindet, sondern der Coach die Projektgruppe bei einem realen Projekt begleitet. Ist das wirklich neu? Auf jeden Fall läuten für das klassische Training die Totenglocken, wenn man den Aussagen der Delphi-Studie glauben darf.

Bis Trainings wirklich verschwinden, wird es meines Erachtens aber noch eine ganze Weile dauern. Action Learning mit einem externen Coach, der vor Ort verfügbar ist, wenn er gebraucht wird, kostet wahrscheinlich mehr als ein Training oder eine Projektsimulation. Sie erinnern sich an meine Entscheidungsmatrix? Nicht für jedes Thema und jede Zielgruppe wird man auf diese kostspielige Art des Lernens zurückgreifen.

Ich kenne bislang nur einen Kunden, der Action Learning in der beschriebenen Art implementieren will. In diesem Zusammenhang ist die Frage spannend, ob der interne Trainer eine Renaissance erfährt. Je näher der Trainer oder Coach am tatsächlichen Geschehen dran sein soll, umso flexibler muss er auch verfügbar sein. Das ist extern nur zu hohen Kosten realisierbar.

Egal wie man die neuen Lernformen nennen mag, das altbekannte Klassenzimmer-Seminar ist auf dem Rückzug. Gemessen am Aufwand ist der Nutzen oft zu gering. In der Zukunft wird es heißen: Wenn schon ein Treffen in der realen Welt, dann bitte für mehr als nur Zuhören und Diskutieren.

DEMOGRAFISCHER WANDEL:

JEDES ALTER LERNT ANDERS

Alter in Jahren

100

90

80

70

60

50

40

30

20

10

750　500　250　0　250　500　750　Tsd. Personen

1910 2014 2060

Quelle: Statistisches Bundesamt 2009

Seit Jahren ist der demografische Wandel unserer Gesellschaft Topthema auf allen Kongressen für Personalprofis. Zu Recht, denn inzwischen arbeiten in Deutschland mehr Beschäftigte in der Betreuung alter Menschen als in der Automobilindustrie. Und während wir die Unternehmen für Personalentwicklung 2.0 umbauen, holen viele Unternehmen Vorruheständler zurück, um den aktuellen Betrieb in Ferienzeiten aufrechtzuerhalten. Etwas unterbelichtet sind noch die Fragen, wie ältere Menschen lernen und was daran anders ist als bei jungen Menschen. Beides wird gerade erst erforscht.

Die Zielgruppe 50 plus verlangt nach spezifischen Angeboten. Als Pedant zum Nachwuchsentwicklungsprogramm wird es zum Beispiel zunehmend Alte-Hasen-Rückholprogramme geben. Je wichtiger ältere Mitarbeitergruppen werden, umso mehr Weiterbildungsbudget wird in diese Zielgruppe fließen. Mehr und mehr Trainer sind dabei, altersspezifische Trainingsangebote anzubieten. Hier kommt es darauf an zu unterscheiden, was nur gutes Marketing ist und wo wirklich altersspezifische Didaktik drinsteckt.

Ein interessantes Forschungsergebnis der Neurowissenschaftler: Mit zunehmendem Alter sind positive Emotionen beim Lernen noch wichtiger als bei jungen Menschen. Edutrainment ist also auch bei den älteren Zielgruppen die richtige Antwort. Ein gute Nachricht für alle, die das Konzept dieses Buches in ihrem Arbeitsalltag anwenden wollen. Und natürlich auch für mich persönlich, denn ältere Mitarbeiter lassen sich auch gerne von älteren Trainern beim Neu-Lernen und Um-Lernen begleiten.

9.

Als ich meine Trainerkarriere begann, betrug die klassische Dauer eines Kommunikationstrainings drei Tage. Die Teilnehmer reisten mit dem Flugzeug an, setzten sich in ein Mietauto und fanden sich nach neunzig Minuten Fahrt in einem schönen Tagungshotel mitten im Wald wieder. Die Abreise dauerte auch wieder knapp einen halben Tag. Solcher Luxus wird heute nur noch handverlesenen Zielgruppen zuteil. Die meisten Präsenztrainings dauern maximal zwei Tage. Ich hatte sogar schon einmal eine absurde Anfrage für ein moderiertes Abendessen zum Thema Konflikte im Team.

Alles soll schnell gehen, weniger Zeit in Anspruch nehmen, kompakter sein. Microlearning ist deshalb ein heiß diskutiertes Thema der Branche. Gemeint sind damit in der Regel kurze Lerneinheiten mit einer Dauer von drei bis fünfzehn Minuten, die im Netz oder mobil zur Verfügung gestellt werden (vgl. Robes 2011). Die sogenannten Learning Nuggets fallen in diese Kategorie. Auch die momentan sehr beliebten Erklärfilme, nicht selten mit großem Aufwand produziert, gehören hierzu. Ein anderer Ansatz von Microlearning stellt eher den User, der selbst kleine Lernschnipsel für seine Mitlerner produziert, in den Mittelpunkt.

Die einen begrüßen Microlearning als logische Kombination aus neuen Technologien und veränderter Mediennutzung der jüngeren Generationen. Die anderen verdammen es als weiteren Beleg für die zunehmende Verblödung unserer Gesellschaft. Frei nach dem Motto: Anstatt ein ganzheitliches Verständnis zu fördern, werden nur noch kleinste Wissenshäppchen auf Wer-wird-Millionär-Niveau vermittelt und per Multiple Choice abgefragt. Im schlimmsten Fall produziert von Leuten, die das Thema selbst nicht richtig verstanden haben. Sie sehen, hier gibt es Schnittmengen zu anderen Trends.

Ganz gleich, was genau man unter Microlearning versteht und ob man es für gut oder schlecht hält: Der Trend zur Kürze ist nicht zu leugnen, sowohl auf dem Bildschirm als auch im Seminarraum. Und klar ist ebenfalls: Wer bei der Vermittlung von Inhalten Zeit sparen will, der braucht eine intelligente Didaktik. Das wird leider oft übersehen, bei Präsenzveranstaltungen wie auch beim Mobile Learning. Innovative und emotionale Formen der Vermittlung helfen Zeit zu sparen. Auch das ist wieder ein starkes Argument für Edutrainment.

10.

SELBSTLERNKOMPETENZ:

DIE ZUKUNFTSKOMPETENZ

Ich habe es bereits erwähnt: Die klassischen Trainingszeiten verkürzen sich. Gefragt ist Training on Demand – jederzeit an jedem Ort, wenn notwendig, muss es sofort verfügbar sein. Alles, was diesen Trend befriedigen kann, hat Aussicht auf Erfolg. Ob es gute didaktische Konzepte sind oder technologische Lösungen wie Mobile Learning, immer geht es darum, in kürzerer Zeit neue Kompetenzen zu erwerben. Ein großes Potenzial liegt hier im Bereich der Förderung der Selbstlernkompetenz.

Das Wissen der Welt liegt kostenlos im Netz und immer noch googeln viele Führungskräfte planlos zwei bis vier Stunden herum. Dabei kann man sich, statt ein teures Web-based Training zum Thema Mitarbeitergespräche zu entwickeln, in drei Minuten alle relevanten Videos und Inhalte zusammensuchen. Voraussetzung dafür ist, dass man nicht nur die Inhalte findet, sondern auch über die entsprechenden Metakompetenzen verfügt, um sie sinnvoll zu konsumieren. All das hat etwas mit Selbstlernkompetenz zu tun, die immer noch viel zu selten bewusst und organisiert von der Personalentwicklung gefördert wird.

Selbst Universitäten stellen fest, dass die sagenumwobenen Digital Natives den permanenten Internetzugang als Basis ihrer Existenz zwar voraussetzen, mit dem „Alles-ist-immer-und-überall-im-Netz-verfügbar-Ansatz" aber nicht immer intelligent umgehen. Hier bestehen ein großer Bedarf und zugleich ein gigantisches Einsparpotenzial für Unternehmen. Bevor nach dem Vorbild von Google einfach ein halber Tag pro Woche für das Selbstlernen „freigegeben" wird, sollte also erst vermittelt werden, wie diese Zeit auch wirklich bestmöglich genutzt werden kann.

Beim Selbstlernen rückt demnach das Selbstmanagement in den Vordergrund. Was spräche dagegen, die klassischen Selbstmanagement-Trainings um einen Part zu Lernstrategien und Lerntechniken zu ergänzen, anstatt immer wieder die altbekannten Werkzeuge aus Eisenhowers Zeiten hervorzukramen?

Könnte die Zeit in den Trainings nicht viel besser genutzt werden, wenn alle Teilnehmer wirklich aktive Selbstlerner wären, die sich schon im Vorfeld alle relevanten Inhalte selbst erarbeitet haben und das Präsenztraining als einen Meilenstein ansehen, um ihr definiertes Lernziel im entsprechenden Kompetenzfeld zu erreichen?

Der mündige Selbstlerner wäre also ein Mitarbeiter, der seine Employability hinterfragt und, falls notwendig, selbst auf den neuesten Stand bringt. Er wartet nicht darauf, von irgendjemandem entwickelt zu werden, sondern er entwickelt sich selbst. Mündige Selbstlerner sind daher auch unbequem, für Führungskräfte, Personalentwickler wie auch die Trainer.

Selbstlernkompetenz bedeutet in letzter Konsequenz weit mehr als nur die Vermittlung von Kompetenzen. Es geht um eine andere Unternehmenskultur. Das hängt eng mit dem Thema Personalentwicklung 2.0 zusammen und stellt vieles infrage, was auch in diesem Buch beschrieben wurde. Statt den Weg zur Kompetenz von Experten definieren zu lassen, wird nur das Ziel definiert.

Ob ein Training oder Coaching hilfreich ist, entscheidet der Mitarbeiter selbst. Er allein verwaltet sein persönliches Weiterbildungsbudget. Dies hat mit Vertrauen zu tun, ähnlich wie beim Thema Zeiterfassung. Dort gibt es schon radikale Ansätze wie ROWE (Results-Only Work Environment), bei denen Arbeitszeiten und das Erscheinen am Arbeitsplatz keine Rolle mehr spielen (vgl. Ressler u.a., 2009). Was zählt, ist einzig das Ergebnis.

Der Selbstlerner von morgen wird ein Selbstentwickler sein, der ein klares Ziel vor Augen hat und frei über sich entscheiden kann. Und was geschieht mit der Personalentwicklung? Was wird aus all den Trainern, Coaches und Experten? Wie mein alter Chef stets sagte: Wer nicht mit der Zeit geht, geht mit der Zeit.

SCHLUSSWORT:

LERNEN

MIT PFERDEN

Vor einer Weile packte ich mal wieder meine Sachen zu einer Vortragsreise. Als ich mich von meiner zehnjährigen Tochter Janda verabschiedete, fragte sie mich, was ich denn auf der Veranstaltung erzählen würde. Ich antwortete, dass es natürlich um Edutrainment und Lernen ginge. Sie verzog das Gesicht: „Immer Lernen! Erzähl doch mal was anderes. Was über Pferde." Ich erklärte ihr, dass ich schließlich dafür bezahlt werde, etwas übers Lernen zu erzählen. Die Menschen würden das auch von mir erwarten. Da könne ich nicht einfach über Pferde reden.

Ich versprach ihr aber, zumindest ein Pferdebild zu zeigen, ein paar schöne Ponys. Was ich dann auch tat. Mir war aufgegangen, wie gut die Sache mit den Pferden und meiner Tochter zum Thema Lernen passte. Denn genau wie dieses Buch handelte der Vortrag über die Begeisterung fürs Lernen.

Meine Tochter ist extrem begeistert von Ponys und Pferden. Damit kann sie sich den ganzen Tag beschäftigen. Sie schaut sich Pferdebilder und Pferdefilme an, nimmt Reitunterricht, liest Bücher über Pferde, kauft sich von ihrem Taschengeld die einschlägigen Zeitschriften und sie unterhält sich über nichts lieber als über ihre vierbeinigen Freunde. Wenn sie morgens aufwacht, erzählt sie oft, dass sie von ihrem Lieblingspferd geträumt hätte, einem Isländerwallach namens Penningur.

Können Sie sich noch daran erinnern, wann Sie zuletzt von einem Thema so begeistert gewesen sind?

Dieses Buch handelt davon, wie man auch im Unternehmen Begeisterung für das Lernen entfachen kann. Vielleicht nicht ganz so extrem wie bei einem zehnjährigen Mädchen für das Thema Pferde, aber doch größer als der Lerneifer, der tagtäglich in vielen Seminarräumen in Deutschland zu beobachten ist. Erinnern Sie sich noch an mein Eingangsbeispiel mit dem Jonglieren? Wenn sie einen guten Grund finden, etwas zu lernen, und jemanden haben, der Sie anleitet und Ihnen hilfreiches Feedback gibt, dann können Sie fast alles lernen. Vorausgesetzt, dass Sie es sich erlauben, Fehler zu machen, und dafür sorgen, dass es Ihnen Spaß macht.

Der Spaß kommt beim Lernen im Unternehmen oft zu kurz. Wir haben gute Gründe, warum Mitarbeiter sich mit einer neuen Software auseinandersetzen müssen, mit neuen Abläufen, Verfahren, Arbeitsweisen, mit neuen Kunden, Branchen, Sprachen und Kulturen. Es gelingt uns auch meistens recht gut, den Lernprozess zu strukturieren. Doch die Unterhaltung, die positive Emotionalisierung, sie kommt oft zu kurz. Besonders wenn es um die vermeintlich harten Themen geht. Ich halte das für einen elementaren Fehler.

Ich habe kürzlich selbst an zwei Weiterbildungen teilgenommen. Die eine habe ich nach dem ersten Tag abgebrochen, die andere schon nach der ersten Pause. In beiden Fällen war der Inhalt fundiert, nur bei seiner Vermittlung scheiterten beide Trainer kläglich. Sie begründeten ihr Vorgehen mit fehlender Zeit. Weil sie so wenig Zeit hätten, müssten sie eben viel Stoff „vermitteln". Mein Credo ist das genaue Gegenteil: Je weniger Zeit ich habe, umso mehr Gedanken muss ich mir über die Art der Vermittlung machen.

Entertainment ist keine Zugabe beim Lernen, die man sich nur erlauben kann, wenn man zu viel Zeit und Geld hat. Sie ist die Basis für den Lernerfolg. Unterhaltung ist nicht alles beim Lernen, aber ohne Unterhaltung ist alles nichts.

SUSANNE REDLING legt den Hörer auf. Endlich mal ein Trainer, der sich im Handel auskennt und nicht herumschwafelt. Dieser **LUTZ FREIBERG** hat viele Fragen gestellt, zugehört, nachgehakt und erste Ideen geliefert. Sein bester Vorschlag war, das Verkaufspersonal der MR.-DONKEY-Filialen mithilfe von Seminarschauspielern zu trainieren. „Müssen wir da etwa Gagen zahlen?", fragte sie ihn gleich. Doch Freiberg konnte sie überzeugen, dass die Kosten im Rahmen bleiben und sich die Investition lohnt. Das passende Trainingsprogramm arbeitet er jetzt aus. Wäre doch gelacht, wenn es ihr nicht gelänge, MR. DONKEY zum Servicechampion der Branche zu machen. Ein Lächeln huscht über ihr Gesicht. Diese Schauspieler könnte man doch sicher auch als Mystery Shopper einsetzen? So als Real-Life-Action-was-auch-immer-Training. Genial! Sie greift zum Telefon und drückt auf Wahlwiederholung.

FLORIAN MÜLLER schiebt den Einkaufswagen zur Supermarkt-kasse, als sein Handy klingelt. Ein Kunde ist dran, er beschwert sich lautstark über den Verlauf des aktuellen Projekts. Trotzdem schmunzelt Florian. Die brüllende Stimme gehört nämlich dem Seminarschauspieler, der ihm gestern und heute im Projektmanage-ment-Training begegnet ist. Das Training war eher eine Simulation, sehr fordernd, aber richtig klasse. Und es geht offenbar so weiter. Die Reklamation kommt vom Band, wie Florian jetzt feststellt, denn als er antworten will, reagiert der Kunde nicht. Da erhält er eine E-Mail: die Einladung für das E-Learning-Modul „Schwierige Gespräche", das gerade freigeschaltet wurde. Noch in der Kassenschlange wählt er sich in das Programm ein und startet das Introvideo. Jetzt sieht er diesen meckernden Kunden sogar und muss laut lachen. Die Kassiererin schaut ihn mit großen Augen an. Cool, denkt sich Florian. Wirk-lich das beste Training, an dem er je teilgenommen hat.

ANNA PAULSEN irrt indessen durch die Gänge eines Baumarkts. Sie will endlich ihren Garten in Schuss bringen. Eine Schaufel braucht sie noch und ein paar dieser Dekoleuchten, die mit Solarstrom laufen. Der einzige Verkäufer weit und breit quatscht gerade mit einem Kunden. Sie stürmt auf ihn zu und stoppt. Der Verkäufer hält eine Scheuert-Bohrmaschine in der Hand. Die gute XLF Destructa. Anna Paulsen schleicht sich in Hörnähe. Sie fühlt sich wie einer dieser Forscher in den Tierfilmen. Tatsächlich! Merkmal, Vorteil, persönlicher Nutzen. Eine echte MVP-Kette. Jede Frage des Kunden wird kompetent beantwortet. Am liebsten würde sie den Verkäufer umarmen. Heimlich schießt sie mit ihrem Smartphone ein Foto. Das wird sie gleich ihren Kollegen mailen mit dem Betreff: Praxiserfolg! Grinsend geht sie zum Ausgang. Die Schaufel kann sie sich ja vom Nachbarn leihen.

EIN ÜBERBLICK

KONZEPTION

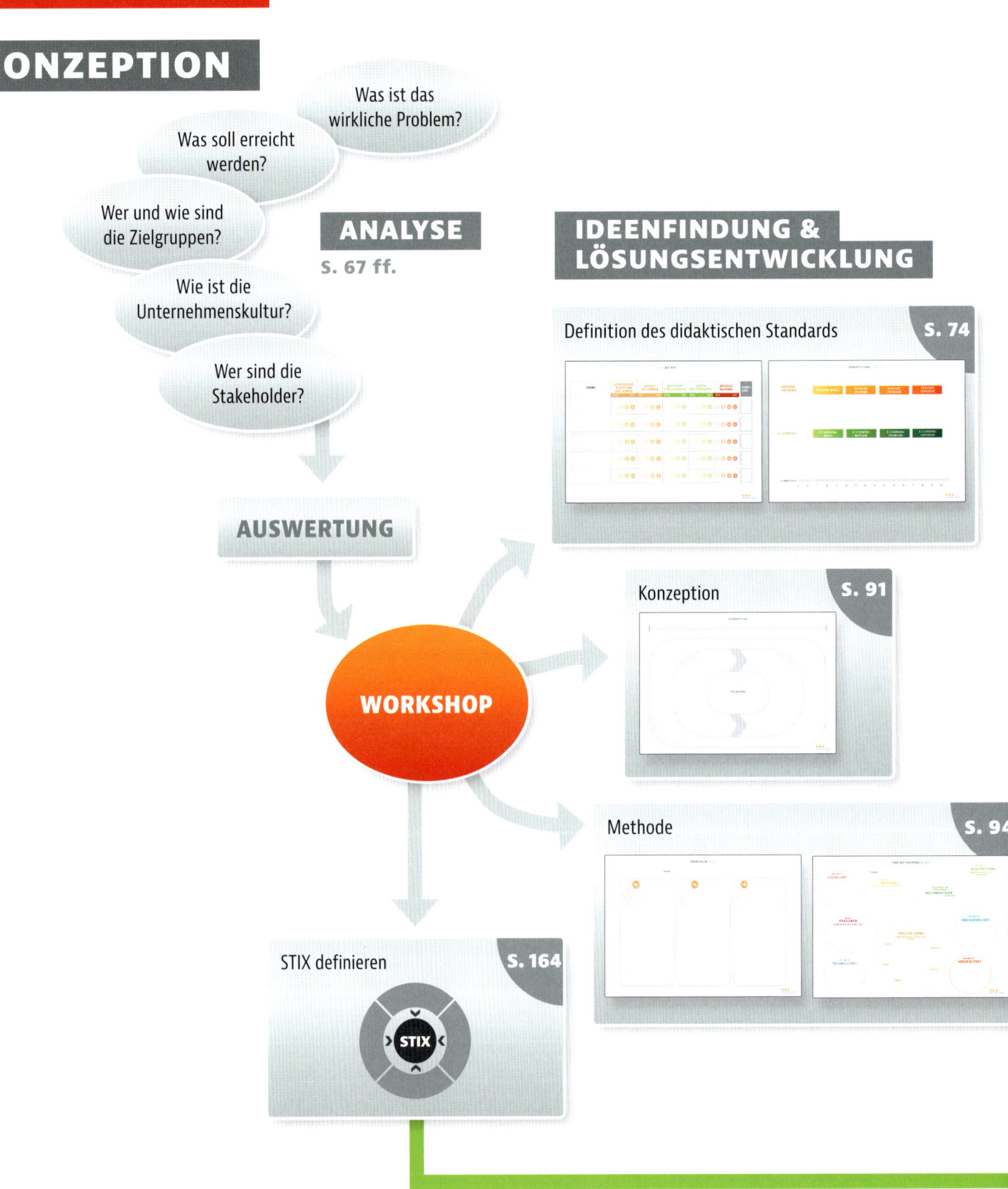

Was ist das wirkliche Problem?

Was soll erreicht werden?

Wer und wie sind die Zielgruppen?

Wie ist die Unternehmenskultur?

Wer sind die Stakeholder?

ANALYSE
S. 67 ff.

IDEENFINDUNG & LÖSUNGSENTWICKLUNG

Definition des didaktischen Standards · S. 74

Konzeption · S. 91

Methode · S. 94

AUSWERTUNG

WORKSHOP

STIX definieren · S. 164

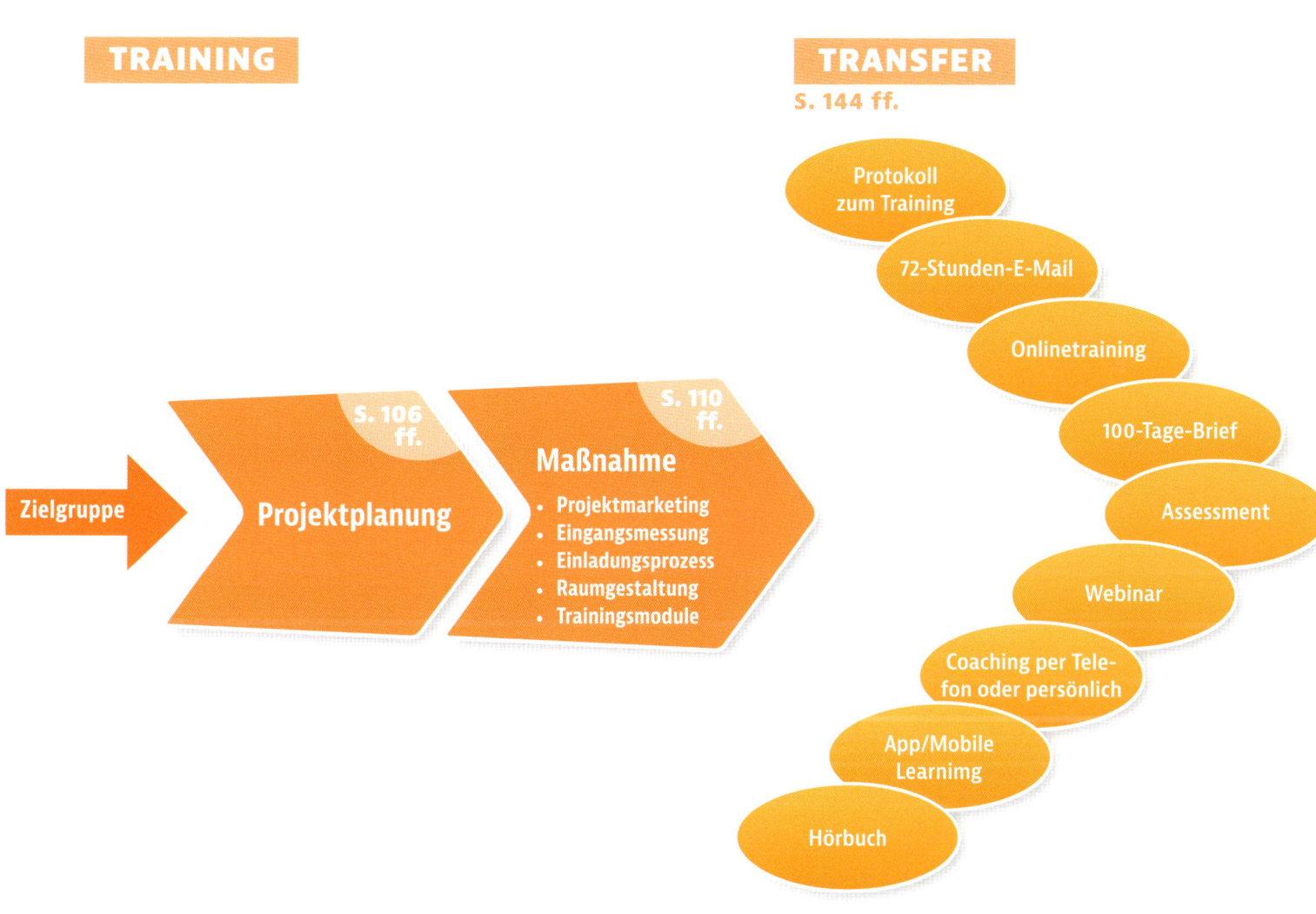

UMSETZUNG

TRAINING

TRANSFER
S. 144 ff.

Zielgruppe

Projektplanung
S. 106 ff.

Maßnahme
S. 110 ff.
- Projektmarketing
- Eingangsmessung
- Einladungsprozess
- Raumgestaltung
- Trainingsmodule

Protokoll zum Training

72-Stunden-E-Mail

Onlinetraining

100-Tage-Brief

Assessment

Webinar

Coaching per Telefon oder persönlich

App/Mobile Learnimg

Hörbuch

ERFOLGSMESSUNG

AHNENGALERIE

Diese Frauen und Männer haben das lebendige Lehren und Lernen mit ihren Gedanken und Werken inspiriert.

SOKRATES [10]
469–399 v. Chr.
Mit seinen Philosophen-Kollegen „erfand" er die Erwachsenenbildung.

JOHANN AMOS COMENIUS
1592–1670
Der böhmische Mönch und Theologe gilt als der erste Pädagoge überhaupt.

JOHANN HEINRICH PESTALO...
1746–1827
Sein Name steht für ganzheitliches Lernen mit „Kopf, Herz und Hand", quasi Edutrainment in Zeiten der Aufklärung.

MANFRED SPITZER [10]
1958
Er gehört zu den bekanntesten deutschen Hirnforschern der Gegenwart.

GERALD HÜTHER [9]
1951
Er gehört zu den bekanntesten deutschen Hirnforschern der Gegenwart.

RICHARD BANDLER
1950
Zusammen mit John Grinder „Entdecker" des neurolinguistischen Programmierens (NLP). Damit revolutionierten sie das Denken über Wahrnehmung und Lernen.

DAVID SIBBET [8]
1944
Für den weltweiten Trend zur Visualisierung ist er maßgeblich mitverantwortlich.

VERA F. BIRKENBIHL [7]
1946–2011
Dem gehirngerechten Lernen und Lehren ebnete sie in Deutschland den Weg.

GERHARD ROTH
1942
Er gehört zu den bekanntesten deutschen Hirnforschern der Gegenwart.

TONY BUZAN [6]
1942
Ihm verdanken wir unter anderem die Kreativitätstechnik des Mindmappings.

JOHN GRIN...
1940
Zusammen mit Richard Bandler „Entdecker" des neurolinguistisch... Programmierens (NLP). Damit revolutionierten s... das Denken über Wahrnehmung u... Lernen.

(1)

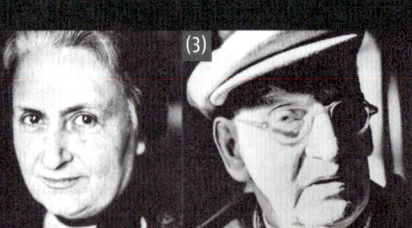

(2) (3)

(4) (5)

OLF STEINER **MARIA MONTESSORI**[2] **ALEXANDER SUTHERLAND NEILL**[3] **RUTH COHN**[4] **MALCOLM KNOWLES**

1861–1925
Als Vater der Anthroposophie begründete er die Waldorfschule.

1870–1952
Die nach ihr benannte Montessoripädagogik vereint Theologie und Naturwissenschaften.

1883–1973
Mit seiner Internatsschule Summerhill lebte er antiautoritäre Erziehung vor.

1912–2010
Ihre Themenzentrierte Interaktion beflügelte das soziale Lernen in Gruppen.

1913–1997
Als Mitbegründer der Andragogik öffnete er neue Wege für das Lernen Erwachsener.

1921–1997
Die von ihm zusammen mit Wolfgang Schnelle und Hermann Dunst gegründete Firma Metaplan lieferte mit der Moderationsmethode und ihren bunten Karten, Pinnwänden und Klebepunkten die Grundlage für moderne Workshops und Trainings.

1941 und 1944
Sie liefern der Trainingsbranche seit 1977 Pinnwände, Kärtchen, Moderationsmarker und alles, was das Trainerherz begehrt.

1940
Mit Accelerated Learning entwickelte er zusammen mit Dave Meier Losanows Ansatz weiter und machte ihn für fast alle Lernfelder im Unternehmen nutzbar.

1926–2012
Der Begründer der Suggestopädie setzte stark auf ein mehrdimensionales Lernerlebnis.

E MEIER **ERICH UND RUDI NEULAND** **COLIN ROSE** **GEORGI LOSANOW**[5] **EBERHARD SCHNELLE**

Accelerated ning entwickelte usammen mit Rose Losanows tz weiter und te ihn für fast ernfelder im Unhmen nutzbar.

(7) (8) (9) (10)

LITERATUR

Sandra Aamodt und Samuel Wang:

Welcome to your Brain: Ein respektloser Führer durch die Welt unseres Gehirns.

München: Beck 2009

Marit Alke:

Praxistransfer inklusive! Vom Schwachpunkt zum Erfolgsfaktor: Transferphasen gezielt zum Aufbau sozialer Kompetenzen nutzen.

Bonn: managerSeminare Verlags GmbH 2008

American Society for Training & Development:

state of the industry report 2012.

American Society for Training & Development:

state of the industry report 2013.

Ralf Caspary (Hrsg.):

Lernen und Gehirn. Neue Wege zu einer neuen Pädagogik.

2. Auflage, Freiburg/Breisgau: Herder 2006

Daniel Coyle:

Die Talent-Lüge. Warum wir (fast) alles erreichen können.

Bergisch Gladbach: Bastei Lübbe (Lübbe Ehrenwirth) 2009

Antonio L. Damasio:

Descartes' Irrtum: Fühlen, Denken und das menschliche Gehirn.

München, Leipzig: List 2004

Gunter Dueck:

Professionelle Intelligenz: Worauf es morgen ankommt.

Frankfurt/Main: Eichborn 2012

John Erpenbeck und Werner Sauter:

So werden wir lernen! Kompetenzentwicklung in einer Welt fühlender Computer, kluger Wolken und sinnsuchender Netze.

Berlin, Heidelberg: Springer Gabler 2013

Katrin Feld:

Moderation in bildungstheoretischer Perspektive.

Göttingen: Cuvillier Verlag 2003

Werner T. Fuchs:

Warum das Gehirn Geschichten liebt. Mit den Erkenntnissen der Neurowissenschaften zu zielgruppenorientiertem Marketing.

München: Haufe 2009

Amelie Funcke und Axel Rachow:

Rezeptbuch für lebendiges Training.

Bonn: managerSeminare Verlags GmbH 2002

Malcolm Gladwell: Überflieger:

Warum manche Menschen erfolgreich
sind – und andere nicht.

Frankfurt/Main: Campus 2009

Thomas Gnefkow:

Lerntransfer in der betrieblichen
Weiterbildung. Determinanten für
den Erfolg externer betrieblicher
Weiterbildung im Lern- und Funktions-
feld aus Teilnehmerperspektive.

Saarbrücken: VDM 2008

Richard Gris:

Die Weiterbildungslüge. Warum
Seminare und Trainings Kapital
vernichten und Karrieren knicken.

Frankfurt/Main: Campus 2008

Hans-Georg Häusel:

Brain View. Warum Kunden kaufen.

Freiburg: Haufe 2010

Hans-Georg Häusel:

Think Limbic! Die Macht des Unbewussten
verstehen und nutzen für Motivation,
Marketing, Management.

München: Haufe-Lexware 2005

Hans-Georg Häusel:

Limbic Success. So beherrschen Sie
die unbewussten Regeln des Erfolgs –
die besten Strategien für Sieger.

München: Haufe 2002

Ulrich Herrmann:

Neurodidaktik. Grundlagen und
Vorschläge für gehirngerechtes
Lehren und Lernen.

Weinheim, Basel: Beltz 2009

Elwood F. Holton III und
Timothy T. Baldwin (Hrsg.):

Improving Learning Transfer in
Organizations. Professional Practice.

San Francisco: Wiley & Sons 2003

Gerald Hüther:

Männer. Das schwache Geschlecht
und sein Gehirn.

Göttingen: Vandenhoeck & Ruprecht 2009

Gerald Hüther:

Ohne Begeisterung läuft nix.
Neurobiologische Rückenstärkung
für neurobiologische Übungsleiter,
Trainer und Pädagogen.

*In: Lernen in Bewegung. 2. NTB-Kongress in
Wolfsburg 2010: http://www.ntb-infoline.de/
cms_new/veranstaltungen/ntb-kongress-2010/
willkommen.html*

Gerald Hüther und Klaus-Dieter Dohne:

Voraussetzung für gelingende
Lernprozesse aus neurobiologischer Sicht.

In: Christoph Negri (Hrsg.): Angewandte Psychologie
für die Personalentwicklung. Konzepte und Methoden
für Bildungsmanagement, betriebliche Aus- und
Weiterbildung. Berlin, Heidelberg: Springer 2010, S. 88–98

Gunther Karsten:

Lernen wie ein Weltmeister.
Zahlen, Fakten, Vokabeln schneller
und effektiver lernen.

München: Wilhelm Goldmann Verlag 2007

Bas Kast:

Wie der Bauch dem Kopf beim Denken
hilft. Die Kraft der Intuition.

Frankfurt/Main: Fischer 2009

Simone Kauffeld:

Nachhaltige Weiterbildung.Betriebliche
Seminare und Trainings entwickeln,
Erfolge messen, Transfer sichern.

Berlin, Heidelberg: Springer-Verlag 2010

Simone Kauffeld, Sven Grote und
Ekkehart Frieling (Hrsg.):

Handbuch Kompetenzentwicklung.

Stuttgart: Schäffer-Poeschel Verlag 2009

Herbert J. Kellner:

Value of Investment. Neue Evaluierungs-
methoden für Personalentwicklung und
Bildungscontrolling.

Offenbach: GABAL Verlag 2006

Herbert J. Kellner:

Was Trainer können sollten.
Das neue Kompetenzprofil des
modernen Trainers.

Offenbach: GABAL Verlag 2007

Donald L. Kirkpatrick und
James E. Kirkpatrick:

Evaluating Training Programs.

San Francisco: Berrett Koehler
Publishers Inc. 2006

Malcolm S. Knowles, Elwood F. Holton III
und Richard A. Swanson:

The Adult Learner. The Definitive Classic
in Adult Education and Human Resource
Development.

Oxford: Elsevier 2011

Viktor Lau:

Schwarzbuch Personalentwicklung.
Spinner in Nadelstreifen.

Stuttgart: Steinbeis-Edition 2013

Sebastian Leitner:

So lernt man lernen.
Der Weg zum Erfolg.

Freiburg/Breisgau: Herder 2009

David J. Linden:

Das Gehirn – ein Unfall
der Natur und warum es
dennoch funktioniert.

Reinbek: Rowohlt 2010

Michael Madeja:

Das kleine Buch vom Gehirn.

2. Auflage, München: C.H. Beck 2010

John J. Medina:

Brain Rules. 12 Principles for Surviving and Thriving at Work, Home, and School.

New York: Perseus Books 2008

Dave Meier:

The Accelerated Learning Handbook: A Creative Guide to Designing and Delivering Faster, More Effective Training Programs.

New York, London: McGraw-Hill 2000

Rolf Meier:

Praxis Weiterbildung. Personalentwicklung, Bedarfsanalyse, Seminarplanung, Seminarbetreuung, Transfersicherung, Qualitätssicherung, Bildungsmarketing, Bildungscontrolling.

Offenbach: GABAL Verlag 2005

Werner Metzig und Martin Schuster:

Lernen zu lernen. Lernstrategien wirkungsvoll einsetzen.

Berlin: Springer 2000

MMB-Institut für Medien- und Kompetenzforschung:

MMB Learning Delphi 2011.

http://www.mmb-institut.de/monitore/ trendmonitor/MMB-Trendmonitor_2011_II.pdf

Christoph Negri (Hrsg.):

Angewandte Psychologie für die Personalentwicklung. Konzepte und Methoden für Bildungsmanagement, betriebliche Aus- und Weiterbildung.

Berlin, Heidelberg: Springer 2010

New Media Consortium und EDUCAUSE Learning Initiative:

NMC Horizon Report 2013. Higher Education.

Edition: http://www.nmc.org/pdf/ 2013-horizon-report-HE-DE.pdf

Petra Nitschke:

Trainings planen und gestalten. Professionelle Konzepte entwickeln – Inhalte kreativ visualisieren – Lernziele wirksam umsetzen.

Bonn: managerSeminare Verlags GmbH 2011

Catherina Oppermann und Marius Meyer:

Integrating Training Needs Analysis, Assessment and Evaluation. Aligning learning with business results.

Randburg: Knowledge Resources Publishing Pty Ltd. 2008

Cali Ressler und Jody Thompson:

Bessere Ergebnisse durch selbstbestimmtes Arbeiten. Erfolgreich mit dem ROWE-Konzept.

Frankfurt/Main: Campus 2009

Jochen Robes:

Weiterbildungsblog: http://www.
weiterbildungsblog.de/wp-content/
uploads/2011/01/learning-nuggets.pdf

Colin Rose:

Accelerated Learning.

Hampshire: Ashford Colour Press 2007

Colin Rose und Malcolm J. Nicholl:

Master-Learning. Die optimale Methode
für leichtes und effektives Lernen.

Landsberg am Lech: mvg-Verlag 2000

Colin Rose und Malcolm J. Nicholl:

Accelerated Learning for the 21st
Century. The Six-Step Plan to unlock
your Master-Mind.

London: Judy Piatkus Limited 1997

Gerhard Roth:

Bildung braucht Persönlichkeit.
Wie Lernen gelingt.

Stuttgart: Klett-Cotta 2011

Michael Rückert:

Effektiver studieren durch
gehirngerechtes Lernen.

FH Köln 2001

Werner Sauter, Annette Sauter
und Harald Bender:

Blended Learning. Effiziente Integration
von E-Learning und Präsenztraining.

München: Luchterhand 2004

Frank M. Scheelen und David G. Bigby:

Kompetenzorientierte
Unternehmensentwicklung.
Erfolgreiche Personalentwicklung
mit Kompetenzdiagnostiktools.

Freiburg, Berlin, München:
Haufe Mediengruppe 2011

Carsten Christoph Schermuly, Tobias Schröder,
Jens Nachtwei, Simone Kauffeld und Karl Gläs:

Die Zukunft der Personalentwicklung.

In: Zeitschrift für Arbeits- und
Organisationspsychologie, 56 (3), 111–122, 2012

Jürgen Schulze-Seeger:

Schwarzer Gürtel für Trainer.
Wie Sie im Seminar nichts und
niemand zu Boden wirft.

Weinheim: Beltz 2009

Ingeborg Schüssler und Rolf Arnold:

Erwachsenendidaktik – theoretische
Zugänge, Handlungsstrategien und
neuere Entwicklungen.

In: Grundlagen der Weiterbildung, Praxishilfen.
Loseblattsammlung. Neuwied: Luchterhand 2001

David Sibbet:

Visual Leaders. New Tools for Visioning,
Management, and Organization Change.

New Jersey: Wiley 2013

Horst Siebert:

Didaktisches Handeln in der
Erwachsenenbildung.

Augsburg: ZIEL 2006

Peter F. E. Sloane:

Situationen gestalten. Von der
Planung des Lehrens zur Ermöglichung
des Lernens.

Markt Schwaben: Eusl 1999

Alistair Smith, Mark Lovatt und Derek Wise:

Accelerated Learning. A User's Guide.

Stafford: Network Educational Press Ltd. 2003

Manfred Spitzer:

Geist im Netz. Modelle für Lernen,
Denken und Handeln.

Berlin, Heidelberg: Spektrum 2000

Manfred Spitzer:

Nervenkitzel. Neue Geschichten
vom Gehirn.

Frankfurt/Main: Suhrkamp 2006

Manfred Spitzer:

Nervensache. Geschichten vom Gehirn.

Stuttgart: Schattauer 2005

Manfred Spitzer:

Frontalhirn an Mandelkern. Letzte
Meldungen aus der Nervenheilkunde.

Stuttgart: Schattauer 2005

Manfred Spitzer:

Lernen. Gehirnforschung und die
Schule des Lebens.

Berlin, Heidelberg: Spektrum 2002

Anke Stockhausen:

Trainerleitfaden.
Bemerkenswert vermitteln.

Berlin: Cornelsen 2011

Ulrich Strunz:

Das Mentalprogramm. Neue Strategien
für mehr Lebensfreude, Kreativität und
Konzentration. Zwei-Wochen-Erfolgsplan
für einen fitten Kopf mit Gehirntraining,
Entspannungstechniken, Brainfood.

München: Heyne 2005

Karlheinz Schwuchow und Joachim Gutmann:

Trendbuch Personalentwicklung 2012:
Ausbildung, Weiterbildung,
Management Development.

Neuwied. Luchterhand 2011

Hans Tietgens:

Reflexionen zur Erwachsenendidaktik.

Bad Heilbrunn: Klinkhardt 1992

Armin Trost und Thomas Jenewein:

Personalentwicklung 2.0. Lernen,
Wissensaustausch und Talentförderung
der nächsten Generation.

Neuwied: Luchterhand 2011

Armin Trost:

Employer Branding.
Arbeitgeber attraktiv
positionieren und präsentieren.

Neuwied: Luchterhand 2009

REGISTER

100-Tage-Brief 145, 158

6-3-5-Methode 97

72-Stunden-Mail 145, 158

A

Aamodt, Sandra 43

Accelerated Learning 35

Accor 176, 177, 178, 179

Action Learning 242, 243

Aktives Lernen 58

Amygdala 45, 50

Andragogik 33

Anschlusslernen 24

Anwendungsbezogene Didaktik 26

Arbeitsgedächtnis *Siehe Kurzzeitgedächtnis*

Ausbildung 17

Axon 48

B

Babbel 231

Bandler, Richard 35

Bartzokis, George 57

Begeisterung 59, 62

Behaviorismus 26

Beschwerdemanagement 176, 177, 178, 179

Bildungscontrolling 110, 143, 159, 160, 162, 164

Blended Learning 187, 188, 189, 231

Böttcher, Roland 237

Brainstorming 94, 95

BuGaSi Labs 237, 238

Buzan, Tony 35

C

Coaching 60, 141, 142, 146, 147

Cohn, Ruth 26

Collective-Notebook-Methode 98

Coyle, Daniel 19, 20, 57, 58, 59, 64

Cross-Innovation 95

D

Damasio, Antonio 49

Deklaratives Gedächtnis 50

Demografischer Wandel 245

Dendriten 48

Denkhüte 98

Design-Thinking-Prozess 78

Didaktik 24, 26, 27

    Definition 24

    Modelle 26, 27

Didaktische Standards 73

Disney-Methode 97

Dressurlernen 32

Dueck, Gunter 226

E

Education 10, 17, 196

eduTrainer 184, 185

Edutrainment

    Definition 9, 10, 16, 20

    Simulationen 26

E-Learning 73, 126, 135, 187, 189, 231, 233

Emotionen 19, 36, 38, 49, 51, 54, 62, 118

Entertainment 10, 19, 58, 198, 253

equeo 185

Erfahrungslernen 27, 32

Erlebnisorientiertes Lernen 17

Ermöglichungsdidaktik 27

Erwachsenengerechtes Lernen 30, 31

Evaluierung *Siehe Bildungscontrolling*

F

Feedback 64, 123, 138, 143, 206,

Feedbackbogen 143, 162

Feedback-Bus 143

Fehler 58, 64, 116, 123, 215

Flugsimulator 20

Folienmaster 127

Fort Fantastic 238

Fotodokumentation 158

Fotoprotokoll 144

Freud, Sigmund 49

Führungskräfte 204, 207, 234

G

Game-based Learning 237, 238

Gedächtnis 50, 51, 53, 54

Gefühle *Siehe Emotionen*

Gehirn 41

Aufbau 44, 45, 46, 47, 48, 49

Modelle 39, 43, 44

Gehirnforschung 35, 36, 38, 44, 49, 62

Gladwill, Malcolm 58

Gliazellen 48

Globalisierung 223

Grinder, John 35

Gris, Richard *Siehe Koch, Axel*

Großhirn 46

H

Hamburger Modell 26

Handlungsorientierung 29

Happy Sheets *Siehe Feedbackbogen*

Hasso-Plattner-Institut 78

Häusel, Hans-Georg 200, 201

Hawthorne-Effekt 163

Hippocampus 45, 50, 65

Hirnstamm *Siehe Reptiliengehirn*

Hirschhausen, Eckart von 63

Holton, Elwood 33, 161

Hülshoff, Theo 29

Hüther, Gerald 32, 54

I

IBM 227

Imitationslernen 32

Internationalisierung 222, 223

iPad-Trainings 130, 180, 181

IPMA 81

J

Jonglieren 8, 9

K

Kast, Bas 49

Kauffeld, Simone 83

Kellner, Herbert 160, 195

Kernspintomografie 38

Kirkpatrick, Donald 160

Knowles, Malcolm 33

Koch, Axel 153, 154

Konstruktivismus 27

Konzeptentwicklung 77, 78, 79, 82, 83, 84, 85, 86, 87, 88, 89, 90, 91, 92, 93, 94, 95, 96, 97, 98, 99, 100, 101, 102, 103

    Bedarfsanalyse 83, 84, 85

    Ideenfindung 94, 95, 96

    Kosten 79

    Lösung 100, 101, 102

    Zeitplanung 90

Kopfstandfrage 96

Kreativitätscheckliste 95

Kreativitätstechniken 95, 96, 97, 98

Kundennutzen *Siehe Nutzenargumentation*

Kurzzeitgedächtnis 50, 53, 118

L

Langzeitgedächtnis 50, 51, 54, 118

Learning on Demand 234

Lebenslanges Lernen 15

Lernbereitschaft 8, 9

Lernbiografie 72

Lernen

    am Modell 60

    auf Vorrat 231

    Definition 30, 32

    durch Lehren 218

    Erfolgsfaktoren 28

    im Schlaf 53, 55

    in Eigenregie 214, 215, 216, 218, 232

    Konsolidierung 53, 55, 65

Lernkultur 29, 202, 232

Lernplattform 108

Lernraum 113

Lernritual 54

Lernstandskontrolle 162

Lernstil 216

Lerntheoretischer Ansatz 26

Lerntransfersysteminventar 161

Lerntypen 216

Lernziele 63

Lernzuwachskontrollen 162

Limbic Map 200, 201

Limbisches System 44, 45, 46, 49, 51

Losanow, Georgi 34

Lösungsverkauf 69

M

MacLean, Paul D. 44

Massive Open Online Courses (MOOCs) 241

Medina, John 113

Meier, Dave 35

Metakognition 29

Miele 182, 183

Mindmapping 98

Mindstorming 97

Mobile Author 185

Mobile Learning 184, 185, 231, 233

Moderationsmethode 34

Morphologische Matrix 98

MVP-Kette 102, 106, 139, 140

Myelin 57, 58, 59

N

Nachbereitung 144, 145, 147

Nervenzellen 48

NH Hoteles 168, 169, 170, 171, 172, 173, 174, 175

Nutzenargumentation 107, 140

O

Onlinetraining 145

Open Innovation 97

Osborne-Checkliste 95

Outsourcing 226

P

Personalentwickler 194, 195, 196, 198, 202, 203, 204

Personalentwicklungsaudit 195

Phillips, Jack 161

Pimp my Training 95, 208, 209, 210

Pokorny-van Lochem, Wilma 136

PowerPoint 73, 125, 126

Professionalisierung 225, 226, 229

Proticipant 16, 218, 232

Prozedurales Gedächtnis 50

Q

Quiz 145, 187

R

Raumgestaltung 113

Reizwortanalyse 97

Reptiliengehirn 46

Return on Investment (ROI) 161

Rollenspiele 138

Rose, Colin 35

S

Salestraining 135

Schilling, Gert 124

Schnelle, Eberhard 34

Schulze-Seeger, Jürgen 212

Selbstlernkompetenz 27, 29, 249, 250

Seminarschauspieler 101, 135, 136

Sibbet, David 90

Simulationen 237, 238

skillboxx 55, 188, 189, 190, 191, 192

Skillcheck 161

Skill-Transfer-Index (STIX) 164

SlideShare 218

Social Media 231, 232, 234, 235

Sollzustand 59, 81

Solution Selling *Siehe Lösungsverkauf*

Soziometrische Aufstellungen 120

Spezialisierung 229

Spiegelneuronen 60

Spiele 237, 238

STIX *Siehe Skill-Transfer-Index*

Suggestopädie 34

Symbole 129

T

Teilnehmerorientierung 29

Templates 90, 91, 92

Train the Trainer 100, 107, 108, 109, 112, 116, 118, 123, 125, 126, 127, 134,

Trainer 77, 208, 209, 212, 213

Training on Demand 249

Trainingsaufbau 106, 126, 138

Trainingsausstieg 143

Trainingsdesign *Siehe Konzeptentwicklung*

Trainingseröffnung 112, 116, 132

Trainingsformate 18

Transfer 129, 143, 144, 146, 152, 153, 154, 155, 156, 157, 158, 159, 161, 170

    Erfolgsfaktoren 153

    Maßnahmen 157

    Transferförderung 153, 157, 159

    Transfergespräch 158

    Transferreport 161

    Transferstärke 154, 156, 157

    Transfertag 159

Trost, Armin 233

U

Umkehrmethode 96

Umsetzung *Siehe Transfer*

Umsetzungsinitiative 155

Unique Selling Proposition (USP) 106

Unterbewusstsein 49

Unternehmenskultur 29, 72

V

Value-of-Investment-System 160, 161

Veränderungskonsequenz 154

Vergessen 54

Verhaltensänderung 30

Verknüpfungen 62, 64

Videofeedback 123, 138

Virchow, Rudolf 48

Visual Facilitation 90

Visualisierung 129, 131, 132

W

Wang, Samuel 43

Web-based Learning (WBL) 187

Web-based Training (WBT) 187

Webinare 134, 146

Y

Yammer 235

Yellow Pages 234

YouTube 234

Z

Zaubern 124, 125

Zielgruppenorientierung 29

Zufriedenheitsanalyse 162

Zwischenhirn 46

Haben Sie Fragen zum Buch, möchten Sie
etwas anmerken oder mir einmal gründlich die
Meinung sagen? Schreiben Sie mir eine E-Mail an:
a.kresse@edutrainment.com.
Gutes Feedback ist wichtig.

Mehr Informationen zum
Buch finden Sie hier:

Albrecht, bitte, das
benutzt doch kein
Mensch mehr!

Findest du echt,
Markus ... hmm ...
ich finde QR-Codes cool!

Schau mal hier ...

Bibliografische Information der Deutschen Nationalbibliothek

Die Deutsche Nationalbibliothek verzeichnet diese Publikation
in der Deutschen Nationalbibliografie; detaillierte bibliografische
Daten sind im Internet über http://dnb.d-nb.de abrufbar.

ISBN 978-3-86936-557-2

Projektmanagement: Ellen Herschel

Fotografie und Neue Medien: Markus Kolletzky

Redaktionelle Mitarbeit: Torsten Schölzel, Frankfurt/M.

Lektorat: Anke Schild, Hamburg

Umschlaggestaltung: Verena Lorenz, München

Satz und Layout: Verena Lorenz, München

Druck und Bindung: Salzland Druck, Staßfurt

Abbildungsverzeichnis

Umschlag vorne: Markus Kolletzky, Umschlag hinten: Simon Habegger Fotografie, Illustration Albrecht Kresse
Innen: S. 6,7 Illustration istock/chris_lemmens — S. 7 Andreas Riedel — S. 12 Illustration istock/chris_lemmens — S. 13 ullstein bild/United Archives — S. 14 F1 online/Flirt/Lawrence Manning — S. 21 f1/Corbis Super RF — S. 23 Fotolia/Eric Isselée — S. 28 F1 online/Glowimages RF — S. 33 von links nach rechts: Fotolia/djama; istock/JanvdBrink — S. 34 von links nach rechts: istock/Tim Abramowitz, Fotolia/Andreas F. — S. 35 von links nach rechts: Fotolia/vextok; Fotolia/photo4luck; istock/entomaks — S. 37 beide: Fotolia/olly — S. 39 Gehirn: istock/jawphotos; Klemmbrett: Fotolia/picsfive — S. 40 getty/Erik Isakson — S. 42 getty/Murat Taner — S. 45 istock/Debbi Smirnoff — S. 48 istock/Eraxion — S. 50 von links nach rechts: Fotolia/Eric Isselée; Fotolia/Roman Samokhin — S. 51 Fotolia/vege — S. 52 getty/Kimmo Metsaranta — S. 54 Fotolia/Africa Studio — S. 56 F1 online/ETSA RM — S. 58 Fotolia//lila Medical Media — S. 60 photocase/kallejipp — S. 44, 62–65, 83, 108, 109, 132, 133, 144–146 Illustrationen Albrecht Kresse — S. 67, 149, 215 imagesource/Neil Guegan — S. 70/71 F1 online/Bildstelle — S. 80 F1 online/Fancy — S. 92/93 Pinnwand (Hintergrund): Ojo Images/Martin Barraud; Template: Markus Kolletzky — S. 99, 113, 116, 121, 122, 126, 128, 129, 132, 138, 140, 141, 191 , 208–211 Markus Kolletzky — S. 100 Fotolia/Robert Kneschke (Bildmontage aus 2 Fotos) — S. 102 beide Bilder: Fotolia/Robert Kneschke — S. 103 von links nach rechts: F1 online/Lluís Real/AGE; Fotolia/Robert Kneschke — S. 105 von links nach rechts: F1 online/Onyx; F1 online/ONLIGHT — S. 111 a.collection RF/visual — S. 119 istock/GS_Photos — S. 124 Gert Schilling — S. 134 Fotolia/arturaliev — S. 136 Wilma Pokorny-van Lochem — S. 150 F1 online/istockPhoto — S. 154 Dr. Axel Koch — S. 162 istockPhoto/tomhoryn — S. 165 F1 online/iStockPhoto/Vallarie Enriquez — S. 167 Fotolia/ktsdesign — S. 168 Hintergrund: Fotolia/aerogondo; Vordergrund: F1 online/iStockPhoto — S. 169 NH Hoteles Deutschland GmbH — S. 170 von links nach rechts: Bild 1+2 NH Hoteles Deutschland GmbH; Markus Kolletzky — S. 171 von links nach rechts: edutrainment company GmbH; Markus Kolletzky — S. 172 Hintergrund: Fotolia/aerogondo; Vordergrund: F 1 online/Kaia Image/Franklin Kappa — S. 173 von rechts nach links: Markus Kolletzky; NH Hoteles Deutschland GmbH — S. 174 + 175 Andreas Riedel — S. 176 Hintergrund: Fotolia/Sasel 77; Kaffeetasse: Fotolia/peshkova; Zuckerwürfel: fotoschlick; Mann: Fotolia/Rangizzz — S. 177 edutrainment company GmbH — S. 178 edutrainment company GmbH — S. 179 Fotolia/Nenov Brothers — S. 180 F1 online/Business Metaphors — S. 182 Hintergrund: Fotolia/AndersPhoto; Waschmaschine: photocase/knallgrün; Menschen: fotolia/Kurhan S. 183 edutrainment company GmbH — S. 184 Hintergrund: Fotolia/sasel 77; Auto: iStockPhoto/mevans — S. 185 von oben nach unten: edutrainment company GmbH; fotolia/tpx — S. 186 Hintergrund: Foolia/aerogondo; Vordergrund: F1 online/Bridge — S. 188 Hintergrund: Fotolia/sasel 77; Vordergrund: F1 online/Topaz — S. 192 von links oben nach rechts unten: Fotolia/olly; Gettyimages/Adrian Peacock; Fotolia/Carlos Caetano; Fotolia/erectus; Fotolia/olly; Gettyimages/Andrew Rich; Fotolia/olly; Fotolia/gandolf; Imagesource; Fotolia/olly; Gettyimages/Andrew Rich; Photocase/Alex Koch — S. 193 F1 online/Ojo Images — S. 194/195 F1 online/Photo Alto/Milena Boniek — S. 198 F1 online/Photo Alto/Milena Boniek — S. 200/201 F1 online/Photo Alto/Milena Boniek — S. 202 F1 online/iStockPhoto — S. 204 F1 online/Saphire S. 206 F1 online/Diamond — S. 211 unten rechts: Fotolia/Kromkrathog Roll-up-Ständer DAU — S. 212 Jürgen Schulze-Seeger — S. 216/217 Block: Imagesource/Neil Guegan; Illustration: Matthias Weitbrecht — S. 218 von links nach rechts: Imagesource/Neil Guegan; Corbis/Super RF — S. 219 Fotolia/vnlit — S. 220/221 Fotolia/JohanSwanepoel — S. 222 Imagesource — S. 224 F1 online/Diamond — S. 226 Prof. Dr. Gunter Dück — S. 228 F1 online/Fancy — S. 230 Fotolia/jojje11 — S. 233 Prof. Dr. Armin Trost — S. 236 F1 online/Fstop — S. 237 Prof. Dr. Roland Böttcher — S. 238 von rechts nach links: Bild 1+2 edutrainment company GmbH, Bild 3: BuGaSi Labs GmbH/Roland Böttcher — S. 239 von links nach rechts: edutrainment company GmbH; Bild 2 + 3 BuGaSi Labs GmbH/Roland Böttcher; Bildschirm: Fotolia/arturaliev — S. 240 F1 online/Onyx / Hans-Peter Merten — S. 242, 243 Imagesource/Windsor Horne Lockwood (the 3rd) — S. 244 Flickr Open/Mark Crocker - images through a lens S. 246 F1 online/Fancy — S. 248 Radius/Radius Images (Dinosaurier); Ojo Images/Martin Barraud — S. 251 Cultura Images — S. 256 von links nach rechts: Bild 1-3 Ullstein; Peter Friedli; Kazhagiwara — S. 256 von links nach rechts: Tony Buzan; www.birkenbihl-sprachen.com; David Sibbet; Josef Fischnaller; Udo Grimberg

www.gabal-verlag.de

www.twitter.com/gabalbuecher

www.facebook.com/Gabalbuecher